U0894856

本书由湖南师范大学出版基金、湖南师范大学政治学省级重点学科资助出版。

本书的部分研究成果获得湖南省重点研发计划（软科学项目）（项目编号2015ZK3016）、中南大学升华育英计划（2015年）、湖南省普通高等学校教学改革研究项目（湘教通【2013】223号）、湖南师范大学学位与研究生教育教学改革研究项目（项目编号20121601）、国家留学基金管理委员会（2012年）的立项支持。

喧嚣的个体与静默的大众

广场舞中的当代中国社会生态考察

黄勇军　米莉　等著

中国社会科学出版社

图书在版编目(CIP)数据

喧嚣的个体与静默的大众：广场舞中的当代中国社会生态考察/黄勇军等著.—北京：中国社会科学出版社，2015.9

ISBN 978-7-5161-6269-9

Ⅰ.①喧… Ⅱ.①黄… Ⅲ.①社会生活—研究—中国
Ⅳ.①D669

中国版本图书馆CIP数据核字(2015)第123656号

出 版 人 赵剑英
责任编辑 吴丽平
责任校对 李 楠
责任印制 李寡寡

出 版 中国社会科学出版社
社 址 北京鼓楼西大街甲158号
邮 编 100720
网 址 http://www.csspw.cn
发 行 部 010-84083685
门 市 部 010-84029450
经 销 新华书店及其他书店

印刷装订 三河市君旺印务有限公司
版 次 2015年9月第1版
印 次 2015年9月第1次印刷

开 本 710×1000 1/16
印 张 15.5
插 页 2
字 数 263千字
定 价 56.00元

凡购买中国社会科学出版社图书，如有质量问题请与本社营销中心联系调换
电话:010-84083683

目　录

导　论

黄勇军

一　缘起

2012 年秋季，由我主持的湖南师范大学公共管理学院政治学与行政学、行政管理学两个专业大四第一学期的“当代西方政治思潮”与“中国管理思想史”两个课堂，课程的主要进程都是依据主持人多年以来所形成的“辩难式教学法”的教学惯例，① 以自由辩论的方式展开，要求所有的参与者都必须进行主题发言，其他人则围绕发言者所提供的主题，展开讨论。其中一讲的主题，是关于“自由主义”的，课堂的辩论很激烈。② 为了有效论证自由的界限问题，我们意外地讨论到了广场舞。可以想见，当我们将“自由”这样一个形而上的学术概念，落实到“广场舞”这样一个形而下的生活事件之中时，讨论的激烈程度与兴趣的广泛程度，都得到了不可思议的突破与提升。很快，从看似有些漫无边际的自由辩论中，我们发现，关于自由与广场舞的讨论，远远超出了此次课堂所涉及的知识背景与学科范围，更进一步地涉及了当代中国社会生活的方方面面，诸如自由的界限、法律的规制、公共空间的功能、公共物品的供给、社会治理、老龄化、空巢化、城市化、人口流动、陌生人社会、社交困境、性别趋向……无不成为我们所讨论的对象。换言

① 米莉、黄勇军：《用辩难式教学法化解现代大学教育难题》，《中国高教研究》2012 年第 7 期。

② 详细内容可参见当时本主题的主讲人，也是广场舞研究的最初承担者曹露在《广场舞群体的生态考察：以湖南师范大学 0731 广场舞群体为个案》一文“问题的缘起”中所作出的描述。

之，当代中国的社会问题，似乎高度浓缩在了“广场舞”与“广场舞者”这样两个看起来大家耳熟能详，但是细究起来却又似乎一无所知的事件与群体身上。

关于广场舞与广场舞者的讨论，断断续续地延续了几个星期，部分硕士研究生也参与进来。最终，我决定从课堂参与者中招募志愿者，展开以广场舞为中心的社会调研。同学们反应的热烈程度，远超出了我的想象。很快，我组建起一个跨学校、跨学科、跨年级的广场舞研究小组①，开始了为期一年半的广场舞研究。

我们所展开的此次调研，最初只是出于纯粹意义上的学术兴趣与社会关照，既没有获得任何直接的资金支持，也未曾申报任何与这一主题直接

① 2012年秋季所组建的广场舞研究小组，最初有16人，其中，博士、副教授2人，硕士研究生2人，大四本科生11人，大三本科生1人。如今，在当初参与调研的12位本科生中，已经有11位成为国内各大高校的硕士研究生。在长达一年半的研究过程中，能够坚持到最后的人，他们的调研与写作成果，集中体现在本书之中；由于各种原因中途退出的人，他们在调研时所付出的努力、所提供的智慧、所收集到的资料，也都体现在本书之中。广场舞研究小组的最初人员如下：黄勇军，博士，湖南师范大学公共管理学院副教授，英国伦敦大学亚非学院访问学者（2007，2014）；米莉，博士，中南大学马克思主义学院副教授，英国伦敦大学亚非学院访问学者（2007，2014）；李垚垚，湖南师范大学公共管理学院硕士研究生，除自己的研究外，还负责调研后期的人员联络、资料汇总、文字校对等工作；李璞，湖南师范大学公共管理学院硕士研究生；曹露，湖南师范大学公共管理学院大四学生，现为华中师范大学政治学研究院硕士研究生，也是“自由主义”主题的主讲者，广场舞调研工作的最初承担者；刘金，湖南师范大学公共管理学院大四学生，现为中国政法大学政治与公共管理学院硕士研究生，除自己的研究外，还负责调研前期的人员联络、资料收集、资料汇总等工作；杨卓为，湖南师范大学公共管理学院大四学生，现为湖南师范大学公共管理学院硕士研究生；徐海东，湖南师范大学公共管理学院大四学生，现为中国社会科学院研究生院社会学系硕士研究生；顾旭光，湖南师范大学公共管理学院大四学生，现为中国社会科学院研究生院社会学系硕士研究生；李超，湖南师范大学公共管理学院大四学生，现为华中师范大学政治学研究院硕士研究生；张会，湖南师范大学公共管理学院大四学生，现为华中师范大学政治学研究院硕士研究生；向杨，湖南师范大学公共管理学院大四学生，现为厦门大学公共事务学院硕士研究生；余珊珊，湖南师范大学公共管理学院大四学生，现为湖南师范大学公共管理学院硕士研究生；贾晓强，湖南师范大学公共管理学院大三学生，现为华中师范大学政治学研究院硕士研究生；郏蕴卓，湖南师范大学公共管理学院大四学生；徐玲，湖南师范大学公共管理学院大四学生，现为中国政法大学政治与公共管理学院硕士研究生。

相关的学术项目，[①] 而且，在我们开始展开研究的 2012 年秋季，广场舞还是一个在主流话语、学术话语中完全不受重视的社会现象。因此，按照《南方人物周刊》特约撰稿人关军的说法："在中国的学术体系里，他们的研究近乎'不务正业'，不曾立项，也没有经费。对于正襟危坐的学术界而言，参与者可能多达一亿的持续被热议的广场舞，仍是一个盲点。"[②] 就是在这样一种极为不利的外部情形下，所有的广场舞调研者都有效地克服了资金、设备、手段等方面的严重困难，顺利地完成了此次调研。

虽然此次调研开始时很艰难，但到 2014 年，我们关于广场舞的研究逐渐在国内外学术界、舆论界产生了一系列反响。其中，《南方人物周刊》记者关军所策划的特刊《中国大妈》中，大量引述了我们的研究成果，而调研团队成员黄勇军、米莉、曹露还受到关军的邀请，分别撰文阐述与广场舞大妈相关的问题。[③] 2014 年 12 月 18 日，香港《南华早报》（*South China Morning Post*）向全球读者介绍了我们关于广场舞的研究成果。[④] 此外，黄勇军、米莉受到英国朴次茅斯大学（University of Portsmouth）讲师、博士 Isabelle Cheng 的邀请，于 2015 年 1 月赴该校作关于广场舞主题的英文讲演。[⑤] 2015 年 3 月，美国《基督教科学箴言报》（*The Christian Science Monitor*）、香港凤凰 U Radio 电台已公开发表和播出

---

① 不过，作为湖南师范大学课堂教学与改革的一个组成部分，本书也成为黄勇军所承担的诸多省级、校级教学改革研究项目的间接成果。具体而言，黄勇军主要承担了如下教学改革研究项目：湖南省普通高等学校教学改革研究项目（2013 年）、湖南师范大学教学改革研究项目（2013 年）、湖南师范大学学位与研究生教育教学改革研究项目（2012 年）、湖南师范大学双语教学课程追加资助建设项目（2012 年）、湖南师范大学双语教学建设项目（2010 年）。此外，作为国家公派出国留学人员，黄勇军、米莉于 2014 年 1 月至 2015 年 1 月在伦敦大学亚非学院（SOAS）访学，故本书成果中凡是牵涉到中英比较的内容，都受惠于国家留学基金管理委员会的资金支持。而在专著的出版阶段，还获得了湖南师范大学出版基金、湖南师范大学政治学省级重点学科的资金支持。

② 关军：《你好，红舞鞋》，《南方人物周刊》2014 年第 33 期。

③ 黄勇军：《越位的自由》，米莉：《舞步里的意义世界》，曹露：《女大学生"入伙"记》，均载于《南方人物周刊》2014 年第 33 期。

④ "'The Damas' Who Dance, Travel and Znvest as One"，载于 *South China Morning Post*，2014 年 12 月 18 日。

⑤ 黄勇军演讲的主题为：《广场舞与现代中国的观念冲突》（*Crowd Dancing in the Public Space and the Conception Conflict of Modern China*）；米莉演讲的主题为：《广场舞与中国女性的意义世界》（*Crowd Dancing in the Public Space and Chinese Women's Sense of World*）。

了对我们的采访;[①] 加拿大法文报纸 *La Presse* 和法国电视台 Georama TV Production 的记者 Judith Lachapelle 和 Paulire Bandelier 也分别完成或即将展开对我们的进一步采访。这些国内外反响的迅速出现，也让我们更为清晰地认识到，我们关于广场舞问题的研究所具备的时代价值与现实意义。

二　调研的基本情况

广场舞者，作为一个个随着音乐起舞的群体，就在我们的生活中每天出现，我们每天都被迫地看到热热闹闹的她们，无论是欣赏还是厌恶。问题是：我们对投身于这些热热闹闹的群体之中的真实的“她”与“她们”[②] 又知道多少？她们的过往、她们的现状、她们的喜乐、她们的忧愁、她们的渴望、她们的失落、她们的荣耀、她们的卑微……是否也曾成为匆匆而过的我们心中的一丝感知，抑或是一丝念想？

新华网在一篇评论广州规范广场舞的文章中提到：“全国广场舞友超过1亿人，主体人群是30—65岁中老年妇女。可以估计，随着老龄化社会的到来，或许每个家庭都会有老人加入到广场舞人群中。伴随城市发展而来的广场舞无疑是一种文化现象，更是一种社会现象。”[③] 因此，作为女性，她们的行为与言论所体现出来的不同于男性的性别意识与性别观念，也从一个侧面体现出当代中国社会生态的状况与情境。

严格而言，只有在充分了解了广场舞者本身的立场、情感的基础上，我们对于广场舞的调研才能够有一个更为直观、真切、深入的了解与观感。为了实现这一目标，我们在调研过程中逐渐形成了自己的方式，围绕“调研对象的选取”“调研手段的选取”“分析方式的选取”“价值观念的

① 分别为 Peter Ford：“China to Dancing Grannies：Step in Line，Quietty”，http：//www. cs-monitor. com/World/Asia - Pacific/2015/0324/China - to - dancing - grannies - Step - in - line - quiety/；樊素、春雨：《广场舞是个好东西》，http：//uradio. ifeng. com/general/programme/podcast - 4. shtml。

② 事实上，跳广场舞的人，不仅仅是“她们”，也有“他们”。但是，基于女性在这一群体的组成中，在数量上占据绝对优势，尤其是中老年妇女，是这一群体的主要组成部分，就如后文中，调研者们多次所提到的，广场舞甚至被民间称为“绝经舞”。从这个略带情绪的称谓中，也可以看到，“她们”而不是“他们”，是这个运动与这个群体的典型代表。

③ 网络资料来源：http：//news. xinhuanet. com/2013 - 11/15/c_ 118149338. htm。资料提取时间：2014年3月17日。

选取”这四个主题，进行了充分的讨论与现实的运用。此处，我将首先对这四个主题进行简单的介绍，以便读者对我们的调研有更为直观的认知：

第一，调研对象的选取。我们最初在国内选取实地调研对象时，为了规避资金不足、设备缺乏、手段有限之类的现实困难，往往是以“方便性”为原则，随机选取每一个调研者最容易接触、最容易展开调研的广场舞群体作为调研目标。不过，当实地调研结束后却意外地发现，我们在国内随机选取的调研个案，居然涉及了三个省（湖南、江西、宁夏），八个地区（湖南省长沙市贺龙体育场、湖南省长沙市岳麓区学堂坡社区、湖南省慈利县人民广场、湖南省邵阳市石下江煤矿、湖南省芷江县万和鼓楼广场、湖南省长沙市火炬村、江西省奉新县干洲镇、宁夏回族自治区固原市原州区）的近二十支广场舞群体，这些个案不仅覆盖了大、中、小城镇，而且还进一步渗透到了乡村一级，让我们对中国内陆地区的广场舞状况有了较为明确的认识。更为重要的是，调研者们随机选取的调研对象，多少都与自己的生活有交叉之处，要么是自己身边的群体、要么是有熟人的群体、要么是自己觉得很重要的群体，总之，这样一种调研对象与自身生活之间的相关性与交叉性，让调研者更容易进入调研对象的生活处境与生存意境之中，迅速地获取到大量难以获取的情感资料与内心感受。此外，机缘巧合，黄勇军、米莉还在 2013 年 8 月至 2015 年 1 月在美国、英国从事研究与访学工作，其间，他们在洛杉矶地区实地考察了当地的华人排舞群体，还进一步对美国洛杉矶、英国伦敦、法国南部乡村的居民们的生存状况有了切身的体会与感受，对他们所拥有的生活态度、娱乐休闲、公共服务、社会结构等情况，都进行了较为深入的考察。很显然，调研者所获得的这样一种在欧美地区的生活、学习、研究的经验，也为本书关于中国广场舞的研究与治理，提供了极为难得的比较视野与模式参照。

第二，调研手段、分析方式的选取。在调研的过程中，不同的调研者面对着不同的调研对象，往往采取并不一样的调研手段。具体而言，我们在实地调研中，通过亲身参与、远距离观察、个体深度访谈、问卷调查、重点回访等方法，收集到了大量一手资料；此外，我们通过文献收集、网络搜索等方式，收集到了与广场舞相关的大量文献、网络资料，对相关的主题形成了较为全面的认识与理解。在后期的分析、整理、写作的过程中，我们采取了文献分析、观念梳理、个案研究、中西比较、话语分析、模型建构等方式，从不同的角度、层次、视野出发，对广场舞进行了尽量详细的探讨、研究。

第三，价值观念的选取。我们在调研中所进行的系列讨论中，一直面临着情感与理性的双重挑战：从情感上，我们对跳舞的群体充满同情的理解，而且也认可对于她们自己以及她们的家庭而言，跳舞是一件很好的事情，既能够健身，还能够扩大社交面，总比打麻将好得多；但是，从理性角度，我们也意识到因广场舞的泛滥所带来的诸多社会问题，比如说广场本身功能的减弱、广场舞对其他人使用广场的干扰与排斥、广场舞所存在的噪声污染之类的外部性等，并进而意识到，从广场舞的泛滥中，可以看到当代中国公民社会的不成熟、政府社会管理能力的缺失、中国公民公共意识与律己意识的缺乏等更为深层次的问题与困境。基于此，我们这个小型的研究群体内部也出现了不同的观点：对于那些更趋向于个人自由与个体权利保障的人而言，往往倾向于抵制广场舞，强调要加强治理与管控；对于那些更趋向于理解中国社会生存状态的人而言，则往往倾向于为广场舞辩护，认为跳广场舞的人并没有做错什么，不应当承担指责与控诉——对于我们而言，在调研过程中所进行的长时间、多次数、高强度的讨论与争辩，并不是期望在调研团队内部形成某种一致性的价值观念，而是期望能够在充分了解对方的思维方式与价值立场的基础上，形成如下基本共识：在研究、写作的过程中，任何人都可以继续坚持或是自我修正自己的价值观念，但是，每个人都必须对与自己相反的价值观念保持同情的理解与理性的包容！事实上，从本书各章节的内容中，我们能够很容易地看到，不同的作者在自己的文章中，依然持有并不相同的价值与观念。

三　广场舞：喧嚣的静默者

随着调研的日渐展开，我们关于广场舞问题的思考方式与观察视角也发生了诸多变化，除了关注到与广场舞本身直接相关的问题外，更进一步地注意到了广场舞与当代中国社会生态的构成、运行、博弈、困境等一系列更为宏大的问题。无疑，广场舞是如此具备中国本土色彩，又如此普遍地影响到了当代中国人的日常生活，以至令人忍不住想要探讨在这样一个充满时代气息与本土色彩的群体样本的背后，究竟传达给了我们怎样的隐秘信息，又留给了我们怎样的朦胧镜像？

作为具备“中国特色”的广场舞的出现、发展、繁荣与困境，带有非常明显的时代特征，也体现出处于转型期的中国社会所面临的诸多问题，诸如理想主义的破灭、集体时代的残留记忆、城市化进程、商品房小区、人口高度流动、陌生人社会、空巢家庭、原子化家庭、老龄化社会、公共设施缺乏……此外，从个人的角度而言，人们曾经所熟悉的旧时代的集体化活动迅速消失，旧的小区、乡村、单位、家族等熟人社会结构迅速解体，使得已经习惯了集体化、熟人社会的几代中老年人感受到了共同的空虚与孤独，在这样的情境下，“广场舞”的出现，以其所带有的群体性、娱乐性、社交性等独特形式，有效地填补了这个社会与心灵的双重真空地带，从而一度获得了在公共物品供给方面极度紧张的政府的认同，也迅速获得了中老年人，尤其是女性中老年人的推崇与热情。在这样的时代背景与社会格局下，即使我们很容易就能够看到广场舞的无限度的扩张与蔓延存在着诸多问题与困境，但是，作为一种被如此众多的人群所喜爱、追捧的群体性运动形式，似乎任何试图对广场舞进行理性思考与反思的行为，在很长一段时间里都难以获得更为广泛的认可与支持。

当我们最初注意到广场舞的时候，广场舞本身的问题还没有被放大，人们似乎也已经习惯了它的存在：虽然无所不在，但又显然处于公众的视野之外。故而，我将其称为中国社会所存在着的众多“冷热点”中的一个：之所以“热”，是因为广场舞是如此的流行，几乎无处不在，影响到了与之相关的庞大人群；之所以“冷”，是因为并没有多少人真正关注这样一个近乎影响全民的事物，更少有人从客观、冷静、学术研究的立场，对其进行系统的探悉。正如20世纪的历史学家所明确地意识到的，历史，其实是历史学家们有意识地选择那些“历史性事件”，而忽略掉“非历史性事件”所组成的。① 换言之，对于当代中国人而言，广场舞的存在其实就是一个“非历史性事件”，被人们所忽略。无疑，历史学家选择“历史性事件”，而忽略“非历史性事件”，虽然表达出并不一致的历史观念，但却仍然是一种理性选择的结果。与此有些不同的是，我们对于身边事物如广场舞的疏离态度，所体现出来的更多的是一种逃避的心态，而不是理性的反思。我们常常以自己改变不了大环境为自我逃避的借口，而最终，我们却连改造自身的努力也一并放弃了。这样的一种逃避的心态，成为了

① E. H., Carr, *What is History*? England: Penguin Books, 1987, pp. 7 – 31.

这个时代里最为真实的时代气息与时代意识。

换言之，广场舞似乎在很长一段时间里，成为我们这个时代里所存在着的、极为典型的“静默的喧嚣者”：一方面，它无疑喧嚣着，因为我们都看到、听到了，但是，它又处于一种静默的状态之中，因为，我们都对它熟视无睹；另一方面，作为个体组成的广场舞群体，其行为本身很是喧嚣，音乐、舞蹈、人数、行为，各个方面都带着一股子热闹劲儿，但是，作为一个真正意义上的大众群体，广场舞群体又是相当静默的，并没有明确的组织、没有明确的意志、没有明确的身份，更为关键的是，没有明确的法律意义上的权利与义务，当这一群体一旦受到攻击时，很难以组织的方式捍卫自己的权利与利益。从中，我们也可以看到当代中国社会与普通中国民众所处的时代处境：一方面，中国正在迅速进入现代化、全球化，旧有的社会结构与社会组织被彻底解体，人们多少有着无根感与虚无感；另一方面，中国又尚未形成发达国家早已形成的社会秩序与法律体系，公权力在日常的社会生活中处于消极不作为的状态，人们往往缺乏秩序感与界线感。于是，广场舞的出现与泛滥，最终成为了不可逆转的大趋势。

令人惊诧的是，广场舞作为一种“冷热点”的存在形式，在我们展开研究后不久的2013年，得到了彻底的终结。在这一年里，发生了大量与广场舞相关的热点事件，诸如成都的“水弹”事件，南京、武汉的泼粪事件，北京的猎枪、藏獒事件，美国纽约日落公园的逮捕事件……由于广场舞所引发的各种事件，正在公众视野中掀起经久不息的热潮，其热闹的程度一浪高过一浪，最终由“冷热点”转变成了名副其实的“热热点”！

广场舞所体现出来的这样一种喧嚣与静默之间的关系，无疑也是当代中国社会与中国公众所面临的普遍性问题，作为个体，当代中国人很容易体现出喧嚣感，炫富、审丑、骄躁、缺乏自律，但是，作为群体，当代中国人又明显地缺乏力量与组织，往往处于一盘散沙的地步，很难以一种个体理性的方式，展开集体性的行动。正是广场舞所体现出来的“冷与热”“静默与喧嚣”之间的张力感与撕裂感，极大地刺激着我们的情感与思考，也让我们的研究从一开始，就具备了更为直接的切身感与更为明确的时代感。因此，我们试图从广场舞所体现出来的这种极为独特的存在状态入手，进一步探讨当代中国社会的存在状态，尤其是身处当代中国社会之中的大众的生存意境。

四　主要内容

带着上述切身感、时代感，以及明确的性别意识，我们关于“广场舞”的调研，也进一步从“外在影响”“内在情感”“客观数据”三个方面，具备了明确的纵深感，并形成了一系列相关的研究成果。

第一，从“外在影响”的角度而言，我们的调研，通过广场舞这样一个独特的社会形态，分析、讨论了当代中国社会所面临的诸多问题，如黄勇军的“断裂时代的自我弥合：广场舞与当代中国人的意义世界”（第一章）、“规制与惩罚：中、美、英比较视野中的广场舞治理”（第二章），米莉的“重建女性主体价值：广场舞者的历史镜像与意义世界”（第三章），徐海东的“健康话语、排斥和再生产：广场舞的社会参与机制研究——基于七个地区的实地调查”（第四章），分别从意义世界、制度规制、中西比较、女性视角、参与机制等方面，较为详细地论述了广场舞与广场舞者在当代中国社会中所处的生存状态，及其所面临的一系列问题与困境。

第二，从“内在情感”的角度而言，我们在调研过程中还花费了很大的时间与精力，关注作为个体与人群的广场舞者的内在情感世界，对广场舞者的心理、身体、文化、需求等各个方面，都进行了细致入微的观察、描述与研究，如曹露的“广场舞群体的生态考察：以湖南师范大学0731广场舞群体为个案”（第五章），李超、张会的“都市村庄里的广场舞者：以长沙市火炬村为个案”（第六章），杨卓为的“广场舞与小城镇中间阶层民众的生存意趣：以湖南省洞口县梦之恋舞蹈队为个案”（第七章），分别对几个广场舞群体进行了细致入微的观察、饱含情感的描述，他们的努力，给我们提供了几个极具典型性的广场舞的个案研究。

第三，从“客观数据”的角度而言，为了进一步探悉广场舞在舆论界的存在状况，刘金的“官方话语与民间话语关于广场舞的博弈：基于人民网与天涯社区的话语分析”（第八章）一文，选取了代表官方话语的人民网与代表民间话语的天涯社区，进行了话语分析与数据梳理。此外，为了获取更多关于广场舞的生存状况的客观数据，我们还有针对性地设计了调查问卷，并对相应的广场舞群体进行了问卷调查，收集到了一系列数据资料，通过后期较为系统的数据处理，建立起了初步的数据模型。如贾晓强的“城市中心的广场舞：基于长沙市贺龙体育场东广场的问卷调查”（第九章），完成了前期的问卷设计、发放、分析、统计工作。而徐海东的“广场生态：关于舞蹈群落选择的模型建构”（第十章），则进一步在对此前已经获取到的数据进行系统分析的基础上，尝试性地建立起了相关的数据模型，为广场舞的研究提供不同的视角与思路。

第一章　断裂时代的自我弥合:广场舞与当代中国人的意义世界

黄勇军

广场舞最吸引自己的地方，除了参与者自身的生存境遇、心理状况、时代处境等问题之外，还在于其所具备的所谓社会“冷热点”的特征，以及在短时间内所实现的“冷—热”间的骤然转变。

近十年来，广场舞无疑是一个热热闹闹的社会“热点”问题，跳广场舞的人数，与日俱增、来源广泛，跳广场舞的群体，更是无处不在、影响巨大。但是，在很长一段时间里，广场舞却是一个淡出当代中国公共话语体系之外的存在物，无论中国的主流话语、学术话语、媒体话语、法律话语、社会话语……都未曾有效地将广场舞纳入其视野之中，人们似乎已经习惯了广场舞的存在，很有些见怪不怪的味道。因此，当我们于 2012 年秋开始调研广场舞时，并没有找到太多有分量的学术论文或是有深度的媒体报道，大多只是极为简单的介绍性文章，或是为了达到宣传效果的活动报道。[①] 虽然绝大多数的中国人都知道广场舞这回事，但是并没有太多的人有进一步深究的兴趣，一旦细说起来，往往也对自以为很熟悉的广场舞知之甚少。换言之，广场舞这样一个其实很是热闹的社会“热点”问题，却一直被主流话语所遗忘、所忽略，形成了所谓的“冷热点”。

2013 年可以称为广场舞由“冷”变“热”的“元年”，从这一年开

---

① 这样一种观感，同样是当代中国媒体人自身的感受，如《南方人物周刊》的记者关军，在他所策划完成的特刊《中国大妈》中提及：“某种程度上，‘大妈’、‘广场舞’等词语已经遭遇了公共舆论的娱乐化、污名化。”（关军：《你好，红舞鞋》，《南方人物周刊》2014 年第 33 期。）

始，广场舞忽然成为了公共话语体系关注的重点，围绕广场舞发生了一系列社会热点问题，形成了极为少见的舆论焦点。这样一种极为奇怪的“冷—热”间的存在状态，以及这样一种极为激烈的转变方式，更是引起了自己的极大兴趣。

面对广场舞所经历的如上生存状态，使得作为观察者与研究者的我，一直深深地困惑于如下诸多问题：为何人们会在如此长的时间里对自己身边如此热闹的事情如此这般地视而不见？为何虽然有人一直在抗拒广场舞的负面效果却又似乎毫无办法？为何跳广场舞的人数、地点开始如“病毒”般的蔓延时却没有得到有效治理？为何如此影响广泛的、极具时代特色的事件却没有引起学术界、主流话语体系的足够兴趣从而被社会所冷却？为何在如此短的时间内，一个社会“冷热点”能够忽然间爆发，转化成为名副其实的“热热点”？以及，广场舞所遭遇到的这种骤然转化究竟是有据可循，还是纯属巧合？广场舞所经历的这种转变究竟能够折射出当代中国社会所存在着的哪些问题？……

一　集体的大众与个体的大众：关于广场舞的宏大叙事

无论从哪个角度上讲，广场舞都是一个很具备中国本土特色的事件，我们很难在其他的国家、族群中看到类似的群体性公共行为。这一群体的出现与存在，极其直观地体现出我们这个时代里，中国人尤其是普通中国人的生存状态。显然，这样一种群体性的生存状态并不是凭空出现的，而是有着更为久远的历史渊源与更为深度的时代背景。对这一群体的研究，不仅仅是对这一群体自身生存状态的观察与思考，也是对这一群体所体现出来的与之相关的生存状态何以如此产生的困惑的探究，更是对这一群体所表达出来的关于当代中国人的整体性生存状态的反思与反省。

因此，从宏大叙事的角度而言，探讨广场舞，其实是对更为宏大意义上的中国、中国人、中国历史、中国社会等的变迁史与生存史的考察。

诚然，当我在此处如此表述时，很容易遭遇到如下问题的挑战：广场舞只不过是当下中国社会所出现的一个具备当下特征与意义的现实问题而已，如何会与如此宏大的历史、国族叙事联系在一起？如此联系，是过于抬高、牵强了？

或许，能够为自己如此这般地拔高广场舞的地位提供最有力的辩护立场就是：作为一个长期以来都处于“社会转型期”之中的当代中国社会而言，我们当下所面临的任何社会问题，其实都与更为宏大的历史、国族叙事之间，有着千丝万缕的联系，而且往往受制于这一宏大叙事本身的逻辑与动向——广场舞同样如此。换言之，我们在此处探讨广场舞与历史、国族等宏大叙事之间的关系，并不是如后现代主义所批判的那样，将广场舞这个微观的、具备独特性、复杂性、碎片性、断裂性等特征的现实存在物，消解在一个更为宏大的、具备连续性、一致性、整体性、总体性等特征的话语体系之中，[①] 而是恰恰相反，我们希望在正视当代中国所存在着的宏大意义上的具备连续性、一致性、整体性、总体性等特征的话语体系与思维方式的基础上，重新审视具备独特性、复杂性、碎片性、断裂性等特征的广场舞的存在与运行。

事实上，揭示广场舞与更为宏大的历史、国族叙事之间的关系，并不是我们此次调研最初所关注的问题。在展开调研之前，甚至在调研过程中，虽然我们也会考虑到更为宏大的历史、国族问题对当代中国人的生存状态的影响，以及对广场舞的影响，但是我们仍然对自己的研究对象有着清醒的认识。然而，当我们完成前期的基础性调研，回到书斋，以一个独立写作者的身份，进入关于广场舞的思考、分析与叙述之中时，却发现，广场舞远不是表面上看上去那么简单，它的存在、发展、繁荣、困境，有着诸多历史性的根源与时代性的机缘。

自己之所以得出这样的观感，可能源自两个方面的原因：一方面，如此联系，源自广场舞本身所表现出来的复杂性、多样性、多变性、碎片性等特征，当我们越是深入地了解广场舞，越是发现，广场舞本身的存在是一个极度繁杂的组成体，承载了当下中国社会所存在着的方方面面的问题，关于这一点，我已经在本书的“导论”中有详细的描述；另一方面，如此联系，或许还源自笔者的学术背景与问题意识，一直以来，笔者都在关注“传统—现代”问题，尤其是关注儒家传统的现代转化问题[②]，对于中国近代以来甚至更为久远的历史（特别是明末清初与清末民初两个时

---

① ［法］米歇尔·福柯：《知识考古学》，谢强、马月译，生活·读书·新知三联书店 2003 年版，第 151—152 页。

② 参见黄勇军《儒家政治思维传统及其现代转化》，岳麓书社 2010 年版。

期）所体现出来的中国政治—社会发展自身所存在着的诸多内在动力、内在逻辑、内在转化，有着高度的敏感[①]，于是，广场舞这样一个风靡全国的独特现象，很容易让自己感受到其所承载着的历史的渊源与脉络。当然，这样一种将自己基于“传统—现代”问题的学术背景与问题意识带入现实个案的研究之中的做法，不仅仅是自己在面对广场舞时所持有的态度，而在此前关于生存于湖南省隆回县北部雪峰山脉深处的花瑶民族的生存状态的考察与研究中，就已经如此了。[②] 无论怎样，至少在笔者的心目中，广场舞绝不是一个简单、孤立、年轻的事件，而是一个承载了更为复杂、宏大、久远的历史问题的现代载体。

严格而言，我们所处的时代，是一个断裂感无处不在的时代，旧的意义世界已然解体，新的意义世界尚未确立。

---

① 一直以来，如何从传统中国寻找到现代中国的历史脉络，又如何从现代中国反观传统中国的发展逻辑，就成为自己治学历程中的主要治思之处。正是由于自己对中国历史进程中所面临着的统一、分裂、断裂、整合、转向、僵持等问题的持续关注，使得自己在面对广场舞的研究时，持有一种力图超离于简单的“现实存在”之外的理解与思考。具体而言，我的博士学位论文所探讨的是身处明末清初的黄宗羲的政治思想（参见黄勇军《帝制中国权力网络的重构——以黄宗羲〈明夷待访录〉为基点》，中国政法大学政治学博士学位论文，2008 年），而我的硕士学位论文所探讨的是清末民初的魏源的政治思想（参见黄勇军《外在断裂与内在延续——传统与现代双重变奏视阈下的魏源与魏源政治思想研究》，中国政法大学政治学硕士学位论文，2005 年）。近年来，围绕着这些主题，发表了一系列研究论文（如《非理性话语的缺席与〈论语〉解释力的自我限度》，《孔子研究》2012 年第 4 期；《权力论：黄宗羲对儒家政治合法性理论的复归与突破》，《湖南师范大学社会科学学报》2012 年第 4 期，该文被《新华文摘》2012 年第 19 期“论点摘编”收录；《1979—1998 年中国共产党提升政治合法性的路径选择——以〈人民日报〉元旦社论为切入点》，《当代世界与社会主义》2012 年第 4 期，该文被《新华文摘》2012 年第 22 期“论点摘编”收录。《中国异端思想的自我限度——李贽与黄宗羲伦理思想比较研究》，《伦理学研究》2011 年第 4 期；《魏源对传统“王霸之争”的近代阐释》，《船山学刊》2011 年第 2 期；《清末以降黄宗羲研究批判》，《湖南师范大学社会科学学报》2011 年第 2 期；《儒家政治传统于现代社会变迁中的新开展》，《文史博览（理论）》2010 年第 5 期，等等）。

② 2002—2012 年，笔者曾多次带队，带领着由中国政法大学、北京大学、宁夏大学、中国社会科学院、中南大学、湖南师范大学等高校和科研单位的学者、研究生、本科生组成的团队，多次去往花瑶地区进行实地调研。在自己的研究与写作过程中，笔者并没有止于当下花瑶人的生存状态，而是试图通过对明清两代地方志、花瑶人的石碑、墓碑、族谱、神龛等资料，对其历史源流、生存境遇、环境变迁等问题，进行更具历史纵深度的考察。出版了《花瑶文化研究丛书》（参见黄勇军《瑶山上的中国：花瑶民族的生存境遇考察》，中国社会科学出版社 2014 年版；米莉《国家、传统与性别——现代化进程中花瑶民族的社会发展与制度变迁》，中国社会科学出版社 2014 年版；米莉、黄勇军等《花瑶民族的历史、文化与社会》，中国社会科学出版社 2014 年版）。此外，还发表了《儒家文化与明清两代湖南省少数民族地区社会治理研究——以隆回县花瑶地区为个案》（《湖南师范大学社会科学学报》2014 年第 5 期）一文，更为详细地探讨了明清以降花瑶地区的文化变迁与社会治理问题。

从国家、民族之类宏大叙事的角度而言，自1840年进入李鸿章所谓“三千年未有之大变局”以来，几代中国人就一直活在一种不断分裂—整合、再分裂—再整合的历史情境之中，断裂感渗透到了中国社会的方方面面，传统意义上的外在于生命本身的“家、国、天下”体系，早已成为“碎片化”[①]的存在，传统意义上的内在于生命本身的“修、齐、治、平”体系，也早已成为“博物馆化”[②]的标志，那些曾经为我们的先人们提供了具备整体性特征的关于人的生存价值与生命追求的意义世界，逐一破灭。其结果，就是导致了中国自我历史感的严重断裂与自我认同感的严重危机：“中国近代历史有着许多断层，每隔五年、十年就发生一次根本性的转折或翻腾，各个断层时期的历史构成极其复杂的传统文化心理，使得现代中国人缺乏一种统一的、明确的、持续的历史感。”[③]

历史与国族层面的断裂感的持续存在所导致的最为直接的结果，就是对个体生命与个体权利的忽视，很显然，在诸如“富国强兵”“救亡图存”“伟大复兴”之类以国、族为主线搭建起来的时代主脉络中，“个体”往往是被有意、无意地忽视的对象。如果被想起来，也是基于要实现那些宏大的、整体主义性质的伟大目标，必须将个体的力量集中起来。孙中山先生关于中国社会是“一盘散沙”的说法，其实质性的目标，就是以更为宏大的国家、政府为沙袋，将大众网罗其中。[④]于是，中国大众的命运，很多时候就与这种宏大层面的断裂感息息相关。为了实现那些宏大的、整体主义的目标，“大众”被贴上了完全不同的标签，诸如劳苦大众、革命大众、草根大众、农工大众……

在这里，我们可以简单地将大众区分为“集体的大众”与“个体的大众”。这两个概念之间所存在的最大区别，就在于政治与意识形态层面

---

① 干春松：《制度化儒家及其解体》，中国人民大学出版社2000年版。

② 20世纪60年代，美国学者列文森在自己的著作中明确提到，新中国成立后，官方所进行的对于儒学的推崇活动，只不过是儒学从一种活着的传统走向“博物馆”（From Life to Museum）传统的表象而已。（Joseph R. Levenson，“Confucian China and It's Modern Fate：A Trilogy”，Berkeley and Los Angeles：University of California Press，1972，*The Problem of Historical Significance*，Vol. 3，pp. 76－82.）

③ 杜维明：《儒家传统的现代转化》，中国广播电视出版社1992年版，第74页。

④ 正如西方学者注意到的，孙中山作为一个力图“寻求权力去实现自己的政治思想”的思想者，为了配合自己的政治目标与需要，不仅对自己的思想进行“切割”与“整理”，而且还在传统与西方之间选择任何有用的资源来支撑自己的“意识形态”。（Audrey Wells，*The Political Thought of Sun Yat－sen：Development and Impact*，New York：Palgrave，2001，p. 2，p. 47.）

上，处于相对被动地位的“大众”与处于更为主动地位的整体主义之间的关系，如果大众被整体主义所需要时，“大众的力量”就成为被重视、被调动、被关注、被吹捧的“集体”的存在；如果不被整体主义所需要时，“大众的无知”就成为被忽视、被遗忘、被疏离、被打压的“个体”的存在。

以改革开放为界限，当代中国的大众，就面临着这样一种由“集体的大众”向“个体的大众”转化的严重挑战。改革开放之前，在共产主义、社会主义、集体主义等宏大、整体性的目标的指引下，“大众”被塑造为“集体的大众”，被无处不在的政治权力所鼓动、拉拢、吸纳，成为接连不断的政治运动、群体运动、社会运动、文化运动……的主体，感受着个体生命融入宏大、整体主义的目标之中的狂热与激情。然而，改革开放之后，在市场经济、商品社会、全球化、国际化等更为务实、功利的现实目标下，曾经被视为“集体的大众”，忽然之间，成为了“集体的包袱”，被不断忽视、遗忘、疏离，甚至打压，通过打破铁饭碗、下岗待业、国有资产改造、市场化改革、商品化运作……将“大众”彻底转化成“个体的大众”，很长的一段时间里，大众成为改革开放真实的牺牲品，没有医疗保障、没有住房保障、没有教育保障、没有最低生活保障……在这一至今尚未停止的时代大变革中，当代中国人不仅面临着政治、经济、社会等层面的剧烈变迁与明显差异，而且还进一步形成了意识形态、个体信仰等层面的极为严重的真空状态与断裂状态！

直至今日，近代以来就已经形成，并被改革开放所强化的强烈的社会转型历程，所带给当代中国人的冲击与阵痛，仍然未曾获得有效的消解与弥合。

广场舞的出现、存在、发展、繁荣与困境，尤为直观地向我们展示出当代中国大众是如何通过自己的方式，试图消解自己所面临的严重的断裂感的，而她们消解的方式，也体现出当代中国大众依然遵循的、那些残留的、源自整体主义时代所形成的思维模式、行为方式与生命态度。换言之，当我们在讨论广场舞、尤其是跳广场舞的群体所面临的问题时，当代中国大众所面临的这样一种由“集体的大众”向“个体的大众”的转变所带来的真空状态与断裂感，将体现得极为明显。

在这样一个断裂的时代里，我们固然“存在着”，但是，很多时候，我们对于自己存在着的价值与意义，又是如此地模糊不清，关于如何活着的焦虑感，以及关于如何改变的无力感，已经成为我们这个时代里每个普通人都会面临的生命困惑与生活困境。就如广场舞，无论喜欢与否，我们既无法改变广场舞依然持续存在的事实，但是，我们也缺乏使之变得更美好、更恰当的方式与途径。当代中国社会中的很多问题都是如此，造成这一状况的原因，既是由于个体的无力量，又是由于整个社会缺乏独立自治的社会组织、公民团体，其结果，就是个体固然无法与广场舞群体抗争，而广场舞群体本身也由于无法自治而缺少基本的自律，进而缺少基本的自我保障。可以想见，近年来所产生的极端个体与广场舞群体之间的激烈对抗，就是在这样一种格局之中逐步展开、升级，并最终爆发的。

在这样一个断裂的时代里，最大的断裂之处或许就在于：我们所以为的，和我们所经历的，完全两样！那些我们以为自己所熟知的东西，其实是如此的陌生；那些我们以为自己所漠视的东西，其实是如此的重要。就如广场舞，我们以为自己是如此的熟知，如果愿意，几乎每天都能见到，但是，我们对它所展示出来的意义世界、时代气息，又了解多少？又如广场舞者，我们是如此地视而不见，简单地将她们视为“那些人”中的一员，但是，作为个体，她们中的她，究竟怀有怎样的梦想、激情，究竟面对怎样的苦难、困惑，究竟经历怎样的喜悦、哀伤……我们又知道多少？

从某种意义上说，广场舞的存在状态，其实也是当代中国人更为普遍的存在状态的一种直观体现：无疑，我们存在着，但是，我们却很难选择或是决定我们存在的方式，更难以改变那些影响到我们的存在的外部环境。通过广场舞，我们可以清晰地看到，在断裂感无处不在的时代里，我们的生存状态，面临着“国家”与“社会”，“集体”与“个人”，“规制”与“惩罚”之间的对立、对抗。当然，从个体的角度而言，广场舞的存在也为参与到其中的人，提供了诸多乐趣与愉悦。

二 断裂与弥合：广场舞的个体、家庭、社会功能

从表面上看，近十年来，广场舞风靡全国，其影响渗透到了现代中国社会的每个角落，似乎成为一种带有某种普适性意味的自发的大型群众性运动，且一度获得了政府组织、社会机构、主流媒体的共同认可与支持。不过，这种貌似整体性的群众活动其实只是一个假象，当我们真正深入广场舞与广场舞群体之中时就会发现，在貌似“大一统”的广场舞的内部，

其实存在着诸多带有历史断裂感的情绪、思维与行动，而外界在面对广场舞时所表达出来的态度，也极为清晰地体现出身处持续不断的断裂感之中的中国人，如何区分、应对“集体的大众”与“个体的大众”。

广场舞极为形象地显示出当代中国人的生存状态的基本情况。一方面，我们毫无疑义地“存在着”，甚至以一种极为喧嚣的方式存在着，就如广场舞的存在状况一样，热热闹闹、吵吵嚷嚷；但是，另一方面，我们又有意无意地陷入了某种“虚无”的状态之中，被他人、甚至被自己所忽略，所遗忘，就如广场舞者的存在状况一样，孤独寂寥、情无所依。很多时候，当自己看到广场舞者时，所感受到的是一种相当奇异的心理状态，从内心的情感而言，我对她们的行为充满了同情的理解，深深地意识到，跳广场舞对于她们而言，其实是面对这个断裂着的社会的一种自发的消解与弥合，通过跳广场舞的群体性行为，可以让她们感受到稳定、安全、受关注，并进而意识到其实已然迟暮的自己所能感受到的激情、梦想、追求。不过，从广场舞的蔓延与泛滥中，除了看到了个体的渴望与忧伤之外，更多的却是看到了我们这个时代所存在着的诸多问题。

此处，我们将从“广场”，“广场舞”与“广场舞者”，“广场舞的外部性”三个角度，探讨当代中国人所面临的外在断裂及其自我弥合，从中也可以看到广场舞在当代中国所具备的个体、家庭与社会功能。

第一，广场。

“广场”这个与公共活动空间相联系的词汇，在很长一段时间里，承载了非常重要的政治、文化、社会功能，这种功能甚至能够往上追溯到周代所谓乡礼、社礼，当然，如果我们探讨能够直接影响到现代中国的历史渊源，或许就在于明太祖朱元璋时期在城乡设立公共活动空间，如敬善亭、乡饮集会等，以期起到传达中央政令、宣讲朝廷律法、表彰地方贤良、抨击腐败官吏的政治目的，事实上，朱元璋所作出的这样一种通过政府干预，设立公共活动空间，实现政治—社会目标的做法，在明初起到了重要的政治与社会效果，而且对此后中国乃至整个东亚的政治—社会结构，发生了长达六个世纪的持续影响[①]，而且显然被新中国成立初期所进

① Edited by Sarah Schneewind: “Long Live the Emperor! Uses of the Ming Founder across Six Centuries of East Asia History”, *Society for Ming Studies*, Minneapolis, 2008, pp. 1 –9.

行的重构基层社会组织的政策所借鉴。[①] 更为重要的是，在后来一浪高过一浪的群众性运动的过程中，大大小小的广场更是成为政治集会的主要场所，人们在广场上真正感受到了集体主义的狂热。而当代跳广场舞的主流群体大多在自己年少时，都曾经历过广场政治的狂热，她们当年所经历过的这样一种生存状态，在近年来不断被一些带有怀旧色彩的影视剧所重现，其中，在我看来最富有代表性的电视剧名称就是：《激情燃烧的岁月》——在那段岁月里，以集体主义为标杆的人们，经常性地在广场上集会，载歌载舞、聆听指示、高呼口号，我们从保留下来的关于那个时代的图片、音像中，常常能够看到热血沸腾、情绪高涨、处于忘我状态之中的人们。而女性作为新时代被解放的代表性群体[②]，也在当时被有效地调动起来，成为“集体的大众”的主要组成部分。几乎所有的女性，都被当时的主流话语所推动，走出了传统的“家庭”，进入了新时代以“广场”为特征的公共活动平台，参加集体性、公共性的各种活动，并获得了诸多称谓：所谓“半边天”、所谓“铁娘子”、所谓“红色娘子军”、所谓“金花”……

这样一种生存状态，在改革开放后被彻底放弃，女性也逐渐从“集体的大众”，转化成“个体的大众”，不再被政治、社会所重视，也不再被集体主义所鼓动，处于一种无所适从的新的生存状态之中，既不能重新回到传统的家庭之中，因为传统大家族的组织结构已经被打碎；又不能重新回到被重视、被鼓动的激情岁月之中，因为在新的市场经济的环境下，中国女性在中国社会中所处的劣势地位，逐一显现。伴随着中国社会的人口自由流动、打破铁饭碗、自主择业等大变革，一直以来就处于劣势地位的中国女性往往成为那个时代真正的牺牲品，下岗待业、缺乏技能、不受重视，在被迫退回到家庭之后，又被计划生育、城市化、商品小区等变化所冲击。曾经熟悉的大家庭，变成现在的“空巢家庭”；曾经熟悉的熟人社会，变成现在的陌生人社会；曾经习惯了乱糟糟、闹哄哄的大杂院，变成了现在的静悄悄、门窗紧闭的高楼大厦……孤寂感、无意义感，伴随着当前生存着的这几代中老年中国女性。

换言之，新中国成立至今，中国的女性已然经历了多重断裂：从传统

① Anita M. Andrew and John A. Rapp: *Autocracy and China's Rebel Founding Emperors: Comparing Chairman Mao and Ming Taizu*, Rowman & Littlefield Publishers, Inc., 2000, pp. 59－68.

② Kimberley Ens Manning, “Embodied Activisms: The Case of the Mu Guiying Brigade”, *The China Quarterly*, 204, December, 2010, pp. 850－869.

的家庭价值持有者，断裂为新中国成立初期的政治价值持有者；从集体化时代的劳动者，断裂为市场化时代的下岗者；从户籍制时代的定居者，断裂为城市化时代的迁徙者；从熟人社会的闲话者，断裂为陌生人社会的孤寂者；从激情燃烧的岁月经验者，断裂为无人问津的无意义者……当最初被集体主义所组织、认可时，女性作为“集体的大众”，是如此这般地重要，而如今，当集体主义不再时，作为“个体的大众”，又是如此这般地缺乏意义。可以想见，当广场舞这样一种带有“准集体主义”性质的群体性活动出现时，对这几代女性群体有强烈的吸引力与号召力。通过参与到广场舞之中，女性群体又开始形成了具备某种公共性、社交性、集体性的共同活动平台。在这个共同的平台中，彼此之间，能够对自己所经历的断裂感，有着非常明确的消解与弥合！

曾经被赋予了众多政治意义、意识形态光环的广场，再次通过广场舞的音乐、广场舞者的舞蹈、广场舞的人群，被重新赋予了社会意义与生命价值。当然，在这里，关于广场的定义将宽泛到几乎漫无边际，在当代中国广场舞的语境中，我们很难弄清楚究竟什么样的地方能称为“广场”。带有公共活动功能的城镇公共空间显然符合广场最初的界定，但是，在广场舞的语境中，小区的空地算不算？公共的空地算不算？公共的停车场算不算？沿江、沿河、沿海等公共的休闲地带算不算？……如果算，显然违背了关于“广场”最原初的界定，如果不算，那么，在这些地域放着音乐、集体跳舞的人群是否算“广场舞”的范畴？显然，“广场舞”的存在对于“广场”概念的挑战，迫使我们必须模糊化广场本身的界定，而是将广场舞这一行动主体，作为广场这一承载者的边界，而不是相反。亦即：只要有跳广场舞的群体的地方，我们都可以将之称为“广场”。

这样一种关于“广场”的宽泛到无边界的界定，很有些中国特色的意味，无疑，“广场”的概念，在严格意义上的学术语境中有其明确的内涵、外延，甚至在西方世界的生活语境中同样如此。但是，当“广场”概念一旦遭遇到中国式的生活情境，以及中国式的概念“广场舞”的冲击，广场就不再是学术概念意义上的广场，而成为中国特色意义上的广场！于是，广场舞，也就成为一个很有效很特别的中国式概念与形式。

第二，广场舞与广场舞者。

就像“广场”概念一样，“广场舞者”同样是一个很有些独特、且很是难以界定的概念。如果我们从简单的“舞”入手，也会遭遇到诸多麻烦：究竟怎样的“舞”才是广场舞？民族舞算不算？交际舞算不算？红歌红舞算不算？海外华人社区的“排舞”[①] 算不算？随便放个音乐，随便跳的舞算不算？……换言之，广场舞的“舞”同样是一个很是繁杂的概念，我们无法有效地对其内涵、外延进行清晰明了的界定。我们或许同样需要遵循上述关于广场的界定时采取的实用主义原则，将学术规范上所要求的对于“舞”的学术定义，放置到中国特色意味上的关于“舞”的生活情境之中，不再纠缠于究竟什么样的“舞”才是广场舞，而是立足于那些只要在一个空地上放上音乐，有一群特定的人群随之起舞的行为，都当作“广场舞”的范围来对待。

可以想见，既然“广场”与“舞”的概念，是如此的复杂且难以界定，那么，与之相关的“广场舞者”的概念，将变得更是复杂与难以界定。不过，正是这些概念之中所含有的这些独特之处，恰恰能够成为当代中国中老年女性整体生存状态的典型体现。要知道，广场舞群体的主力军，就是那些曾经被视为“集体的大众”，而今却被视为“个体的大众”的女性群体，这个在短短几十年内，面临着多层断裂感的群体所形成的这样一个极具特色、且影响广泛的群体性活动，极为真实地体现出当代中国人所被迫面临的时代巨变，以及不得不承受的生命挣扎。

对于广场舞者，其实有很多种关于她们的称呼方式：中国大妈、中老年女性、广场舞者、好热闹的人……不过，对于我而言，似乎所有的这些称谓都不如“大众”这个词汇，更能体现出这一群体的生存状态与心理状态！

从广场舞者的人数而言，这一群体的总体数量与日俱增，很符合“大众”的界定；从广场舞群体的组成而言，广场舞群体都是一种带有“集体性”特征的存在方式，每个群体数量虽然完全不同，多达数千人，少则几十人，但她们都以一个个团体性的组成方式，且活动极为频繁；从广场舞涉及的地域而言，广场舞不仅已经遍及中国的大、中、小城市，而且在乡镇一级，同样影响巨大，成为当代中国社会难得一见的突破城乡差距、贫富差距、阶层差距、身份差距的准集体性活动，其覆盖范围极其广

---

① 2013 年9—11 月，笔者曾在美国洛杉矶市罗兰岗区的 Schabarum Regional Park，近距离地观察过一个类似广场舞的“排舞”群体，其成员主要由旅居美国的台湾人组成，也有大陆华人参与其中。

泛；从广场舞参与者的身份而言，虽然存在着个体上的诸多差异，但是总体而言，她们都属于缺乏社会影响力的普通人，其经济收入、社会地位、工作状态，都处于社会中层至社会底层的区间，大体上温饱已经解决，有些闲暇时间，可以参与跳舞，但又没有追求更为舒服、雅致的生活方式的经济能力；从广场舞群体的组织而言，它们是一些相对宽泛的组成方式，没有明确的组织形态、制度体系、共同意识，很有些散漫、无章；从广场舞参与者的心理而言，除了少数几个领头者之外，更多的人都是一种无意识的追随心态，看着哪里人多、哪里热闹、哪里方便、或者更为简单的哪里有熟人，就很随机地加入相对应的广场舞群体之中，对自己的行为，并没有更多的反省与思考。

换言之，无论从人数上、地域上、身份上、组织上、心理上，广场舞群体都完全具备了所谓“大众”的特征。正是因为广场舞者所具备的这种“大众”的身份与气质，让我们对她们的关注更具备了超出她们自身群体之外的学术价值与时代意义。

论述到这里，很难不被广场舞的存在状态所震撼，试想：在人数如此众多、地域如此广泛、背景如此复杂、结构如此松散、活动如此频繁的情况下，广场舞居然能够发展成为全国性的群体性活动，而且其活动内容、组织形式、运行程序、思维方式等，都存在着高度的一致性与相通性。这不由得让人很是疑惑：这样的状况的出现，何以可能？究竟是什么样的因素，让这样一个并非由政府主导、推行的民间活动，能够在断裂感如此严重的当代中国，获得全国范围内的认可、响应与追随？

第三，广场舞的外部性。

广场舞的外部性，其实是自己最初关注广场舞问题的主要原因，面对广场舞，自己一直面临着这样一个问题的挑战与考验：广场舞群体所进行的如此大范围、高频率、长时间的群体性活动，所具备的“外部性”究竟是如何被对待、被消解的？

当然，所谓“外部性”都有其好的一面，广场舞也是如此，如健身、社交、娱乐等效果。但是，我更关心的问题在于：广场舞所出现的诸多负面“外部性”，如噪声污染、占用公共场所、与周边居民的冲突等，是如何从很长一段时间里被他人所消解、接受的，又是如何从2013年开始，忽然被主流话语所敌视的？

此前，笔者之所以一再强调广场舞是一个非常具备中国本土特色的事件，其中关键性的环节就在于当代中国人所面临的断裂感，以及拥有长久的作为“集体的大众”的群体性记忆，都为广场舞的出现、发展与繁荣提供了独特的土壤与气候。

在中国的传统观念与习惯中，对待他人的物品，尤其是对待公共空间，带有一种比较随意的态度，尤其是对于当代那些经历过集体化时代的中国人而言，“个人”问题，一直以来都不是公共话语体系中的核心词汇。无论是传统中国的“家、国、天下”体系，还是现代中国的“民族、集体、国家”体系，个人，都是一个无法独立在场的政治词汇。更多的时候，我们并不在意个人的自由与个人的权利，而是推崇个人的奉献与个人的牺牲。但凡以“个人”为中心的，往往与自私自利联系到了一起；但凡以“集体”为中心的，往往与大公无私联系到了一起。这种从话语体系到政治制度所建立起来的忽视“个人”的思维方式与行为逻辑，深远地影响到了中国社会与中国民众，甚至进一步成为普通人衡量、评判他人的基本标准所在。相对而言，西方传统中，个人、社会、国家，三者之间的界限很明确，私人空间与公共空间的划分，也极为清晰，很少有人会大范围、长时间、高频率地占用类似“广场”之类的公共空间。根据我们对美国洛杉矶地区的了解，如果要占用公园的场地聚会、跳舞，需要事先提交申请，或许不一定需要缴纳费用，但必须服从公园的基本规则，最重要的就是不能打搅到其他的居民，一旦被投诉，就会被追究扰民的责任。① 事实上，中国人与西方人之间在“公—私”观念上的重大分歧，其实在 18 世纪 20 年代的中西交流中，即已经出现了。② 中国传统中所具备的这样一种缺乏明确的公私界限感的状况，在集体化的时代里，得到了更为极端的强调与强化，并进而影响到了几代中国人。

---

① 2013 年 9—11 月，笔者曾在美国洛杉矶市罗兰岗与哈岗交汇之处的 Schabarum Regional Park，多次现场观摩、考察过一个跳“排舞”（Lane Dance）的小群体，其间，还在这个公园的办公室，简单地访谈过里面的管理人员。

② 美国学者史景迁曾注意到了这样一个历史细节：当时随同欧洲传教士去往欧洲的普通中国人，其行为与意识就已经表现出与当时的西方人在“公—私”观念上，存在着的极大差异。比如说书中的中国主人翁在寄居的法国主人家，骑走一匹别人放在院子中的马出去逛了一圈，这在当时的法国人看来，是“偷窃”，而在当事者看来，是“借”，而且，当事的中国人在面对批评时，很是委屈地辩解：“为什么别人就不能骑一下那匹暂时没有用处的马呢？”（Jonathan D. Spence, *The Question of Hu*, New York: Alfred A. Knopf, 1998, pp. 50－51.）

无疑，让每个公民个体都拥有明确的“公”“私”界限感，是一个成熟社会得以形成的基本前提，然而，这样一种现代公民意识在当代中国仍然处于培育期，尤其是对于那些经历过被塑造成为“集体的大众”的人更是如此。在集体化时代里，本身就是一个“以公灭私”“公私不分”的状态，当集体化解体后，随之而来的又是一个乱糟糟的“损公肥私”“公产私有”的时代，这样一种政治、经济、文化所形成的时代大气候，严重地影响到了几代中国人的公私观念。此外，集体化时代所留存下来的那种闹哄哄、乱糟糟的气氛，以及所谓人多力量大、法不责众之类的行为逻辑，更是让人对同样具备闹哄哄、乱糟糟、人数众多等特征的广场舞，很是熟悉，从而也很是包容。即使偶尔有人对广场舞的负面效果有所不满，也终究“寡不敌众”，难有作为。

然而，改革开放至今已经30多年，随着中国的经济不断发展、国际化程度日渐提高、教育理念不断变化、自我意识日渐觉醒……使得正在成长为新的社会力量的年轻一代的中国人，逐渐具备了与他们的前辈完全不同的生命价值与人生理念。很显然，这一代年轻人自己本身并没有经历过被塑造为“集体的大众”的经验，而且由于离那个时代太远，从而对那些经历过这一时代的人也缺乏理解与同情。基于此，年轻一代的中国人对于广场舞所带来的问题，越来越缺少包容度与同情心，他们感受到的不再是对曾经的“激情燃烧的岁月”的记忆，不再是对曾经的集体化行动的追慕，而是对自我生存空间的被挤压感，以及对自我生存环境的被打搅感。于是，泼粪、水弹、鸣枪、放狗之类的惊人举动，层出不穷。

尤其耐人寻味的是当代中国的公共权力对于广场舞的态度。集体化时代的“全民健身运动”，在北京奥运前后再次高涨，但是，在公共运动资源如此紧缺的情况下，广场舞无疑成为最好的替代者，一度获得了政府、主流媒体的认可与支持。甚至在具备特殊性的“唱红歌”的新的群众运动中，跳广场舞的群体再度被相关的政府力量塑造成为“集体的大众”，当然，这样一种塑造，实在与当前的中国社会格格不入。不过，无论怎样，广场舞代表着某种“大众的意志”与“大众的力量”，因此，即使是在由广场舞所引发的矛盾、冲突不断激化的情况下，政府仍然没有做出明确的表态，也并没有予以规制的强烈意向。

可以看到，直至今日，近代以来中国人所经历的持续不断的断裂感并没有得到有效的消解，甚至无法完全排除是否会再次出现大的社会断裂的可能性，在“社会转型期”尚未结束的时代里，中国大众是否会再次成为“集体的大众”，还是继续保持“个体的大众”的问题，也无法提供明确的答案。在这样一种极度复杂、多变的时代背景与社会机缘中，可以想见，在未来的很长一段时间里，广场舞仍将继续存在，而围绕广场舞所产生的争论、争议、争斗，也将必然长时间的存在。基于此，我们关于广场舞的研究，也就具备了远远超过广场舞本身的学术价值与时代意义。

三　分歧与困惑：自由观念中的广场舞

严格来讲，广场舞作为一个由公民个人自发组成的群体性娱乐活动，并不应当成为一个如此受关注的社会热点问题，甚至根本不应当成为社会问题。

试想，如果在一个已然成熟的公民社会里，公民有权在遵守共同行为准则的前提下从事自己喜欢的活动，跳广场舞或是不跳广场舞，都是公民自由选择的结果；甚至，即使是在一个完全没有公民社会的集体化时代，公民们都在“泛政治”的统一口径下生存，集体唱歌、集体跳舞、集体劳作、集体活动……跳广场舞或是不跳广场舞，都不是公民个人的选择，其他人也毫无表达异议的可能！换言之，在成熟的公民社会或是根本没有公民社会的社会里，广场舞以及类似于广场舞的活动，不应当成为社会问题，更不应当成为社会热点问题。问题是：在当代中国，何以广场舞却是如此这般地从社会“冷热点”转化成为社会“热热点”，而且其所引发的社会问题，至今还远未获得解决？

当我们详细分析广场舞何以在当代中国会面临这种极为奇特的状况时，能够寻找到很多的原因，其中之一，就是正处于“社会转型期”的中国社会所展示出来的内在张力与自我断裂。在这里，所谓的“社会转型”可以简化为从集体化的缺乏公民社会的社会结构向现代化的拥有成熟的公民社会的社会结构转变。既然是在转型，就意味着两种社会结构同时存在，相互影响、相互钳制，自然，用以支撑两种全然不同的社会结构的思想观念、制度体系，同样同时并行。其结果，就是使得身处其中的公众缺少明确的、具备共识性的话语体系、行为规范、道德自律等，很多时候，大家各按照各的标准与立场，各过各的日子，在相互之间没有发生冲突的情况下倒也“井水不犯河水”，相安无事，但一旦发生冲突时，相互之间各持一套正当性、合法性、合理性的思想观念与行动逻辑，根本无法进行有效的沟通与对话。此外，同样处于转型之中的国家公权力，在社会管理、治理、协调等方面的功能极度减弱，使得公民之间的对抗与冲突很难找到有效的消解、处理的途径。于是，在无法有效沟通的对立双方相互对峙，而又缺乏具备效力的公权力的协调、处置的情况下，当代中国的广场舞，最终演变成一场声势浩大的社会热点问题，也就成为其实可以但终究未能避免的时代性的大事件。

从这个意义上，广场舞问题的出现，与当代中国观念的混乱、制度的缺失，有着直接的联系。因此，如何从观念的角度入手，分析、探讨相关的困惑，就成为广场舞研究中或许很难，但却难以回避的主题。

在最初那个关于自由主义与广场舞的讨论的课堂上，我曾经提出了这样一个问题：广场舞者是否拥有这样的自由——她们在广场跳舞的自由，正在日复一日、年复一年地剥夺我拥有在一个安静与宁静的广场享受日落与晚霞的愉快时光的自由！

这个问题的提出，其实只是关于自由主义政治哲学中所存在的经典问题的重复：如果自由是人所拥有的不可剥夺的权利，那么，自由是否存在边界？如果存在，它的边界究竟在哪里？

对于熟悉西方政治哲学的人而言，这个问题的出现或许并不会令人太过惊讶。但是，对于并不熟悉西方政治哲学的人而言，尤其对于那些深受集体主义、整体主义影响，一直以来就对“公”与“私”，“集体”与“个人”之间界限并不十分清晰的中国人而言，这个问题的出现本身就已经成为一个很大的问题。相关的问题即使对于我的课堂上的大学生们，依然如此。面对我的质疑，学生们之间也存在着完全不同的理解方式。有人沿着我的设问背后的逻辑，继续探讨广场舞者究竟应当拥有怎样的自由？她们的自由是否侵害到他人的自由？当一种自由侵害到另一种自由时，应当如何处理？……但是，也有人立足于广场舞者本身的立场，从更为接近当代普通中国人的生活常识与思维共识出发，质疑我的质疑：跳广场舞的那些人都是普通人，她们好不容易有个跳舞的爱好，有什么错？广场本来就是大家活动的地方，她们在那里活动，有什么问题？腿长在你自己的身上，如果你不喜欢的话，你可以不去广场呀？……两种声音不仅在最初的辩论中存在，而且在后来的研究过程中，以及最终的写作过程中依然存在。虽然通过不断的沟通、辩论，大家对许多问题有了基本的共识，但是，我们仍然可以从本书各个章节的文字中，看出作者们所持有的不同态度。

既然此次调研的出发点，起始于“自由主义”，那么，在此次调研的最终成果已然接近成型的当下，重新回过头去，系统地梳理一下广场舞与“自由主义”相关的诸多问题，或许也是一种重回起点的自我反省、自我审视的积极姿态。

作为“舶来品”，“自由”或是“自由主义”，在中国的语境中，充满了歧义与不确定性，这中间有西方的词源差异问题①，有西方的概念演变问题②，有非西方的文本翻译问题③，有中国历史变迁的问题④，有中国学者情境置换的问题⑤。但是，最大的问题无疑来自现实政治的需要问题⑥。在现实政治的需要中，这两个词汇往往演变成为某种“标签”，而

---

① Theodore L. Putterman 在 2006 年的一篇重估与反思伯林“两种自由观”的文章中，已经注意到了这一问题，明确提到：“既然伯林选择不去区分 Freedom 和 Liberty，我同样不需要。”(Theodore L. Putterman, “Berlin's Two Concepts of Liberty: A Reassessment and Revision”, *Palgrave Macmillam Journals*, *Polity*, Vol. 38, No. 3 (Jul., 2006), p. 417.)

② 即使在西方自己的思想史上，“自由”与“自由主义”同样是两个充满歧异与争议的话题，在历史上已然被人们不断地解释、再解释。(Efraim Podoksik, “One Concept of Liberty: Towards Writing the History of Political Concept”, *Journal of the History of Ideas*, Vol. 71, No. 2 (April 2010), pp. 219 – 240.)

③ 如日本学者在 19 世纪明治维新时期的翻译中，有诸多与西方文化原意不尽相同的解释与理解，如在解释“Freedom”时，认为“Freedom 就是不需要付地租以及类似的事情 (to not pay land rent and the like)”，这显然并不符合 Freedom 的英文原意 (Douglas Howland, “Translate Liberty in Nineteenth – Century Japan”, *Journal of History Ideas*, Vol. 62, No. 1 (Jan., 2001), p. 163)。日本学者的翻译，在甲午中日战争后，被几代留学日本的中国学生引进回中国，晚清的很多学者，就是通过这种“二手或三手资料”了解西方思想的。(Joan Judge, “Public Opinion and the New Politics of Contestation in the Late Qing, 1904 – 1911”, *Modern China*, Vol. 1 (Jan., 1994), p. 81.)

④ 近现代中国人在传统中国与现代西方的不同政治思维与体制构建中，关于西方的“宪政”“民本”“民权”“自由”“人权”等概念的理解，产生了大量问题。(王人博：《宪政的中国之道》，山东人民出版社 2003 年版。)

⑤ 狄百瑞认为由于日本首先受中华文化的极大影响，其次也面临着西方文化的极大挑战，这样他们很自然地使用中国的词汇与语境翻译来自西方的文字，而他们的这种努力又恰恰符合了中国人的心境，所以很快就得到了当时中国士人们的认可与支持。(Wm. Theodore de Bary, *Waiting for the Dawn: A Plan for the Prince*, New York: Columbia University Press, 1993, pp. 78 – 79.)

⑥ 正如西方学者注意到的，孙中山作为一个力图“寻求权力去实现自己的政治思想”的思想者，为了配合自己的政治目标与需要，不仅对自己的思想进行“切割”与“整理”，而且还在传统与西方之间选择任何有用的资源来支撑自己的“意识形态”。(Audrey Wells, *The Political Thought of Sun Yat – sen: Development and Impact*, New York: Palgrave, 2001, p. 2, p. 47.)

不再是一种思想。一旦某个人或某件事，被贴上自由或是自由主义的“标签”，一般而言，都会存在着两种对立的解读方式：一种是政治不正确意义上的，往往与“自由化”“放任自流”“无法无天”之类的评判标准联系在一起；另一种是政治正确意义上的，往往与“民主”“人权”“进步”之类的概念联系在一起。可以想见，当现实问题被牵涉其中时，孰是孰非早已不再是纯粹学术意义上的概念界定、逻辑推理、思想辩论、体系构建等方式所能够解决的了。当然，即便从纯粹学术的角度上，自由的概念同样存在诸多问题，一方面，西方意义上的概念，在被我们翻译成另外一种语言时，由于面临着完全不同的语境，很可能会带来误读的问题①，更何况，当我们将“Free”“Freedom”与“Liberty”这样三个并不相同的英语词汇，都翻译成“自由”时，依然忽略掉了由于词源的不同存在着的内部差异②。这样一种源自词源的不同所产生的内部差异，在英语的语境中，也会被有意无意地忽略掉，虽然这种忽略往往能够被熟知西方语境的读者所感知。③另一方面，即使在西方自己的思想史上，“自由”与“自由主义”同样是两个充满歧异与争议的话题，事实上，作为西方政治思想史演进过程中的核心概念，“Liberty”在历史上已然被人们多次解释、再解释。④

作为一种处于不断演变过程之中的观念，自由概念在西方的语境中就已经面临着如此多的歧异与争议，一旦这一概念进入中国的语境之中后，所面临的问题无疑将变得更为复杂。虽然也有现代西方学者力图从中国传统中找到类似于西方意义上的个人主义、自由主义之类的类似于西方传统的传统，但是，这样的努力不仅遭到了其他学者的反对，其论断是否能够

① Douglas Howland, “Translate Liberty in Nineteenth - Century Japan”, *Journal of History Ideas*, Vol. 62, No. 1 (Jan., 2001), p. 163.

② D. P., Dryer, “Freedom”, *The Canadian Journal of Economics and Political Science*, Vol. 30, No. 3 (Aug., 1964), pp. 444 - 448.

③ Theodore L. Putterman, “Berlin's Two Concepts of Liberty: A Reassessment and Revision”, *Palgrave Macmillam Journals*, Polity, Vol. 38, No. 3 (Jul., 2006), p. 417.

④ Efraim Podoksik, “One Concept of Liberty: Towards Writing the History of Political Concept”, *Journal of the History of Ideas*, Vol. 71, No. 2 (April 2010), pp. 219 - 240.

成立，也很成问题。[①] 因此，要想在现代中国的语境中清晰明了地界定、使用“自由”的概念，似乎是一个难以实现的目标。

可以想见，即使是当代中国的知识分子，在面对这样的观念之争、中西之争，都无法有明确的概念与思路，更何况，作为此处讨论的对象——广场舞群体，更是这一观念争论中的被动的受众。

广场舞群体，就是这样一个曾经深受现实中的政治需要与政治正确的影响的群体，形成了具备“集体的大众”特征的思维方式与行动逻辑，而抬高集体的价值，贬低个体的价值，就是这样一种思维方式与行动逻辑的核心所在。这样一种以现实中的政治需要、政治正确为导向所形成的思想观念，在集体化的时代里，通过国家不断强化的思想政治教育、舆论宣传、群众运动等方式，深深地烙印在每一个经历过那个时代的中国人的灵魂深处，成为那几代中国人思考、应对现代中国社会、生活问题的基本方式，并在当代中国的新环境下，通过对诸如中国特色之类观念的强调，使得其影响得到了进一步的保留与延续。

换言之，作为曾经被塑造为“集体的大众”的广场舞群体，她们更多的时候只是这种“泛政治”的思想、观念的简单受众而已，她们，以及与她们有着相同经历的当代中国人，很是自然地将广场舞的存在，重新赋予了现实中的政治需要与政治正确的色彩，广场舞，不仅符合一个个广场舞群体的集体利益，而且还作为“全民健身”的标杆获得过政府的支持与鼓励。于是，在讲求政治需要与政治正确的话语体系与行动逻辑中，

---

① 西方学者狄百瑞通过发掘宋明理学传统中所存在的、即使在西方人看来也是具有积极影响的因素，甚至认为中国也具备西方意义上的自由主义、个人主义等传统（［美］狄百瑞：《中国的自由传统》，台北联经出版公司 1983 年版）。但是，另外一位西方学者柯文却对狄百瑞的思维方式与评价标准进行了激烈抨击，他在一篇评论文章中使用了措辞严厉的标题：“对中国自由传统的质疑：走向全球性世界的基石还是西方狭隘的最后基点?”他反对狄百瑞对“自由主义”的过分宽松、广泛的定义，因为这样会导致这一概念的失效（Paul Cohen, “Review: the Quest for Liberalism in the Chinese Past: Stepping Stone to a Cosmopolitan World or the Last Stand of Western Parochialism? : A Review of ‘The liberal Tradition in China’”, *Philosophy East and West*, Vol. 35, No. 3 (Jul., 1985), pp. 305 - 310）。狄百瑞很快进行了回应，强调中国传统中的积极因素的重要性，认为研究中国问题需要摆脱狭隘的西方优越论（Wm. Theodore de Bary, “Confucian Liberalism and Western Parochialism: A Response to Paul A. Cohen”, *Philosophy East and West*, Vol. 35, No. 4 (Oct., 1985), pp. 399 - 412），对于此，柯文显然没有被说服，在他看来，无论如何，在中国传统中发现西方意义上的自由主义的做法是一件很危险的事情（Paul Cohen, “A Reply to Professor Wm. Theodore de Bary”, *Philosophy East and West*, Vol. 35, No. 4 (Oct., 1985), pp. 413 - 417）。从他们的争论中，我们也能够更为清晰地看到“自由”概念在中国语境中所引起的困惑与麻烦。

广场舞无疑获得了极大的社会认可与舆论支持。然而，对于那些强调要严谨、真实地表达西方话语的人而言，往往会从学术研究、社会进步、观念更新、思想启蒙等角度出发，试图强化西方观念所应当具备的不同于现实政治需要与政治正确的影响与效果，强调现代西方所具备的法治、民主、自由等理念对中国社会的积极意义，以期消解集体化时代带给我们的观念困惑与体制桎梏。很显然，后者所具备的这样一种有别于政治需要与政治正确的对于自由等观念的思考与叙述，构成了当代中国话语体系的另外一个强大的传统所在，在这个思想与观念的传统中，往往会强调个体价值、个体利益、个体权利，从而也获得了更多更为独立的媒体人与社会舆论的支持。

当带有“准集体主义”性质的广场舞，一旦被带有“个体自由”性质的传统所抨击时，自然会遭遇到极大的舆论压力，而我们从2013年所出现的一波波批判、反对、审视广场舞的舆论浪潮中，也能够看得相当的清楚。

四　集体的自由与个体的自由：广场舞的界限缺失

我们关于自由及相关问题的思考，让我们对广场舞的存在状态，尤其是当代中国人面对广场舞所采取的态度与立场，能够有更为清晰的认知与了解。事实上，我们关于广场舞的研究是一种对更为真实的生存状态的描述行为，而不是一种更为学理上的思辨行为。不过，关于“自由”与广场舞之间关系的讨论与思考，至少能够给我们的研究带来如下两个关键性的思路与视角：

（一）广场舞与自由的边界问题

这个问题是自由主义政治哲学一直以来所面临的问题，对于我而言，比较倾向于如下表述方式：“一种自由，只有在遭遇到另外一种自由时，才应当受到限制。”这个表述，最为简单地阐明了“自由的边界”问题：一方面，自由本身不应被限制，只有在遭遇到另外一种自由时，自由才具备边界；另一方面，当自由遭遇到另外一种自由时，就必须对自由本身划定界线，以免以一种自由伤害到另外一种自由。

从这个意义上，广场舞者在广场跳舞的自由与我在广场享受安静与宁静的自由之间，无疑涉及自由的边界问题：她们“自由地”使用广场跳舞的自由，与我“自由地”享受安静与宁静的广场的自由，两种自由同时存在，理应成为相互的界限所在。问题是，我的自由并没有任何侵犯到广场舞者的自由的可能性，但是广场舞者的自由却实实在在地侵犯到了我的自由。换言之，至少从纯粹学理上而言，广场舞者的自由并不能够成为我的自由的界限，而我的自由理应成为广场舞者的自由的界限。当然，在现实中，似乎恰恰相反，我的自由根本无法影响到广场舞者的自由，而广场舞者的自由却极为真实地限定了我的自由。

（二）广场舞与积极自由、消极自由

伯林曾对自由进行了区分，提出所谓消极自由（Negative Liberty）与积极自由（Positive Liberty）的概念[①]，简单而言，消极自由就是“免于……的自由”（Freedom From），而积极自由则是“从事……的自由”（Freedom For）。在这两种自由之间，伯林立场鲜明地支持消极自由，认为人们追求积极自由最终可能导致政治极权主义，因而极为谨慎。从这个意义上说，自由的原意，或许就在于捍卫个人的基本权利不受侵犯，无论是积极自由与消极自由的划分，还是天赋自由（Natural Liberty）与公民自由（Civil Liberty）的区别，[②] 最终都是期望能够在个体与个体、个体与集体、个体与国家之间，划分出一条或许无法截然两分，但却不可轻易逾越的基本界限。捍卫或是摧毁这条界限，就成为现代西方乃至人类政治运行过程中，最令人瞩目的内容之一。

当我们讨论到广场舞者的自由与我的自由之间的问题时，很容易让人联想到伯林的两种自由观之间的差别。广场舞者所追求或是所拥有的无疑就是类似于积极自由的自由，即她们希望享有“从事在广场跳舞的自由”；而我所想要捍卫或是争取的自由无疑就是类似于消极自由的自由，亦即希望享有“免于被广场舞打搅的自由”。很显然，广场舞者所具备的“积极自由”很是轻而易举地侵犯到了我所期望具备“消极自由”。如果我们再次从纯粹的学理的角度上入手，似乎我期望具备的“消极自由”，理应获得更多的保护，而广场舞者所具备的“积极自由”，理应遭遇更多的限制。也只有这样，才能够在我的“消极自由”与广场舞者的“积极

---

① Isaiah Berlin, *Four Essays on Liberty*, Oxford UK: Oxford University Press, 1969.

② Horacio Spector, "Four Conception of Freedom", *Political Theory*, Vol. 38, No. 6 (November 2010), pp. 780–808.

自由”之间，达成某种程度上的妥协、共识与融通。然而，再一次，我们被现实的情况所打击，我的“消极自由”并没有获得保护，而广场舞者的“积极自由”也并没有遭遇限制。

至此，我们通过“自由”这一观念的变迁的考察，可以看到，在当代中国的语境中，学理上的关于自由的界定与保护，往往与现实中的关于自由的态度与立场之间，存在着极为巨大的认知鸿沟。问题是：究竟是怎样的环境，让这一现象成为可能？要想探讨这一问题，我们仍然需要重新回到“集体的大众”与“个体的大众”的区分之中，只不过，在这里，我们将更多地使用另外一组词汇：集体的自由与个体的自由。

在我所提出的关于广场舞者的“自由”与我的“自由”之间的冲突与对立的状态中，我们可以看到，作为“我”的那种“在一个安静与宁静的广场享受日落与晚霞的愉快时光”的自由，在那些经历过“集体的大众”的当代中国人看来，无疑是一种更为个体化、更为抽象化、也更为带有自私自利特征的自由，充其量可以称为“个体的自由”；相反，广场舞者所拥有的，却是一种带有明显的群体性、集体性、现实性等优势特征的自由，可以称为“集体的自由”。至少，在当前中国表层话语体系中，集体、群体、整体等概念，依然具备某种正当性与优越性，而且也容易引起经历过集体化时代的人们的认同与回应，广场舞者所具备的自由，无疑很自然地得到了这样一种主流话语与大众心理的支持。相比之下，我期望捍卫的个体化、抽象化、自私自利的自由，在现代中国的主流意识形态中，无疑处于绝对的弱势地位。可以想见，在这样的语境与情境中，广场舞者的“自由”，是如此的强势且无可逆转，她们不仅毫无商量地侵犯到了我的自由，更为重要的是，这种侵犯似乎并不存在谈判的可能性！

正是由于当代中国社会中关于“集体”与“个人”之间界限依然处于模糊不清的状态，从而使得具备了某种类似于“集体”特征的广场舞群体，似乎天然地具备了集体意义上的合法性与合理性，她们的存在与行为，根本就没有明确的界限概念。很显然，经历过集体化时代的她们，丝毫不会觉得自己在广场上跳舞的自由，其实侵害到了其他想要安静地使用广场的人的自由。换言之，自由，固然意味着个体不受他人打搅的权利，但是，更重要的是，也意味着个体不去打搅他人的自控。然而，集体化时代并没有给个体自由、个体权利留下太多空间，不仅在现实的行动中，以集体的名义消灭个体的差异性，诸如反自由化、斗私批修、割资本主义尾巴等；而且还在思想与观念的层面，宣传、强化诸如集体的自由、集体的权利、集体的利益等概念，从而为集体化行为提供思想与观念上的公正性与合法性。其结果就给经历过那个时代的人们，从行动到观念都留下了漠视个体自由、个体权利的基本心理。集体化时代虽然已经终结，但是，集体化时代所留下来的与个体权利并不想容的东西，并没有得到有效的清洗，尤其在大众话语层面，对那个时代的向往而不是不抵制，仍然拥有非常大的市场。

广场舞群体的行为与观念，非常明显地体现出集体化时代的烙印。不过，从另外一个角度，广场舞群体毕竟不是真正意义上的“集体”，她们没有太多共同的利益，没有严格的组织，没有明确的身份，没有官方的支持……此处将其称为“集体”，只不过是因为她们确实是一个个由或大或小、拥有或松或紧的组成人员的群体而已。在“个体”不受重视的政治与社会环境之下，很多时候，似乎只要是拥有人数上的优势，就自然而然地拥有了类似于“集体”一样的强势与权力，对其他“个体”的观感可以采取视而不见的态度。从这种不受限制的“广场舞”的蔓延中，我感觉到了不受限制的公民行为，尤其是带有类似于“集体”性质的公民行为，可能带来的严重后果。如果说我们从广场舞者个体所经历的时代断裂感出发，从而对她们通过跳广场舞的方式消解这种断裂感的行为，还能够保持一种“同情的理解”，以及基本的宽容与包容之心的话，那么，广场舞群体所体现出来的这种源自集体化时代所残留的关于混淆集体与个体关系，甚至强调集体利益，干涉个体权利的行为与观念，却是让人心存忌惮的。

到这里，我们将正式面对广场舞带给现代中国社会运行与社会治理的严重挑战，当带有“准集体”性质的广场舞者，严重地侵犯到了个体的权利与自由时，二者之间的矛盾如何定性、如何消解、如何规制？——关于这个主题的关注，已然成为了广场舞研究的另一个重点所在，相关问题，我还将在“规制与惩罚：中、美、英比较视野中的广场舞治理”一文中，进行详细阐述。

五　结论

广场舞与广场舞者，非常真实地向我们展示出生存于我们这个断裂时代里的普通中国大众，所拥有的情感世界，及其所承载的生存意义！

通过广场舞，我们可以清晰地看到，在这样一个断裂感无处不在的时代里，我们的生存状态，一方面很是喧嚣、热闹，但是另一方面又非常的静默、孤寂，个体的存在，很是无声地消融在了更大的群体与时代的脉络之中，虚无感弥漫在我们的生命之中。作为缺少自由、权利、公共利益等传统与意识的现代中国人，一旦进入“广场舞”这样一个具备“集体”性质的群体之后，往往会将自己所具备的自由与权利无限扩大，而不在乎自己的行为是否会侵害到他人的自由与权利。正是由于广场舞群体严重缺乏“自律”意识，而在当前中国的社会运行制度中，又显然缺少能够有效制约广场舞的“他律”机制，导致广场舞不受限制地蔓延，出现了普遍的扰民现象，与其他人之间发生了大量对立、冲突与对抗，在这样的新背景下，关于广场舞行为的“规制”与“惩罚”，也就成为当代中国社会治理中所面临的严重问题。

至此，我对待广场舞的基本态度，已然明了：一方面，从个体生命的角度而言，我对广场舞群体充满同情和理解，并对她们所遭遇到的断裂感，及其自我弥合的努力，充满敬意；但是，另一方面，从个体权利的角度而言，我又对广场舞群体所体现出来的对于个体自由、个体权利的侵犯，尤其是当代中国社会所流露出来的对于这样的行为的漠视与纵容，抑或是激烈的抵制与绝对的不宽容，都持有深深的恐惧感与抗拒感。我对这个问题的敏感程度，来源于20世纪人类历史所形成的一个基本的经验：集体主义的疯狂，能够轻易地冲毁任何保护个人自由的堤岸，当那些以集体的名义对个人自由的侵犯扩大到更大的范围，甚至上升到国家、民族的行为的时候，所产生的后果只会是人间地狱。或许，这就是自己关于广场舞的研究，既是从“自由”的概念开始，而又期望能够以“自由”的概念作为结束的最好的解答。

第二章　规制与惩罚：中、美、英比较视野中的广场舞治理

黄勇军

从我们开始研究广场舞的2012年秋季，到逐步产生成果的2013年秋季，短短一年的时间里，中国公众与主流媒体关于广场舞的态度与立场发生了不可思议的剧变。也正是从此时开始，广场舞群体在面对单独的个体而言，曾经所具备的压倒性优势，忽然之间发生了戏剧性的大逆转，广场舞也迅速从“全民健身”的标杆转变为“全民公敌”的噪声制造者，甚至成为某些带有暴力、侮辱、人身攻击倾向的人的直接目标所在。其间变化之迅猛，无疑是作为研究者的我们所预料不及的。我们在最初进入广场舞主题的研究时，虽然当时的广场舞问题尚未被人广泛关注，我们也隐约地意识到了不理性、不成熟、不自律的广场舞存在着的大量问题，终究会引发更多的社会矛盾与冲突，但是，无论怎样，我们都未曾意识到那些反对广场舞所具备的不理性、不成熟、不自律等特征的个体，会如此这般地通过加倍的不理智、不成熟、不自律，来对抗广场舞群体，并引发了一系列社会热点问题。

既然由广场舞所引发的社会问题已经出现，那么，如何有效地治理、消解广场舞所带来的这一系列问题，就成为当代中国社会治理过程中的一个热点议题所在。显然，这个关于广场舞的治理的问题所带来的，却是一系列更为复杂、烦琐、碎片化的新问题，如应当如何治理？依据什么治理？由谁治理？要治理成什么样？……于是，规制与惩罚，也就成为广场舞与广场舞治理所必须面临的现实挑战。

一　被放纵的大众：社会“冷热点”与广场舞的蔓延

短短一年多的时间，围绕着广场舞所爆发的诸多“冲突”与“战

争”，其强度、广度与力度，都远远超过了我们的预期与想象。在我的眼中曾经如此强势的广场舞群体，忽然之间变成了真正意义上的弱势群体，一方面需要面对极端个体的极端行为的不断挑衅，另一方面还需要进一步面对整个主流媒体的铺天盖地的批评与质疑，作为“个体的大众”，看似强悍的广场舞者根本无法有效地抵抗、还击，甚至无法在公众的攻击与质疑声中，有效地表达自己的利益与需求。在如此短的时间里，广场舞的存在状态所发生的剧烈变迁，也让自己进一步意识到了当初自己决定开展广场舞研究所具备的现实价值与学术意义。

广场舞在短时间内所出现的这种令人震惊的转变，表露出我们这个时代里所存在着的诸多困境：这一状态的出现，一方面来自当代中国社会的管理模式、思维方式与行动逻辑，很显然，广场舞是一个具备“中国特色”的社会现象，它的存在虽然存在着广泛的影响，但至少在2013年之前，都没有牵涉诸如社会稳定、国家形象、邪教组织之类的中国式敏感问题，自然不被政府、媒体，以及学者所关注；另一方面，也来自中国长久以来受西方世界的影响，西方学术界与舆论界的热点问题，往往能够左右的中国学术界与舆论界，相对于在西方学术界、舆论界已然成为热点的诸如乡村、性别、少数民族等社会问题，在中国学术界、舆论界所引起的广泛关注而言，广场舞显然是西方学术界、舆论界较为陌生的、且并不关心的主题，这样一种状况显然也会进一步影响到中国学术界、舆论界对广场舞本身的疏离、漠视态度。从这个意义上，广场舞与广场舞者，是如此真实地向我们展示出当代中国社会的存在状态。虽然广场舞承载着生存于我们这个断裂时代里的普通大众的情感世界与生命意义，但是更多的时候，我们往往会对其选择视而不见，或是敬而远之。于是，虽然生存于这个时代之中的我们，多多少少会被几乎无处不在的广场舞所困、所惑，但是，在很长一段时间里，却并没有多少人会认真地面对这种困、这种惑，直到矛盾激化，对抗升级，冲突不断，人们才如梦初醒般，意识到被自己所忽视的身边的世界，原来如此深入地影响到了自己的生活与生命。

事实上，在当代中国社会中，还存在着大量与广场舞类似的“冷热点”，之所以“冷”，并不是因为这些事件不重要，而是我们选择性地认为它们不重要，但是，一旦这些热点突破“冷”的防线，开始真正大“热”起来的时候，对我们的社会稳定、日常生活所产生的冲击力与破坏力，往往将远超出我们的预期与想象。

可见，广场舞所带来的挑战，远远不止于广场舞本身的状况，能够进一步折射出我们这个时代所面临的更具普遍性的问题，那就是当代中国社会治理中所存在着的严重困境：根据当代中国基层社会的管理模式、思维方式与行动逻辑，广场舞大妈的存在虽然影响广泛，但是，并没有牵涉诸如社会稳定、国家形象、邪教组织之类的敏感问题，自然不被政府、媒体、主流话语所关注，成为了社会“冷热点”。然而，就像“纸包不住火”的简单道理一样，社会“冷热点”的存在，迟早都会突破“冷”的限度，变成社会“热点”。试想，曾经如此不起眼的广场舞，都会在短时间内爆发成为热点事件，其他那些更加具备严重后果的冷热点，一旦爆发，将会更加可怕，就如长久选择性地忽视的环保问题，最终促成的就是长时间的“雾霾”式的梦魇！

当然，在当代中国社会中，导致“热点”问题的冷却，有两种方式，一种是热点问题被人们主动地冷却掉了，就如广场舞，人们已经习惯了它的存在，往往视而不见、漠不关心，直到出现新的能够刺激到大众、媒体、政府的事件出现后，方才会引起人们的普遍关注，转化成为热点问题，如弱势群体、留守儿童、乞讨儿童、空巢家庭等；但是，当代中国还存在着另外一种更为糟糕的冷却热点问题的方式，我们这个社会中所面临的诸多热点问题，很多时候是被牵涉相关利益的人们有意识地予以冷却的，甚至是予以封杀的，就如食品安全、环境保护、城乡差距、权力腐败等，关于这些问题，其实普通的中国人都很关心，也希望这些事件能够持续地成为热点问题，并最终寻找到解决的方案，但是，很多时候，这些热点事件所牵涉的利益相关者，往往会通过自己手中的权力、势力、影响力，将这些事件压制下去，而真正受到这些事件侵害的普通大众，却对这些事件的发生与消失，都毫无办法，最终也只能选择视而不见，这样一种被有利益相关者有意识地冷却而形成的“冷热点”，常常称为“烂尾新闻”①。

---

① 中国文化传媒网，曾于2013年1月，发表了一篇名为《红黑榜：2012年十大烂尾新闻》的文章，涉及毒胶囊、塑化剂、微笑局长等问题（网络资料来源：http://www.ccdy.cn/cehua/2013ch/hotcold/201301/t20130130_548657.htm。资料提取时间：2014年3月18日），这些“烂尾新闻”，有些在2013年解决了，有些没有。到了2013年12月，人民网又发表了名为《烂尾新闻大盘点：“黄浦江死猪”、“镉大米”》的文章（网络资料来源：http://sc.people.com.cn/n/2013/1225/c345167-20233877.html。资料提取时间，2014年3月18日），对2013年的“烂尾新闻”，进行总结。

换言之，如何构建公正、有效、长期的制度体系、社会结构、应对机制，能够及时、有效地发现、处理这些社会“冷热点”问题，才能够在当代中国建立起成熟、稳定的政治—社会结构。而要想实现建立一个成熟、稳定的政治—社会结构的时代目标，我们无疑面临在观念上的巨大鸿沟，以及行动中的巨大分歧，事实上，我们所处的这个时代，社会已然分化、利益已然多元、思想已然各异……不同阶层、不同地域、不同职业、不同年龄的人，有着完全不同的关注点，而弥散于社会之中的差异与矛盾，已经不再能够通过简单的口号、标语、宣传，就能统合。——关于这一点，我们可以从广场舞的生存状态中，已经得到明确的启示。

然而，至少在当下的中国社会运行过程与治理体系中，我还没有看到能够有效地应对、处理这一问题的制度体系、解决方案。很显然，作为这个一度被政府、媒体标榜为“全民健身”典范的广场舞，其所表露出来的负面效应，对于像我这样的守法公民而言，简直是一种虽然并不喜欢，但却无法撼动的存在。无论自己如何挖空心思地进行情境设想，似乎都无法寻找到通过正常的方式与渠道，能够有效制止广场舞者的扰民行为的可能性。如果我跑去报警，警察如果不是认为我脑子有毛病的话，也往往会在“法不责众”“维护稳定”的思维逻辑与现实压力下，束手无策；如果我去找政府部门，政府人员要么认为这不是自己的工作职责，要么将我的问题像踢皮球一般踢给别的部门；如果我去找社区工作人员，他们或许会在毫不作为的情况下，还会给我讲上一大通关于邻里和睦、互助互爱之类的无聊的道理；如果我真的发神经，胆敢去找跳广场舞的人群直接理论的话，即使不是自取其辱，也至少是自讨没趣……总之，作为“个体”，我根本看不到任何可以在现有的体制中，寻找到与广场舞这个“集体”相抗衡、谈判的可能性！

正是这种忽视个体的集体氛围，虽然一度给了广场舞者足够的优越感与自豪感，甚至于放纵感，但是，当某些“个人”最终被迫以另一种极端的形式登场时，受损的，将是虽然自视为“集体”，但同样无法获得法律、制度保护的广场舞群体。可以看到，在一个尚未有效划定个体与集体之间界限的社会中，无论是个体，还是集体，其自由与权利，都无法获得有效的保障。广场舞者的自由，与非广场舞者的自由，都是如此。作为个体，我想要享有安静的广场的自由，固然无法获得保障，但是，一旦有人以更为极端的方式，挑战广场舞者本身时，她们的自由，同样会荡然无存。

集体化时代所残留的关于集体的正义，或许在很长一段时间里，成为广场舞多少有些无节制地繁荣、蔓延的保护伞，然而，越来越远离集体化时代的人们，开始越来越强调个体的正义。集体的正义与个人的正义之间，本来就是相互对立的两种势力，共同出现在同一个时代里，相互交集之处又是如此普遍，更重要的是，双方似乎都有其正义性的正当来源，于是，二者之间爆发冲突是无可避免的事情，只是爆发的时间、地点、强度、影响度的不同而已。在一个法治化已然成熟的国家里，个体之间所存在的爆发冲突的可能性，相关当事人可以通过警察、法院、政府等公权力部门，予以解决。然而，正处在法治化建设进程之中的当代中国，面临着法制不健全、公权力不被信任的诸多困境，普通人其实很难，而且也不相信，通过寻求公权力介入的方式，消解广场舞群体与个体之间的矛盾与对立。换言之，在相互对立的广场舞群体与个体之间，其实缺少一个有效的、低成本的、具备公信力的协调、处理机构，也正是由于这一机构的缺失，使得广场舞群体与个体之间，不得不进入持续不断的直接对抗与直接冲突的糟糕境况之中。

更为糟糕的是，对抗的双方虽然都生存于当代中国这一共同的时空背景之中，但是，他们同时持有完全不同的人生意境与思想观念。很显然，广场舞者总体上还停留在集体化年代，强调集体的力量，对公—私之间的差异，没有清晰的界限；但是，与之相对的、逐步成为社会主体力量的年轻人，却生存于一个强调个体的自由、个体的权利、个体的隐私的环境之中，他们对集体以及类似集体的东西并不感兴趣，更多的是关心自己的利益。因此，当这两个相互对立、且相互陌生的人群最终碰到一起时，沟通上的障碍可想而知，更无法指望一方能够静下心来，真正地去了解对方的心境、语境与情境。我们在现实中所观察到的状态，与我们此处所分析的并无二致，很多时候，广场舞者往往仗着人多势众、仗着自己早已习惯的集体的正义、仗着对个体权利的无知与无畏，甚至仗着倚老卖老的传统，常常对其他个体所表达的不同意见视而不见、爱理不理；与此相对应，那些不断受到广场舞的刺激、打搅的个体，往往在无法寻求到有效沟通的途径，又无法有效寻求到其他公权力的有效帮助的情况下，其反应的方式开始变得逐步激烈，而其对抗的手段，也越发地走向极端，更何况，对于深知现代中国社会运行模式与网络话语的年轻人而言，对如何制造噱头、制造热点、制造舆论、制造“点击率”……本就很在行，于是，通过极端的行为，引爆网络，就成为新一代有网络背景的中国人对付广场舞群体时所采取的新的行动逻辑与应对手段。

广场舞者与反对广场舞者之间的对抗最终走向如此极端的地步，虽然折射出生存于我们这个时代的普通大众的悲哀与无奈，但更是体现出我们这个时代所真正缺乏的东西，诸如成熟的公民心态、稳定的社会结构、公平的法治体系、公信的政府机构、共识的权利观念、自治的社会组织、平等的公共供给……然而，遗憾的是，当中国的主流媒体终于注意到广场舞的问题时，更多的人依然停滞于更为简单、表层的关于个体权利、集体行动之间关系的探讨，很显然，集体行动已然不再适合当前的中国社会，而个体权利的问题，是每个接受过现代自由、人权之类观念洗礼的媒体人，所追随、捍卫的对象。

于是，2013 年，从网络开始，一场妖魔化广场舞的舆论浪潮，席卷中国！

二　被妖魔化的大众：中、美华人媒介关于广场舞的不同态度

虽然在成为真正意义上的“热热点”之前，广场舞与反对广场舞的人之间，就一直冲突不断，但是，二者之间的战争最终演变为公共事件，则是从 2013 年 4 月，成都居民向广场舞扔“水弹”开始的。此前，类似的事件在 3 月就已经发生过了，据中国江苏网与《扬子晚报》报道，在南京一小区里就发生了泼粪事件，[①] 但是没有引起更大的关注。2013 年 4 月，成都一个居民小区的人不堪广场舞的噪声骚扰，从楼顶往广场扔水弹，想要阻止广场舞。[②] 此事件发生后，立刻被多家网站转播，引起强烈反响。此后类似的事件层出不穷，而且越来越激进。

对于相关现象，中国青年网在 11 月 3 日的一篇文章中，做出了如下总结：“2013 年以来，国内一些地方围绕广场舞噪声的纠纷呈激化趋势。4 月，成都一小区几家临街住户由于长期受广场舞音乐困扰，一气之下向跳舞人群扔水弹；8 月，北京昌平区一男子因嫌小区广场舞音乐声音过

① 网络资料来源：http：//jsnews. jschina. com. cn/system/2013/03/21/016629438. shtml。资料提取时间：2014 年 3 月 17 日。

② 网络资料来源：http：//www. chinanews. com/sh/2013/11 – 01/5455530. shtml。资料提取时间：2014 年 3 月 17 日。

大，鸣猎枪并放藏獒冲入跳舞人群，所幸没造成伤害；10 月，武汉一小区内正在跳广场舞的人群遭楼上业主泼粪，再一次引发社会舆论对广场舞扰民问题的关注。”这篇文章还用了一个措辞非常严厉的标题：《扰民竟致“泼粪”——广场舞公益变“公害”》。[①] 此外，中国中央电视台也在11 月 1 日的《焦点访谈》中，对广场舞问题做出了回应，除了我们已经提到的成都、北京、武汉之外，还列举了在黑龙江、广西、广东等地发生的更多类似现象，并在结论中强调：“应该说广场舞确实是一些中老年人健身、娱乐的最爱，但不应该变成‘扰民舞’。只管自己乐呵，不顾别人受罪固然不妥，野蛮驱赶甚至以‘粪’相向更是不当。其实这事并非无解，比如有的地方就提出，跳广场舞要‘缩时间、限地点、降音量’，做到‘舞照跳，不扰民’，并且已经有了效果。大家都邻里乡亲，凡事互相理解、互相谅解，事情才会有解，社区也才会和谐。”[②] 虽然在言语上缓和了一些，态度上也更积极了些，但是，“扰民舞”概念的使用，无疑表明，这一主流媒体同样认为广场舞已经成为一种社会问题，需要予以重视。

可以看出，自 2013 年以来，广场舞不仅成为了真正的热点问题，也得到了广泛的关注，相关媒体的报道、评论、建议等更是铺天盖地。我们从这些报道与评论中，也可以看到中国主流媒体对待广场舞的态度转化，一时之间，广场舞成为众矢之的，成为广受攻击与抨击的对象。

此外，国内广场舞扰民问题开始成为热点事件后，随着美国纽约市警察干预华人大妈们跳广场舞事件的出现，再次引爆了海内外华人媒介，网易甚至在其专题性报道中使用了《扰民广场舞是全球公敌》[③] 的夸张标题。巧合的是，美国华人媒介侨报网，也以此事件为个案，进行了专题报道，标题为《华人大妈纽约公园秀广场舞——娱乐？扰民？》[④]。我们从这两个专题的标题中就能够看到，虽然这两个专题的编辑者，对广场舞的扰

① 网络资料来源：http：//gy. youth. cn/lyb/201311/t20131103_ 4136244. htm。资料提取时间：2014 年 3 月 17 日。

② 网络资料来源：http：//www. chinanews. com/sh/2013/11 - 01/5455530. shtml。资料提取时间：2014 年 3 月 17 日。

③ 网络资料来源：http：//view. 163. com/special/reviews/squaredance0808. html。资料提取时间：2014 年 3 月 19 日。

④ 网络资料来源：http：//topic. uschinapress. com/damabk。资料提取时间：2014 年 3 月 19 日。

民行为都持质疑态度，但是，相对而言侨报网的态度明显要缓和得多。

国内与海外华人媒体对于广场舞的很多类似的关注，非常明显地体现出广场舞给他人所带来的困惑与困扰。对这两个专题的简单分析、介绍，无疑能够让我们对广场舞问题有更为广泛、客观、全面的认知与了解。

具体而言，侨报网更多的是立足于在美华人本身的生存状况出发，探讨移民的文化、精神需求，及其与美国本土的制度、法律规定之间的相互融合问题。专题的编辑者至少在情感上，其实很同情那些跳广场舞的人，而且也强调华人街的广场文化，是在美华人的重要标志与精神归宿。比如说，对于生存于旧金山唐人街的华人而言，“这个广场就是‘唐人街的心脏’，是新移民和老移民交流的地方，人们在这里结识，认识新朋友，这使社区更团结”。但是，从文化融合与法律体系的角度上看，也强调华人移民需要自我反省，要在文化、习惯与制度方面作出调整，以便更好地融入美国的社会之中，“由于文化差异，美国的社会规矩与大陆的规矩往往很不一样。这就引出了华人大妈们的文化融合与适应问题。在大陆，人们喜欢围观广场舞，即便扰民，居民顶多交涉、协商。而在美国，其他族裔居民认为这些公共空间的噪声侵犯了他们享受宁静的权利，造成了听觉污染，报警则是他们解决问题最高效的方式。如果说此前华人大妈由于不知道‘规矩’而忽略当地居民的抱怨，那么经过此次事件就真的应该‘吃一堑长一智’，两个群体之间要和谐共处，就需要做一些折中处理，相互包容尊重”。非常清晰地指出了中国与美国的公众、公权力机构，在面对广场舞时所采取的完全不同的态度与处置方式。

或许是出于对大陆广场舞泛滥的反感与排斥，网易专题内容，更多地在强调广场舞扰民违反了法律制度，而对跳广场舞的人本身没有太多关注。这个专题主要分为四个部分：

首先，讨论美国警察抓人是否适当的问题，通过使用大量文献认为，一方面美国大多数城市禁止制造噪声扰民，产生任何不合理、令人不安或不必要噪声都被禁止；另一方面在纽约，法律规定居民楼 1 米处，所有超过 45 分贝的声源都被禁止，违法者可被逮捕；因此，得出的结论是：华人舞蹈团“在公园内没理由地制造噪声”，遭警告后依然继续，领队被抓、被起诉没问题！

其次，引用相关文献，讨论中国的法律问题，认为在中国，“广场舞”噪声严重干扰周边居民生活，违反《治安管理处罚法》的相关规定。

再次，详细介绍了美国关于噪声扰民的法律规定与管理程序：在美国，“安静时间”内不能打扰他人，任何大到足以吵醒正常人的噪声均违反噪声控制法；在纽约，如果想在公共场所使用扩音设备，需在五日内向警察局申请“声音许可证”。

最后，将批判的矛头直接指向了广场舞，认为在公园和广场等地方制造噪声，会对公共环境造成实质干扰，与公众利益相违背；在公园中跳广场舞，肆意制造噪声，是把公共空间据为已有，完全不顾公共场所中的其他人。值得我们注意的是，编辑者特别强调了如下文字：“中国人没有公共空间的概念，把公共空间据为已有，完全不顾公共场所中的其他人。”

从结论上而言，侨报网的结论，是一种开放式的反思：“广场舞已成中国城市风景线——娱乐？扰民？”而网易则立足于中美比较基础上，或许得出了更为直观地体现出大陆国人对待广场舞问题的基本态度的如下结论：“在美国，任何发出喧闹声或不合情理的噪声试图扰乱安宁的行为是举止不当的违法行为，噪声扰民会受到严厉处罚；在中国，遍地开花的‘广场舞’扰民无人管。”

可见，无论中美，其实都在强调一个问题，既然广场舞扰民，就需要被管制。然而，在当代中国所面临的问题却在于：谁来管？怎么管？依据什么管？

三　被规制的大众：广场舞与中、美社区治理比较

与美国警察在广场舞纠纷的处置中所表达出来的明确的态度、多样的方式与强制的手段相比，在当代中国，类似的公权力却处于一种严重的缺失状态之中。从这个意义上，广场舞之所以会成为一个市民之间直接冲突的焦点，除了冲突的双方都有不理性的言论、行为之外，还有一个关键环节，就是外在于冲突双方的、理应成为消解矛盾、处理矛盾、处置矛盾的“公权力”的不作为，或是无法作为。

因此，当我们在讨论广场舞纠纷问题时，除了探究直接对立的双方之外，还有几个与之直接相关的、带有某种“公权力”性质的群体需要引起我们的关注，他们是：警察、城管、街道办事处、社区居民委员会、小区物业管理部门。按照当代中国政府关于基层社会层面的行政管辖、机构设置、运行程序、处置权限等方面的规定，这几个组织与部门，无疑是代

表公权力或是准公权力的最低一个层级，直接与市民打交道，因此，这些组织与部门能否积极有效地作为，无疑成为能否迅速、有效地处置广场舞纠纷的最直接的保障，然而，遗憾的是，在面对广场舞纠纷时，这些带有公权力性质的部门，似乎都无法发挥真正有效的功用。

中国青年网在报道成都“水弹”事件时，提到了街道办的困难与无效果：“当日，当地街道办事处参与调解无果，舞照跳，弹照扔。”[①] 很显然，传统意义上的带有半政府、半社区性质的街道办，或许在集体化时代里，尤其是以单位为核心组织起来的社会里，拥有着管理街道、社区的相当大的权力与权威，然而，在市场经济时代，人口流动加快，旧有的街道、社区结构也发生了相当大的变迁，在这样的情况下，并不拥有行政执法功能的街道办，其实除了协调之外，毫无办法，事实上，“社委会、物业没有执法权，不能限制一方跳舞或者不跳舞”。[②]因此，如果对抗双方各自认为自己占理的话，那么，通过传统的、由街道办事处出面“讲理”协调的方式，显然无法获得预期的效果。

不仅仅街道办事处无法有效处理这一问题，其他类似的基层组织与部门同样面临着类似的麻烦。即使是拥有执法权的警察，往往也显得有心无力，如中国经济网在报道南京“泼粪”事件时，就注意到了办案警察的困难：“分管小区的片警赛虹桥派出所王警官告诉记者，就因为广场舞扰民的问题他们就出警十多次，但是派出所不是环保单位，无法监测广场舞音乐是否达到扰民的分贝。”[③] 从中也可以看出，当代中国基层的公权力部门之间，面临着诸多条块分割、权限不清、职能不全的地方，试想，既然能够协调的街道办事处没有执法权力，拥有执法权力的警察部门又没有监测分贝的权力，拥有监测分贝权力的环保单位又不属于广场舞的直管部门……如此这般，也就无怪乎广场舞会最终泛滥，而针对广场舞之间的争斗，最终会达到不可收拾的极端地步！公权力的不作为，或是无法作为，是广场舞最终走向失控的关键环节，想想也是，其实跳广场舞的人，与反

---

① 网络资料来源：http：//news. youth. cn/gn/201304/t20130415_ 3103735. htm。资料提取时间：2014 年 3 月 17 日。

② 网络资料来源：http：//district. ce. cn/newarea/roll/201303/21/t20130321 _ 737130. shtml。资料提取时间：2014 年 3 月 17 日。

③ 网络资料来源：http：//district. ce. cn/newarea/roll/201303/21/t20130321 _ 737130. shtml。资料提取时间：2014 年 3 月 17 日。

对跳广场舞的人之间，本就是邻里，说不定还是熟人，如果有更好的办法，有双方都信任的第三方出面，大概谁也不想弄到相互结仇的地步。

事实上，基层公权力的缺失，不仅仅体现在广场舞事件的处置上，其实还体现在当代中国社会的方方面面，这样一种状况的出现，其实同样与我们所处的“社会转型期”有着千丝万缕的联系。很长时间以来，我们国家的基层公权力部门，并不是把保护和捍卫个体的自由与权利，放在自己权力行使的首要位置，而是把更为宏大的国家利益、社会稳定等政治目标放置在个体自由与个体权利之上。在这样的权力运行逻辑下，像广场舞这样简单的扰民问题，只要不达到“破坏社会稳定”的程度，往往都会当“人民内部矛盾”，进行调解、劝说，而不会将其设定成公权力直接对付的需要强制治理的目标，这样一种在集体化时代所形成的权力运行方式与运行逻辑，显然不适合当代中国的社会结构与社会问题。这一点，也在现实的权力运行中得到了印证，如新华网曾在一篇讨论规范广场舞的文章中引用了市民的如下观感：“在实际执行中，相关职能部门常常将广场舞等噪声污染定义为民间纠纷，对产生的纠纷则采取调解的办法。她说：‘无论是物业，还是社会工作者，还是当事双方均反映，这种劝导和说服的方式很难奏效。’”①

很显然，公权力的不作为或是无法作为，已经成为类似于广场舞事件处理中最大的问题所在。人民网与新华网都曾转载了一篇《法制日报》上的文章，在标题上强调《规范广场舞——政府应主动“舞起来”》。②但是，真正试图“舞起来”的政府，最早也是迄今为止唯一的先行者，就是广州市政府。面对广场舞所带来的一系列问题，广州市的反应最为迅速，在2013年11月，拟出台《广州市公园条例》，这份由广州市林业和园林局牵头起草的条例拟从四个方面规定公园噪声控制措施：“一是限音量，要求在公园内开展活动不得超过规定的环境噪声标准；二是限时段，明确要求每日22时至次日6时为禁止使用乐器或者扬声设备的时段，即使在公园管理机构划定的健身、娱乐区域也要公布限定的活动时间；三是

① 网络资料来源：http：//news. xinhuanet. com/2013－11/15/c_ 118149338. htm。资料提取时间：2014年3月17日。

② 网络资料来源：http：//politics. people. com. cn/n/2014/0220/c70731 － 24413351. html，http：//news. xinhuanet. com/politics/2014－02/20/c_ 119415672. htm。资料提取时间：2014年3月17日。

限区域，即通过功能分区划定专门的健身娱乐区域与安静休憩区，在休憩区不能开展喧闹的健身、娱乐等活动；四是限制扬声设备和乐器等设备的使用。”如果违背，最高罚款可达2000元人民币。当然，我们从发布这条消息的新华网的标题《广州“限噪令”规范广场舞或面临执行难等问题》之中就可以看出，这一尚未施行的条例，是否能够起到实质性的效果，还不得而知。[①] 然而，比起讨论这一条例是否可行而言，更糟糕的是，除了广州市所做出的尝试性努力之外，我们并没有看到更多的关于规范广场舞的政府行为。因此，在可见的将来，广场舞问题的存在与治理，依然存在着诸多不确定性。不懂得自律的广场舞者，不懂得自制的暴力抗拒者，不懂得有效作为的公权力者……广场舞的冲突，将中国社会治理中所存在的问题，暴露无遗。

在一个既缺乏“自律”，又缺乏“他律”的社会生态中，处于弱势地位的个体权利，以及处于缺乏保护状态的公共利益，往往是最容易受到侵犯的。这是我们在当代中国社会看到的基本状况，而广场舞问题，同样是如此：一方面，她们的噪声，无疑直接侵犯到了其他公民的个体权利；另一方面，她们对于广场的过分使用，也侵犯到了作为公共利益的承载者的广场本身。一旦我们的讨论进入个体权利与公共利益时，广场舞的问题，就不再仅仅只是广场舞的问题，而与广场舞相关的状况，也不再仅仅是中国的问题。

既然广场舞问题已经成为当代中国社会治理中的一个难解的困局，那么，我们或许可以从美国治理这一问题的方法与手段上，寻求参照与解决。而且，当广场舞最终脱离出所谓“中国特色”的情境之后，我们对这一问题的探讨，也就可以进入更为宽阔的视野与空间之中。

如前所述，2013年六七月，在纽约市日落公园跳广场舞的群体，由于音乐声音太大，涉嫌扰民，被附近居民数次报警，警察也在6月的一次警告之后，分别于7月26、27日，两次出警，并准备给领舞的大妈戴上手铐，而且还给她开出了传票。事件发生后，立刻引起了国内外媒体的高度关注。我们从这一事件的出现与处置中，可以极为明确地看到美国面对类似于广场舞扰民之类问题的治理方式与治理手段。

---

① 网络资料来源：http：//news. xinhuanet. com/2013－11/15/c_ 118149338. htm。资料提取时间：2014年3月17日。

中国新闻网在2013年8月6日的一篇题为《纽约华人舞蹈队公园排练音乐扰民——警方抓人》的文章中，对这一问题有较为清晰的描述："据美国《侨报》报道，纽约布鲁克林的日落公园如今成为华人晨练、休闲、健身的重要场所，但随之而来的音乐扰民问题不断遭到周围其他族裔的投诉与抗议。日前一支华人舞蹈队在该公园排练时，遭到附近居民的多次报警，前来的警员将带头者铐起来并开传票，这名被诉者将于6日出庭应诉。"在当事人所收到的传票上，警方给出的理由是："在公园内没理由地制造噪声。"① 在中国新闻网8月9日转引的《北京青年报》一篇名为《中国"广场舞大妈"在纽约因"扰民"两次被铐》的文章中，对当事人及其他方面的反应进行了描述："王女士认为，警方的反应太夸张而且涉嫌歧视。每次前来的警员都不是华裔警员，使得不会英文的她们无法和警方沟通。为此，王女士和舞蹈队队员们希望去州众议员办公室投诉和求助。有关社区机构代表也在和警察分局做沟通，希望以后再遇这类报警时能派华裔警员到场处理，以便于双方沟通，以免因误解而带来不必要的麻烦。"② 很快，在事件发生后，"认为自己受到不公正待遇的王大妈和其他40多名舞蹈队成员到纽约州众议员奥尔蒂斯办公室投诉和求助。奥尔蒂斯的亚裔助理赵靖桉表示，警方在不沟通的情况下就铐人是不可以的，他会督促议员尽快与警局沟通。目前双方已经达成和解，警方对王大妈的传票也已经撤销"。③ 对于这个事件，国内外华人的观点，主要分成两派：一派认为这是中美文化冲突，美国警察的行为有不尊重中国文化的嫌隙；另一派认为，这是一个简单的法律问题，广场舞使用的音乐声音太大，涉嫌扰民，警察的执法没有任何问题。

我们从这一事件的整个过程中，可以看到美国基层社会治理方面所具备的完善的体制、有效的手段与开放的程序。

总体而言，纽约广场舞事件牵涉了如下主体：跳广场舞的中国大妈、被广场舞打扰的其他族裔的居民、警察、华人社区机构、议员办公室。让

① 网络资料来源：http：//www.chinanews.com/hr/2013/08－06/5127771.shtml。资料提取时间：2014年3月19日。

② 网络资料来源：http：//www.chinanews.com/fz/2013/08－09/5142830.shtml。资料提取时间：2014年3月19日。

③ 网络资料来源：http：//eladies.sina.com.cn/news/2013/0812/11081231417.shtml。资料提取时间：2014年3月19日。

人惊讶的是，似乎每一个牵涉其中的行为主体，都在这个事件中扮演着积极的角色，而且体现出非常明确的权责观念、非常清晰的职能分工、非常公正的运行程序。

很显然，跳广场舞的中国大妈与被广场舞打搅的其他族裔的居民之间，处于矛盾的对立方，虽然在纽约跳广场舞的中国大妈们，或许与大陆跳广场舞的大妈们，拥有同样的人生经历、思想观念与行动逻辑，但是，与中国不同的是，在美国，被打搅的其他族裔的居民，并没有、也不需要采取诸如水弹、泼粪、鸣枪、放狗之类的极端方式，对付跳广场舞的中国大妈，而是采取了更为简单、明了的方式：报警！美国的警察，也不像中国的基层公权力机构一样，显得无能且无用，而是每接警必出警，每出警必有最终的结果出来，不论是警告、手铐，还是传票，都体现出极为清晰的权力意志，以及极为明确的法律效力，让华人大妈们吃尽了苦头！当然，美国不仅是一个法治国家，而且还是一个多元文化极度发达的国家，因此，代表公权力的警察的处置行为，虽然符合法律的规定，但不一定符合多种族融合的政治环境。事实上，被处置的中国大妈不仅可以通过自己所在的华人社区的力量，与当地警局沟通、施压，而且还可以通过自己的力量，向代表当地选民意志的议员办公室投诉、施压，最终，在多方势力的介入、协调、斡旋的情况下，警察与大妈们达成了和解，警方的传票也被取消。

美国广场舞大妈事件，让人看到了一个成熟、包容、稳定、法治的现代社会所表现出来的基本特征与素质。没有法不责众的大众、没有乱作为的个人、没有不作为或是过度作为的公权力、没有不可置疑的裁决、没有有理无处说的气氛……事实上，纽约广场舞大妈事件，如果发生在中国，无疑是一个很普通的“人民内部矛盾”问题，但是，在美国，其实只是一个很偶然的事件而已。

四　被融合的大众：关于美国洛杉矶某公园排舞群体的实地调研

“广场舞”无论从哪个方面，都是一个非常具备所谓“中国特色”的现象，类似的群体性、甚至是全民性的运动形式，我们很少能够在西方国家看到。不过，就如纽约广场舞大妈们所表达出来的明确信息所说明的，在海外华人聚居的地方，广场舞或是与之类似的舞蹈形式，同样非常流行，这种极具中国色彩的广场舞，甚至进一步影响到了西方社会。然而，当广场舞开始漂洋过海，进入西方世界后，往往会因为水土原因，发生诸多改变，总体而言，这些改变主要朝着两个方向改变：一种是“洋土化”[①] 的自我修正，亦即所谓的入乡随俗，在西方世界继续跳舞的人们会尽量按照西方人的生存方式，安排自己的时间，注意自己的行为，这是本节所要论述的主要内容；另一种则是“殖民化”的简单复制，只是将西方世界当做自己舞蹈的另一个舞台而已，继续国内的方式，并没有更多的改变，很显然，纽约的广场舞大妈们就处于这样一种状态之中。

事实上，广场舞者在西方世界的两种截然不同的态度与方式，无疑产生了两种截然不同的影响与效果，纽约广场舞大妈们所进行的“殖民化”的简单复制国内的广场舞状况，显然遭遇到了极大的困境与麻烦，这一点，前文中已经有了详细的论述；与此不同的是，“洋土化”的自我修正，却带来了更多的尊重、理解与融和的气息。在这里，笔者将以自己在美国对洛杉矶市的一个华人排舞群体的实地调研[②]，再结合对该地区的一间华人教会——国际大使命教会的实地调研，探讨在美国跳广场舞的华人所经历、推动着的另外一种以“融合”为目标的生存状态。

移民来到美国的华人，无疑都有着特定的地域、文化、经历、需求，这些特定的特质，就成为人们尤其是陌生人之间日常沟通的基本平台与共识，相同的族裔，往往能够更为轻松地拉近彼此之间的距离，减少陌生人之间所具备的防备心与猜忌心。在美国，虽然占据主流的是盎格鲁-撒克逊白人，但是，整个国家的组成却是一个无法简单划分“种族”的大杂

---

① 这个概念只是针对于我们常用的所谓“本土化”概念而产生的。西方世界的东西到中国来，发生改变，往往被称为“本土化”，同理，中国东西去往西方世界，发生改变，大可以称之为“洋土化”。

② 笔者从2014年2月初来到英国伦敦，但是，至少到3月中旬，还没有在英国看到有跳广场舞的人，而且也没有在网络上找到任何相关信息。这与笔者2013年8—11月，在美国所看到的情形完全不同，笔者于8月在纽约旅行的时候，就曾见过一个居民小区旁边的空地上，有人在跳舞，9月份到达洛杉矶后，更是在三个月的时间里，观察过一个类似广场舞的排舞群体，而纽约日落广场跳广场舞的中国大妈被美国警方逮捕的消息，更是布满网络。英美华人在广场舞上所出现的差异，或许是由于在美国居住的华人很多，也很集中，所以很容易塑造跳广场舞的气氛，而且美国社会的多种族、多元文化的色彩很浓厚，对各个种族的文化也相对包容些，人们跳起广场舞来，也没有太多的顾虑。

烩，从这个意义上说，美国其实是由各种不同的种族拼凑而成的一个地域性概念。在纽约、洛杉矶这样的大城市里，不同的族群之间，相互支持、帮扶，最终形成了一个个以族群为特征的小区，如中国城、小东京、小意大利、犹太区、伊斯兰区、墨西哥区等，不同族群之间，虽然也有诸多联系、交叉，但是，每当周末，在公园里聚会、聚餐的人群，往往以同一个族群的人为主，很少混杂。

正是这样一种多种族共存的社会结构，一方面使得纽约广场舞大妈们遭遇到了来自其他族群的严重抗议；另一方面，也让更多的华人移民开始学会不同的社会文化，遵守不一样的行为准则，以期融入美国社会之中。

2013 年 9—11 月，我曾在美国洛杉矶市罗兰岗与哈岗交汇之处的 Schabarum Regional Park，多次现场观摩、考察过那里的一个跳“排舞”（Lane Dance）的小群体。罗兰岗与哈岗，是洛杉矶地区有名的华人社区，每天都有华人群体在公园里跳舞、打太极、练剑。此外，这里还有好几家华人基督教堂，我们曾对位于哈岗的华人基督教会——国际大使命教会（Great Commission Church International，简称 GCCI），进行过实地调研。[①] 正是通过对排舞与基督教会的实地调研，自己对这一地区的华人的生活状况，有了更为清晰的认知，并对他们与美国主流社会与主流文化之间的张力与整合，有了更多切身的了解。

排舞，是美国洛杉矶地区的华人居民很是喜爱的集体性运动。在洛杉矶所在的加利福尼亚州，甚至还有一个由华人所创办的名为“加州排舞协会”（California Lane Dance Association of American，简称 CLDAA）的非营利性组织，根据协会网站上的宣传海报显示，到 2014 年 4 月 20 日，这个协会就已经成立整整十年了。[②] 不过，这个协会的成立还比我们所调研的洛杉矶 Schabarum Regional Park 的广场舞群体的成立，晚了整整一年的时间。当我们于 2013 年 9 月 26 日实地访谈这个排舞群体时，有一位性格

① 我们此次展开调研的教会——国际大使命教会（GCCI），是一个以华人为主的独立的基督教教会，位于美国加州洛杉矶哈岗（Hacienda Heights）的 Gale Avenue，教会成立于 1979 年，经过三十多年的努力，该教会已经从成立之初的几十个教众的小规模教会，发展到现在拥有一千多人、即将拥有两个教堂的大教会。（网络资料来源：http：//www.gcciusa.com/websev。资料提取时间：2013 年 11 月 7 日。）

② 网络资料来源：http：//www.cldaa.org/world。资料提取时间：2014 年 3 月 18 日。

很开朗的女士[①]告诉我们，她们这个排舞群体在2003年3月就已经开始了，最初是由几个台湾来的移民发动的。

根据我们的观察，罗兰岗与哈岗交汇处的这个排舞群体，属于我所谓的带有“洋土化”意味的舞蹈群体。这个主要由早期台湾移民组成的“排舞”群体，她们活动的时间与地域都受到了极为严格的限制。由于来这个公园活动的团体有好几个，每一个合适集体活动的场地都有各种不同性质的活动团体共同使用，因此，团体与团体之间，需要进行有效的沟通、交流，形成固定的使用场地时间。我们所观察的这个排舞团体跳舞的时间、场地都是固定的，时间是每周一、二、三、五的上午10时至12时，场地是公园管理办公室隔壁的一个带屋顶、四面敞开的水泥地。

事实上，每次参与跳舞的人数并不多，陆续有人来，陆续有人走，总数从6个到20个不等，除了偶尔有两个到三个男性加入外，主要是华人女性，当然，有时也有一两个白人女性加入其中。她们所播放的音乐，主要以爵士乐为主，偶尔也会播放粤语版的《千千阙歌》之类早期港台流行的音乐，音乐的声音很轻柔、和缓，跳舞的舞步，看上去也很接近西方的爵士舞，比较欢快，变化也比较多……除了我们之外，还经常有其他路过的不同族裔的人，停下来观察，有些甚至会加入进去，跟着跳一跳。换言之，这个跳排舞的华人小群体，似乎已经很是成功地融入了美国社会之中，形成了自己极为独特的存在状态与运行体系。可以看出，我自己所观察到的这个类似广场舞的“排舞”群体，虽然在形式上与国内的广场舞有些相似，但是，她们的活动范围、时间、地点、音乐等，却有着极大的不同。原则上，美国的排舞群体会尽量选择以远离住宅区、商业区的较大型的公园作为活动的基地，主要活动的时间也在每天的上午，基本上不会影响到其他人的正常生活与休息，而且在音乐的选择、使用上，也尽量能够符合更多人的胃口……换而言之，西方国家中在公共场所跳排舞的群体，并不是一个普遍的现象，也不会成为更多的普通人休闲、运动的方式，更为重要的是，她们也会尽量减少自己对他人的干扰与影响。基于此，这个已经存在了十余年的排舞群体的存在，似乎并不存在国内广场舞所面临的扰民问题，也没有听说任何冲突的事件发生。

---

① 这位女士还告诉我们，自己是从台湾来的，随着丈夫的工作调动，来美国已经20多年了。丈夫还没有退休，孩子都上学了。从她的话语中可以推测，她是一位家庭主妇。

相对而言，广场舞在中国的情况则有着极大的不同，一方面，在中国跳广场舞的群体一般不会有效地区分跳舞的地点，甚至越是人多的地方，跳舞的人就越多，而且常常在普通人下班与休闲时间的傍晚集体跳舞，无疑会极大地干扰到普通人的正常生活与休息；另一方面，中国的大城市里，也缺少足够大型的、离住宅区与商业区有一定距离的、相对与人们的日常活动范围相隔离的公园，即使有，中国跳广场舞的人，也无法像美国跳排舞的人一样，人手一台车，开车来公园跳舞，跳完之后开车离开。更重要的是，在我所观测到的这个跳排舞的群体的组成人员，应当以退休、家庭主妇两个类别为主，因为她们都是在每周一、二、三、五的上午10时至12时，来到公园跳舞，意味着她们不需要工作，也恰好是孩子们在学校上学的时间。我们还注意到，她们在周末并不跳舞，这也是非常符合美国人的生活习惯的，一般而言，人们往往会选择在周末的时间里，有信仰的人都会去教堂礼拜，没有信仰的人会尽量与家人一起度过。

为了弄清楚美国广场舞的管理情况，我们还特意去了趟位于跳排舞的场地隔壁的公园管理办公室，询问相关的情况。我们问了工作人员一大堆问题，诸如他们是否了解在公园运动的各个群体的基本情况，这些群体是否需要注册、是否需要交费、是否需要被管理、大概有多少个、这些群体之间的时间安排是否需要管理处负责……他们给出的回答大致如下：（1）这些群体都是免费开放的，我们如果感兴趣，可以自由地加入其中任何一个群体之中，只要和这个群体的领头者说一声就行；（2）这些群体都不需要向管理处缴费，他们使用公园的地方，是完全免费的；（3）这些群体都不归属他们的管理，完全是独立、自治的；（4）每天大概有4—5个群体在这个公园活动；（5）这些群体之间使用场地的时间安排是由群体自身决定的，与管理处无关；（6）如果想要注册一个新的群体的话，只需要在他们那里注册、登记一下，不需要缴费。

换言之，洛杉矶的这个排舞群体，一方面有效地融入了美国的生活之中，另一方面又具备很强的自律性与合作精神，能够与周边的其他个人、群体友善相处。当然，如果我们认为更为松散、更具休闲性质的排舞群体，无法表明华人移民与美国社会之间真正的关系的话，那么，同样基于我自己所进行的实地调研，通过洛杉矶市哈岗区的华人教会——国际大使命教会的行动中，可以清晰地表明，华人移民融入美国社会、贡献美国社会、建设美国社会的现实状态。

我们9月到达洛杉矶的时候，通过很是偶然的机会认识了教会的朋友。虽然我们自己并不是教徒，也很难被说服加入教徒的行列，但是，教会的朋友们仍然很是热情地给初次来到美国的我们，提供了诸多生活上的帮助与精神上的支持，不断邀请我们去参加他们的活动，拜访他们的家庭，认识他们的朋友，这也让我们很快地融入了当地的华人社区。不仅如此，教会还通过各种方式关注自己的社区，为自己的社区提供各种帮助。在这里，我们可以通过如下一个事件，看到他们的现实作为。在该教会的网站中关于“教会历史”的条目中，出现的最后一条是：“2009年10月—2010年5月，举办‘让哈岗亮起来’五波祝福哈岗小区行动，并为警局消防局及十五所小学筹募经费。”① 从中，也可看出国际大使命教会以实际行动影响自身所在社区的现实努力与积极作为。美国哈岗及周边地区的其他族群、社会组织、政府部门、宗教团体也对这一系列活动表达了热烈回响，其中洛杉矶警局工业市分局副局长James Wolak的如下话语更是体现出了这一行为的积极效果：“我们洛县警察局觉得很荣幸能够跟华人社区、特别是华人教会建立密切的关系。谢谢华人教会能够帮助年轻的下一代树立积极正面的价值观。很多时候年轻人被误导进入帮派、制造麻烦，但是教会能够帮助年轻人建立正确的人生观、做有意义的事情、帮助有需要的人。”②

当然，对于我们的广场舞研究而言，更重要的是，美国华人教会在很大程度上承担了非常明显的社会功能，对个体的精神世界有着非常实际的引导功效，而且，他们每周都有固定的两次聚会：一次是小组的家庭式聚会，不仅是各自沟通的机会，也是吸纳新成员的手段；另一次是每周日在教堂的礼拜活动。除此之外，他们还会举行各种各样的活动，如圣经学习班、户外彩虹营等，让参与其中的人，忙得不亦乐乎，自然而然地消解了人们的无意义感与虚无感，而不需要通过类似广场舞一样的群体性活动来实现自己的社交需求。教会的存在，无疑是一种非常有效的分流大众的方

① 资料来源：http://www.gcciusa.com/websev，“国际大使命教会·关于我们·教会历史”。提取时间：洛杉矶时间2013年11月7日。

② 详细内容可参见我们在实地调研时所收集到的国际大使命教会内部资料《请听我说》，其中，苏拣选的《让哈岗亮起来·祝福哈岗行动》一文，对这一事件有极为详细的描述。参见《请听我说》第4期，第1—7页，国际大使命教会/请听我说传播中心发行。杂志上没有印刷出版的详细日期，但书中所出现的最晚的年份为2010年。

式与途径，虽然，这样的方式并不完全适合坚持“无神论”的中国国情。

从洛杉矶地区的排舞群体与国际大使命教会的行为中，可以看出，在一个更为成熟的社会环境下，人们的思维方式、行动逻辑都会发生极大的变化，开始学会遵守规则、尊重规则，并在规则容许的范围之内，自由行事！——这样一种大众生存的状态，或许就是当代中国的社会转型，真正需要实现的目标所在。

五　被分流的大众：中、英比较视野下的现代都市“农夫”

在中国的现代都市里，并不是所有的大妈们都会参与到广场舞之中，她们有着各自并不一样的消解自身生存困境的方式与方法。各自不同的选择，既有个体的性格、爱好上的差异，更有不同背景之间的差异，在我们的调研过程中，也注意到了这一问题。换言之，即使都属于外人统称的所谓“中国大妈”这个群体，但是，不同的大妈之间，随着自身处境的不同，相互之间其实存在着巨大的差异与鸿沟。基于此，我们对于她们的称呼，其实还可以有很多种：诸如城市大妈、农村大妈；有文化的大妈、没文化的大妈；有工作的大妈、没工作的大妈；有钱的大妈、没钱的大妈；有影响力的大妈、没影响力的大妈；家庭背景好的大妈、家庭背景差的大妈……不同的大妈群体，往往会影响到她们是否选择加入或是不加入广场舞，以及选择加入不同的广场舞群体之中。我最初关注到不同的大妈人群，有着完全不同的对待广场舞的方式，是从自己所亲身经历的一些事情获得的，这些事情或许与广场舞没有直接的关系，但是，对于我们此处所讨论的关于当代中国广场舞群体的分流、治理与安顿而言，却有着相当直接的借鉴意义与参考价值。

我对于现代都市里的“农夫”的兴趣来自两个方面：一方面自己的父母迁徙来到城市后，如何通过延续乡村“农夫”的方式，在城市中所寻找到的适合自身兴趣爱好与生活习惯的消遣方式；另一方面还来自2007、2014年，自己在英国的生活经历中，所观察到的现代英国都市人所选择的，其实与我的父母的选择极为类似的生活、休闲方式。从他们虽然各有差异，但终归类似的生活方式中，可以看到，无论是生活在中国都市，还是生活在英国都市，人们对于生活的态度与预期，其实可以寻找到很多相似性与相通性。

2010年，小女出生，爷爷奶奶、外公外婆轮流来到长沙帮我们照看小家伙，为了让他们更好地习惯、融入长沙的都市生活，我也曾鼓励、建议过他们，如果觉得无聊的话，可以去跳跳广场舞，不仅可以认识点朋友，而且还能顺便锻炼一下身体。让我惊讶的是我的母亲，虽然一开始也很是好奇地在小区的广场上，跟着几个广场舞群体跳了几次，但是很快就告诉我，这个不好玩，跳来跳去，像疯子一样，然后就放弃了。尤其令人惊讶的是，我的父母甚至在都市里找到了自己半辈子都在从事的兴趣与爱好，他们看到其他老年人在我们社区所处的湘江西岸的河滩上，或是社区周边的暂时荒废的商业用地上，开垦荒地种菜。他们四处观察，总是能够找到可以使用的荒地，再花费很大的力气，开垦出一块一块的菜地来，在照看孩子、做饭、打扫之余，每天早出晚归地在地里忙活，很多时候他们一天的时间似乎比需要工作的我们还要紧张。我们也曾经以太过辛苦为由，建议他们放弃种地，而是更多地像都市人一样生活。但是，父母很是坚持，他们的理由其实也很充分，通过种地，他们既不会无聊，能够与其他种地的人建立起一个较为固定的社交圈，而且还能很好地锻炼身体，更重要的是，种地能够给他们带来满足感与丰收的喜悦，也能暂时地让我们一家人从对有毒蔬菜的恐惧中解放出来。虽然这些菜地并不属于我们，所以经常会因为湘江涨水、商业用地开发，导致菜地被迫放弃，但是，父母一点都不在意，他们总是能够重新寻找到机会，继续自己在都市当“农夫”的经历。

从我父母的身上可以看到，人们消解随着迁徙而来的生活中的断裂感的方式，其实有着完全不同的态度与反应。而且，我们能够在长沙城市周边看到很多种菜的老人。父母也偶尔会跟我们提及他们在种菜时认识的新老朋友：有些是本地长大，但是自己的土地被征用了的，只能四处找点空地种点菜；有些是和父母一样迁徙，随着子女来到都市的，在城市里本就没有自己的土地，只能四处找点空地种菜；有些是本来成长在城市中心，现在已经退休的，往往一大早赶很远的路，到城郊、河滩找点空地种菜；有些是年纪并不大，而且还在都市里拥有一份工作，喜欢找块土地种菜锻炼、娱乐的；甚至还有些本就是来自农村的，而且在都市里也没有什么固定收入的，往往找块空地种菜，不仅自己吃，还能在路边摆个摊子卖……总之，在长沙周边种菜的人的成分很复杂，来源也很广泛。种菜的人之间，很容易形成一种类似于“合作社”或是“自助社”的松散联系，大家共同在一块土地上时，劳动无疑是共同的话题，他们可以交换工具、交换种子、交换果实、交换经验、相互照看对方的庄稼；随着交往的延续、加深，他们之间的话题往往会转移到家长里短、邻里关系之类的话题上来，能够获得很多当地的信息，了解到很多当地的情况；如果关系变得更为特殊的话，他们还会在种地结束后，带着各自的孙子、孙女，去各自的家里串串门，或是约好地点聚聚会……很显然，在都市当“农夫”，是一个让父母虽然生活在都市，但却依然能够感受到乡村气息的极好的机会。

无论是广场舞还是在都市种地，其实都是消解自身断裂感的一种生存方式，各有各的好处，各有各的麻烦。不过，相对于广场舞而言，在中国的都市里种菜的办法，无疑具备极强的特殊性，难以被复制，一方面，很多都市人或许并不喜欢干农活，更喜欢热热闹闹的集体活动；另一方面，就算是喜欢，也很难具备条件，让他们到哪里去找地种？即使是我的父母看似还成功的种地行为，同样也面临着由于只是在临时性的土地上劳动所带来的不确定感，商业性的荒地随时都可能被开发，江边河滩固然是个不错的地方，但是也会遇到各种各样的问题。而且，这样的生活方式与都市本身的生活节奏多少有些不合拍，自然还会带来诸多额外的麻烦。

换言之，对于当代中国的都市人而言，在都市生活、种菜，怎么看都似乎是一件很不协调的事情，与现代中国都市所形成的文化、氛围格格不入。我自己有时同样很困惑父母的“都市农夫”的身份，不知应当如何消解这样的生活方式与自己的生活方式之间的巨大差异。不过，当我们于2012年开始研究广场舞，真正感受到了现代中国都市中老年人的苦闷与孤寂，以及于2014年1月，以访问学者的身份在伦敦生活一年的时间，感受到了伦敦人对待都市“农夫”的完全不同的态度，使得自己对于现代都市里的“农夫”有了完全不同的观感。

英国的城市，即使是伦敦这样的大都市，除了自己家有院子的人会种花、种草、种菜、种果树之外，往往还会由政府出面，在城市中心或是城市郊区找一些荒废的公共空地，分割成一小块一小块的土地，通过公开申请的方式交给那些没有自家院子、或是自家院子太小的市民去耕种，从而形成了一个个很有特色的社区耕种、园艺空间。

我们最初注意到这个问题，是和伦敦的一位朋友聊天时。她告诉我们，他们家住在“大伦敦”（Great London）南部界限外面一点点，离地铁站不远，又不属于大伦敦的范围。正是这个地理上的优势，使得他们获得了一个极好的机会，他们通过提交申请的方式，只是在等待了短短的一年多之后，就在离自己社区不远的地方得到了政府分配的一块土地。于是，他们每周末都会带着自己4岁多的儿子，骑着脚踏车、带着农具，去往自己的菜地里，种菜、踢球、玩耍。对于他们而言，那块土地已经成为了他们家的一部分，严格而言应该说已经成为了他们家的一块乐土。他们甚至很是骄傲地告诉我们，如果自己家住在大伦敦的范围之内的话，要想从政府手中领到这样一块菜地，至少需要等7—8年的时间，还不一定拿得到。言语之中，充满了幸福感。

事实上，在城市的公共空地上，留下一片菜地，再分配给周边的居民耕种，其实已经成为英国城市社区服务中很有特色的一个形式。我们甚至能够在BBC（英国广播公司）所作的很多的关于社区服务的节目中，常常看到与社区公共菜地相关的节目。比如说，某个城市的市政府就将一个被废弃的老的足球场改造成为这样一个公共菜地，这样一种做法也给周边的居民们带来了完全不同的生活方式、沟通方式、休闲方式。我们从BBC的节目中，还能够看到居住在菜地周边的居民们，都很是享受这样一种生活的方式，各种年龄、各种肤色、各种种族、各种语言的人，能够在同一块土地上，耕种、休闲、聊天、社交。在公共菜地的旁边，甚至还会设置有相关的公共社区服务设施，如公共厨房、公共休息区、公共活动室等，换言之，在这里种菜的人能够在劳动之余，还能够进一步进行相互之间的园艺交流、果实交换、手艺品尝。

很显然，这样一种设置公共菜地鼓励市民种菜的方式，也获得了政府、社区、媒体、市民的广泛认可与支持。每一年，相关的社区组织、市民组织，甚至是BBC这样的主流媒体，还会出面不定期的举行各式各样与种菜、园艺相关的活动，让更多的人参与到这一活动中来。可以看到，英国城市所施行的这样一种划分公共种菜空间的方式，无疑给参与其中的一个个都市家庭，带来了无穷的乐趣与健康。

除了在城市或是城市周边设立这样一种公共的种菜空间之外，很多伦敦人还会在英国的乡村，甚至在相邻的法国、西班牙等欧洲大陆国家买一个农场，一有时间就去农场度假、耕种。这样一种在乡村拥有农场的方式，也成为了伦敦人的一个很有特色的休闲、锻炼、度假的方式。

事实上，我自己就曾跟随在法国南部有农场的朋友，于2007年一次、2014年两次，从伦敦驱车十几个小时前往法国农场，每次都待了10—15

天的时间。这个农场很大，坐落在一个小山包上，总共只有两户人家。有一个老派的、据说有四百年以上的石头房子，一个小的独立的房子、一个有着巨大草坪的大院子，两个大果园，一片大的、荒废了的耕地，一片很大的森林，无数的机械、工具，自己盖的工具房、酒窖、车库……农场里的景色很美，空气很好，工作也很多。在农场的日子，我们除了短暂地去往周边不远的法国南部小镇买日用品或是游玩之外，就是一天到晚地在农场里劳动，劳动之余，就是围着壁炉，喝红酒、聊天，日子过得很是健康、愉快。我们很是享受在农场里的时光，将这里称为“Paradise”（天堂）。[①] 朋友每年都会有3个月左右的时间待在农场里，打理农场，割草、种菜、种果树、做果酱、在森林里砍树、自己动手修建酒窖、工具房、车库、鸡舍、石头围墙……总而言之，只要是待在农场，就有忙不完的事情。

根据我们的了解，这样的生活方式，不仅是现代英国城市人常见的一种方式，而且也是欧洲其他国家的人同样欣赏、从事的生活。我们在法国南部公共场所，如餐厅、超市、旅游点，经常碰到别的国家在法国拥有房子与土地的情况。事实上，法国南部很多的土地与房子，都被其他国家的人买了当做休闲之处，就如朋友在法国农场里那一家唯一的邻居，就是一对荷兰夫妇。他们所买的房子一开始只是一个大体的架子，总体已经坍塌了，他们每年假期都开着房车来到农场，自己或是与自己一起来的朋友花了近十年的时间，将本是一片废墟的石头房子，慢慢地盖成了现在的能够住人的模样。这样一种外国人购买、维持老房子的生活方式，甚至在建筑风格上，极为有效地保护、维持了法国农村的原有面目。

可以想见，当这些都市人开始有各种各样的机会，成为现代意义上的“农夫”时，就像我的父母在长沙所做的一样，谁还会有心思去跳广场舞呢？

对于我而言，倾向于认为现代英国与欧洲都市人所出现这样一种成为

---

① 我们2007年第一次去往农场时，需要经过一条河，穿过一段树林形成的“树洞”，此时，朋友虽然不是原文引用，但是极为明确地借用了陶渊明的如下一段话来描述我们即将到达的地方：“缘溪行，忘路之远近。忽逢桃花林，夹岸数百步，中无杂树，芳草鲜美，落英缤纷，渔人甚异之。复前行，欲穷其林。林尽水源，便得一山，山有小口，仿佛若有光。便舍船，从口入。初极狭，才通人。复行数十步，豁然开朗。土地平旷，屋舍俨然，有良田美池桑竹之属。阡陌交通，鸡犬相闻。”（陶渊明：《桃花源记》）很是符合我们的行程所经历的：先是沿溪行，然后经过一个小村落，再穿过山洞一般的树林，最终豁然开朗，进入位于小山丘顶端的农场。

现代“农夫”的方式，其实是能够为当代中国所借鉴的，试想，当代中国在城市化、工业化的进程中，一方面，农村人口大量拥入城市，而乡村的土地，早就已经出现了“抛荒”的现象，很多中国的乡村都已经随着人口的流出最终走向了消亡；另一方面，都市里的人口密度非常大，更多的都市人都希望能够有更多的生存、活动的空间。换言之，如果能够将都市里有意向去往周边乡村生活的人，通过政府分配菜地，或是通过自己去往乡村租种土地，其实都是一种非常有效的分流人口的方式。想来，如果能够分配到长沙周边的土地来种菜的话，对于我的父母以及我的家庭而言，应该都是一件很好的事情。当然，由于中国还面临着土地国有、城乡二元格局等体制性的限制，这样一种方案实行起来还有极大的难度。不过，随着当前政府正在推进的诸如城市、农村户口逐步统一政策，以及宅基地的自由流转政策等，想来，在不久的将来，城乡之间的自由流动，应该会成为中国社会发展的未来趋势所在。

无论怎样，从中英之间的这样一个或许与广场舞并无太多关系的个案比较中我们可以看到，一旦现代中国都市的大妈们有了更多、更好、更健康的休闲方式，想来跳广场舞的人群，也会被有效的分流，其现实的影响力也会随之下降。

六 结论

我们从中、美、英的比较中可以看到，当代中国社会存在着的广场舞问题，在日渐展开的激烈冲突中，已经开始脱离出“人民内部矛盾”之类带有“中国特色”的社会关系的范畴，逐步进入“个人”与“群体”之间如何确定权利界线的范畴之中，在此过程中，如何保护个人的权利，如何惩罚侵害个人权利的行为，将成为应对相关问题的主要方面。然而，我们从广场舞的冲突中所看到的是，一旦类似的事情开始变得失控，开始直接影响到“社会稳定”时，公权力又很难在短时间之内找到合适的方式，予以有效处置。当然，由广场舞问题所带来的关键的变化或许在于，那些掌握公权力的人已经无法像以往一样，简单地通过要么视而不见，要么以“和稀泥”的方式处理相关问题了，他们也逐渐被迫地卷入其中，开始扮演他们早就应当扮演的角色。在这样的新的格局之下，如何处理广场舞所带来的问题已经不再限定在一时一事上，而是已经成为当代中国的公民、政府、社会组织所需要共同面对的挑战。事实上，人们也做出了诸多努力，甚至想出了戴无线耳麦跳舞以减少噪声污染的办法，不过，类似的办法多少有些治标不治本的嫌疑。对于当代中国社会而言，广场舞的治理最需要做到的，其实是对更大层面上的社会—家庭结构、休闲—娱乐方式、城市—乡村差异、权利—法治意识等的调整与塑造，方才能够真正改变广场舞大妈们所面临着的生活困境、精神匮乏。

总之，对于身处“社会转型期”的当代中国而言，广场舞大妈带给我们的真正启示或许就在于：如何通过有效地塑造具备自由意志的公民个体、具备理性精神的公民群体、具备权利共识的社会观念、具备自治能力的社会组织、具备独立高效的法治体系、具备公信力度的政府机构……有效地预防、发现、处理社会“冷热点”，无疑将成为当代中国政治—社会结构真正走向成熟、稳定的重要标志所在！

第三章　重建女性主体价值:广场舞者的历史镜像与意义世界

米　莉

2013 年最具颠覆效应的公共媒体事件,莫过于在短短的几个月间,广场舞及其参与者们所遭受的冰火两重天的社会境遇。然而,在这其中尤其引起笔者关注和研究兴趣的,并非社会各界对这一群体的评价、看法的戏剧性起伏,而是如下问题的提出:为什么几乎所有的广场舞参与者,都是以中老年妇女为主,而在公共领域往往占据各种优势地位的男性,反而被排斥在外? 是什么样的因素,构成了这一群体得以共同生成、存在、延续的意义世界? 又是什么样的因素,在以一种看不见的方式默默建构、规范、引领、制约着她们的生活场域与情感空间,最终造成了其生存的困境? 这种生存困境,是否可以寻求到具有借鉴作用的解决之道?

从某种意义上说,广场舞者作为一个特定群体的出现,绝不是一个个单独的中老年女性个体自我聚合的结果,相反,而应当被看做 20 世纪以来,整个国家在追逐现代化目标的过程中,几代中国女性所共同遭受的政治、文化、社会、生活境遇变迁在她们身上的历史投影与现实反照。看似遥不可及的国家、父权、市场,正在从更为深远的意义上建构、规范、定义、消融着她们的生命价值与意义世界。而当她们以弱小个体的身份,跨越了地域的阻隔、语言的障碍、习俗的不同、文化的差异、时空的界限,以一种积极主动、甚至是整齐划一的心态,风雨无阻地参与到这一健身运动之中的时候,广场舞便成为了这些进入迟暮之年的中老年女性,在历史、文化、社会的深层断裂之中,自我消弭内在精神张力、重建个人意义世界的唯一阵地。

一 “进步”与“典范”：国家叙事主体下的广场舞者

从19世纪起，曾处于世界中心的中国，便开始经历文明的不断挫折与典章制度上的多重断裂。受西方女权主义思潮及运动的影响，在社会各界关于如何摆脱积贫积弱的国家形象、重新建立一个“富强中国”问题的方案寻求中，女性的崛起被一致看做实现这一目标的重要步骤与标志，契合着当时社会主流关于“救亡”与“启蒙”的激烈讨论。[①] 自此之后，无论是五四时期对于“新女性”的呼唤、[②] 还是集体化时代对于“半边天”的塑造、[③] 或是“文化大革命”期间对于“铁娘子”的推崇，[④] 上述种种称谓的出现，均标志着国家开始思考如何通过意识形态与女性主体的结盟，而将占总人口一半的女性价值和女性劳动力加以政治、经济、文化和社会多重层面上的运用。[⑤] 从此之后，女性不再淡出历史和公众的视野，而是作为国家“进步”与否的象征出现在公众的面前，从而被纳入了现代民族国家建设的宏大叙事之中。

同样，广场舞者作为一个整体性概念的产生，如同20世纪以来的几

---

① 米莉：《中国古代妇女史研究的范式转移与问题意识》，《北京行政学院学报》2007年第5期。

② 夏晓红：《晚清女性与近代中国》，北京大学出版社2004年版。

③ Gao Xiaoxian, “‘The Silver Flower Contest’: Rural Women in 1950s China and the Gendered Division of Labour”, *Translating Feminisms in China: A special Issue of Gender & History*, edited by Dorothy Ko and Wang zheng, Blackwell Publishing, 2007, pp. 164 – 187.

④ Jin Yihong, “Rethinking the ‘Iron Girls’: Gender and Labour During the Chinese Cultural Revolution”, *Translating Feminisms in China: A special Issue of Gender & History*, edited by Dorothy Ko and Wang zheng, Blackwell Publishing, 2007, pp. 188 – 214.

⑤ 关于政府对女性劳动力的无偿使用，已经为许多学者所关注。如王政在对居民委员会进行研究时指出：“居民委员会……在五〇年代，它是建立在主要是妇女的无偿劳动上的最基层的民政和治安机构，这个机构最大的创新是调动起家庭妇女来做基层社会的管理者。共产党是在成千上万个家庭妇女的帮助下，才能在短短几年的时间里‘驯化’上海这片帮派势力横行、社会治安极差的‘歹土’，才能在资源贫乏的时刻在这五百万人的大城市里建立起有效的行政管理。如果没有成千上万个家庭妇女活跃在上海的千百条弄堂街道，认真细致地完成政府各部门下达的五花八门的任务，很难想象一个高度集中的计划经济可能实现，公共设施、公共卫生、社会治安、社会福利等等，对任何政府来说都是耗费资金的事物，中国共产党一进城就找到了最经济有效的途径来解决治理城市的一系列难题，城市家庭妇女在居委会的义务工作无疑是中华人民共和国城市历史的有机组成部分。”王政：《居委会的故事：社会性别与1950年代上海城市社会的重新组织》，吕芳上主编：《无声之声（I）：近代中国的妇女与国家（1600—1950）》，“中央研究院”近代史研究所2003年版，第196页。

代中国女性一样，也从未摆脱过现代民族国家建立的宏大叙事进程。恰恰相反，她们承载着关于现代化国家崛起、进步的各种努力与想象，其存在本身也被赋予了超越其本体的价值与意义。

已经进入中老年的广场舞者，大都有过广场政治的早期经验。许多人甚至还曾经作为“红小兵”的一员，以个体的行为深远地影响着国家的历史走向与发展进程。[①] 正是在广场政治日益展开的历史进程中，她们学会了“压迫”“剥削”“翻身”“解放”等政治词汇，用以泾渭分明地分析历史、解释世界、憧憬未来。无论是聚在一起载歌载舞，还是组织起来共同膜拜领袖的指示，广场上一切的一切，都充满了鲜明的秩序感和无穷的意义感。而年轻的她们又是多么的积极上进，多么的热血沸腾，多么的充满了为国家贡献力量的内心渴望。

然而，在广场政治于20世纪70年代被彻底地抛弃之后，伴随着广场政治而生的一代人，随之也丧失了生命的激情与人生的意义感。而从更深层次的心理上所失去的，则是她们对于以无穷个体的叠加身份和一致行为，通过聚合在广场上来推动国家统一、进步的具有无限影响力的个体力量的信仰。[②] 自此之后，她们中的大多数人很多年都没有再参加过公共社交活动，更不用说什么体育运动了。尤其当进入人生的中老年之后，生活更是限制在单调重复的家庭范围之内，缺乏变化。只有当几年前，几个年龄相仿的中老年妇女聚在或大或小的广场和空地上，随着摆在地上的一台破旧录音机里播放的音乐伸胳膊动腿的时候，她们仿佛重新回到了激情燃烧的年轻岁月，重新找到了存在的意义感。

实地调研时，在我们与广场舞者的对话中，她们通常会如此描述自己

---

① Richard H. Solomon 在关于“文化大革命”期间红小兵的研究中指出，中国文化中存在着一种对待权威的根本性的矛盾态度，而这种态度植根于孩提时代对于遥远但又颇具影响力的父亲形象的敬畏和怨恨（awe and resentment）同时并存的矛盾心态。因此，对于红小兵的态度和行为，必须放在这种中国文化内在的对权威的矛盾的社会心理框架下才能真正理解。Mark Lupher, “Revolutionary Little Red Devils: The Social Psychology of Rebel Youth, 1966 – 1967”, *Chinese Views of Childhood*, edited by Anne Behnke Kinney, Honolulu: University of Hawai'I Press, pp. 322 – 323。Mark Lupher, “Revolutionary Little Red Devils: The Social Psychology of Rebel Youth, 1966 – 1967”, *Chinese views of Childhood*, edited by Anne Behnke Kinney, Honolulu: University of Hawai'I Press, pp. 321 – 343。

② 关于集体政治为年轻的参与者所带来的社会心理学方面的影响，可参见 Mark Lupher, “Revolutionary Little Red Devils: The Social Psychology of Rebel Youth, 1966 – 1967”, *Chinese Views of Childhood*, edited by Anne Behnke Kinney, Honolulu: University of Hawai'I Press, pp. 322 – 323.

成为广场舞者的过程："以前自己没有跳舞，觉得没有舞蹈的天分，年纪大了，身材也不好，手脚也不灵活，怎么好意思在公开场合跳？但是每到傍晚，经常会看到几个和自己年龄相仿的中老年妇女聚在广场上或者小区门前的空地上，随着摆在地上的一台破旧的录音机里播放的音乐，伸胳膊动腿。她们的体态舞姿，和电视里的专业演员相比绝对谈不上优美，但神情却非常投入，而且每个人都喜笑颜开的，看上去精神风貌非常积极向上，而且也很快乐。这些跳舞的人有些是老熟人，有些虽然不熟悉，但见面都会互相打个招呼。所以，她们往往会看出站在一旁的自己的眼神和羡慕，会邀请自己也一起加入。犹豫和推辞了几次之后，自己也终于鼓起勇气，缩手缩脚地站到了队伍的最后面。只是没有想到的是，跳过几次之后，自己慢慢开始从心底里喜欢上了这种运动形式：动作学起来非常简单，对基本功要求并不高，也不怎么劳累。而且，跳舞的位置就在小区门口的空地，走几分钟的路就可以到。时间大多定在每天傍晚饭后茶余，那时候儿女都已下班回家，不再需要自己去照顾家里。虽然总共交了几十块钱的会费用来购买新的电源插座和音响，但终究是可以承受得起的小钱，也不是什么大不了的费用。尤其是一起跳舞的人最后都变成了熟人和老姐妹，跳完了之后还可以家长里短地聊上几句。"①

在广场舞于几年前开始出现时，许多中老年女性通过主动参与和自我实践，慢慢进入了这个群体，成为了其中的一员。当时，无论是亲身参与者，还是袖手旁观者，显然谁也没有想到，在不久的将来，广场舞居然会以一种席卷之势迅速遍及全国。渐渐地，跳广场舞的人越来越多，也越来越热闹。似乎随便走到哪里，只要有空地，就会听到类似的音乐、看到同样沉浸在其中的跳舞群体。从某种意义上说，这些以广场舞而聚在一起的中老年女性者们，显然都有相同的处境，并且都从广场舞中找到了类似的精神依托。

在最初的几年里，广场舞者们作为一个完全意义上的松散的自发组织，无疑保持着某种程度的独立身份。而在几年之后，广场舞历史上的一个重要转折开始出现。在对 2008 年北京奥运会的备战迎接中，公民健康议题的重要性被高调提出，并成为了国家回应外界环境质疑、向国际社会展示软实力的重要标准。而广场上聚集的这些中老年妇女们充满活力的自

---

① 米莉调研笔记，2013 年 5 月，湖南长沙阳光一百小区。

发健身行为随处可见，正好契合了此时国家建构的宏大目标及其对全民健康问题的关注。在此境况之下，作为权威代表的政府和官方媒体开始将她们纳入主流话语系统，当做全民健身的“代表”“象征”和“典范”予以褒奖和推广。

大致于同时期出台的《全国文明城市数据指标细则》，也从客观上推动了地方政府将广场舞纳入管理视野的进程。在这一颁行全国用来指导城市文明建设方向的指标细则中，明确规定了地方政府的评优创优活动必须达到体育锻炼方面的重要指标：“业余群体文体活动团队数量（支/街道） >15；区级大型广场文化活动次数（次/年） >8；经常参加体育锻炼人数 >45%。”① 完全可以想见，随处可见的广场舞者的自发行为，对于地方政府完成这一目标的吸引力所在。因此，一贯以行政指标为导向的各级地方政府，也在这场争优创先的竞赛中不甘落后，不仅积极开始组织各种类型的比赛、表演，还将其演出搬上了电视台的荧屏，同时亲切地赋予她们以“广场舞大妈”这一颇具积极意义和典范性的称号。从此时起，广场舞者们被正式纳入国家规范指导的领域，其存在与身份也获得了正当性与合法化。

顾旭光对于宁夏回族自治区固原市原州区文化街固原商城门前广场活动的广场舞群体的调研，清楚地向我们展示出广场舞群体正在被纳入政府管理范围的种种体现：市文化局不仅将市里的领舞者组织起来，进行集中培训，而且还为各个群体发放了本地的民族音乐“花儿”的音乐光盘，以此作为推广本地民族文化的契机。而且，在当地的每个广场舞群体，都被发放了原州区“首届民族广场舞 DVD 示范光盘”作为练习广场舞的指导材料，该示范光盘的封面和内容均明确表明，“原州区宣传委”“原州区文化体育旅游局”“原州区文化管”和“原州民族艺术团”分别是该场舞蹈的主办、承办和协办单位。固原市原州区有些规模较大、人数较多的广场舞群体，大多在市广播电视局进行了注册，注册之后还可以得到资金的支持。

2013 年元宵节，广场舞表演还被列为该地传统的元宵节上街表演节目的重要内容，各个群体不仅需要为了完成这一任务而加强练习的强度，

① 网易网，李熙：《“大妈广场舞”源头考》，http：//view. 163. com/special/reviews/commiedance0424. html，资料提取时间：2014 年 8 月。

而且还需要在表演前进行彩排，通过代表政府权威的“领导验收”。而每个广场舞群体，显然已经深受政府各种后期教育和政治介入的影响。如领头者在谈到广场舞组成群体的基本构成时，用的是十分明显的政治正确的口吻：“老少兼宜，任何人都可以参与。”除此之外，她还主动强调，自己承担着传播民族文化的重要功能：“现在网上有很多舞蹈种类，新疆舞、蒙古舞、藏族舞之类，但是没有‘咱们’这边的特色舞蹈，所以政府就培训了一批带头的，回头会举办一个大赛，想办法把这个有‘咱们地方特色’的回族特色打出去。”[①]对于一贯在社会上默默无闻、但此刻却骄傲地自称为“咱们”的她们而言，显然已经将自己看做地方文化与民族特色的推广者和代言人角色，并从其中获得了充分的价值感和鲜明的政治意义。

李超、张会对于长沙市火炬村广场舞者的观察，也从广场舞音乐的选择和广场舞者自身的角度出发，证实了国家价值体系的塑造和政治话语的介入，对于广场舞者隐蔽而又强大影响力之所在。在她们的音乐挑选中，除了通俗类的歌曲外，具有鲜明政治色彩的红歌和爱国歌曲，也是经常播放并深受欢迎的曲目。如她们于2012年年底新学的《我们的钓鱼岛》便是例证。在舞队的核心人物之一卞女士看来，尽管她们最喜欢通俗歌曲，因为听起来更加细腻，“自己跳完了之后心情往往很舒畅”，但《我们的钓鱼岛》这首歌却丝毫不会因为“这就是让我们爱国爱党”的政治功用而让自己有所排斥。相反，这首舞曲还让她们有机会表达对于日本的“不满和鄙视”。领舞者郁女士于12月通过网络学习此舞后，用了一周时间让其他舞员们掌握要领。在舞队成员看来，“边学边跳，学会了跳起来感觉很好，又能解气，又能锻炼身体。反正不会有人说什么，大家都在跳”。[②]

对于这些多年以前早就淡出集体活动舞台的中老年妇女而言，她们不再被看做什么“代表”“先进”了，因此，重新被国家、政府纳入国家发展的宏大视野，如同她们曾经的岁月一样，重新将其个人价值与整个“国家”紧密相连，这一标志性事件令她们获得了相当大的鼓舞，这对于她们重新培养、建立对广场和广场舞的深刻情感联系具有重要的影响。而

① 顾旭光采访笔录，2013年2月，宁夏固原山城名邸小区。
② 李超、张会调研笔录，2013年6月，湖南长沙火炬村。

在回归广场之后，她们从广场舞中所体验到的那种熟悉的意义感与价值感，还将随着国家权力的介入而得以进一步地放大。

当然，绝不应当就此假设，政府对于这群舞者保持着绝对的支持立场，相反，当发生资源竞争的时候，她们通常会被视为实际上并不重要的一个群体，从而再度处于相对劣势地位。如杨卓为所观察到的恋之梦舞队，便曾在练习场地的获取上多次求助于当地镇政府。但后者显然并不情愿将自己门前的空地提供给她们使用，只有意识到她们的事迹所具有的新闻代表效应在某种程度上已经超越了他们对于安静的办公场所的价值需求之后，才勉强同意了她们作为一种组织形式在自己门前的存在。而政府曾经慷慨许诺要提供给她们参加比赛的经济支持，由于种种考虑，显然到最后并没有如约兑现。① 这一情况向我们表明，国家对于广场舞群体的影响与控制，其实具有正反向的双重立场。而且，在很大程度上它也延续了女性的历史生存境况：只有当这一群体的存在有利于其政绩彰显和形象提升的时候，才能获得更多的合法性与资源；反之，则成为被管控、规制或者可以忽略不计的对象。

二　看不见的父权制：双重负担下的生存困境

已届中老年的广场舞者们，大多出生、成长于新中国成立之后，“妇女解放”议题高歌凯进的时代。那个时候，在所有学到的政治词汇中，最能在她们的内心中引起跌宕起伏情绪的，无疑就是“妇女的解放”。从广场上无处不在、荡气回肠的高音喇叭广播中她们知道，她们生在一个比以往任何时候的妇女都“幸福”的时代，可以自由地走出家门，从事社会劳动，参与国家大事和祖国的建设。因此，不管是和亲友一起上山种地，还是与伙伴聚在广场上高呼口号、背诵语录，或者后来幸运地招工进厂、有了一份正式的工作，一切的一切都让她们相信，作为新时代的女性，自己是多么的幸运。那时候，“压迫”“剥削”“翻身”“解放”等词汇随口就来，她们可以不假思索地熟练运用到工作和生活中，用以解释现状、憧憬未来，一切的一切，都充满了鲜明的秩序感和无穷的意义感。

① 参见本书第七章杨卓为《广场舞与小城镇中间阶层民众的生存意趣考察——以湖南省洞口县梦之恋舞蹈队为个案》。

然而，尽管新中国关于提高女性地位的各种努力，打破了传统社会对于这一性别的种种约束与规制，从而将她们的活动区域和生活空间正式引入了公共领域，但从某种意义上而言，整个社会系统的父权制却一直以一种看不见的姿态默默延续下来，既造成了这个群体肉体生命的双重负担，也导致了她们精神生活的长期匮乏，从而进一步瓦解和摧毁着她们的价值世界。

一方面，年轻时代的她们，在“解放”口号的号召下与“解放”议题的实现中，走出家门参与公共生活，作为国家政权的“主人”而承担着无可置疑的建设责任。然而另一方面，以一种更为隐晦的方式延续下来的父权制，却依旧强化着妇女的家庭哺育功能及其性别角色分工。每日结束劳动、工作之余，与男性的悠闲形成鲜明对比的，是这些女性们洗衣、做饭、刷碗、缝补、打扫、收拾家务、辅导孩子作业、照顾老人起居等忙碌的身影。相较于丈夫们喝茶、下棋、读书、遛鸟、手工、吹拉弹唱等需要更多业余时间和闲情逸致才能养成的情操而言，她们显然无法获得这份生活意趣的奢侈享受。

从根本上而言，由于对“妇女解放”的提倡，并非出于对“解放妇女”这一本体性目标的追求，而是将其作为实现建设现代化国家目标的一种手段而提出并予以实施。[①]因此，女性对于社会工作的参与和公共劳动的付出，并未取代传统意义上的性别角色分工与家庭职能定位，也没有减轻她们的负担。相反，琐碎的家庭事务与繁重的社会工作相互叠加，反而加重了她们所承受的生活压力，造成了对她们劳动力的双重剥削，[②] 并

① 如杜芳琴就曾指出：“中国本土的近代以来女权思想是在民族主义和现代性的语境下萌发的，也是受外界特别是欧洲、日本的影响，以改良社会求民族振兴为目的，而解放妇女只是一种手段。其后的一系列革命、改良的社会运动总是与妇女解放纠缠在一起的，而仅有的短暂的独立的女权思想随着民族危机的到来被收编到党派的政纲和行动中去了，自此就再也没有过独立的妇女运动（包括女权主义思想启蒙运动）。对妇女的研究同样是出于社会改革追求现代性的一种努力，或出于改造社会从制度上探讨。”杜芳琴：《全球视野中的本土妇女学——中国的经验：一个未完成的过程》，《云南民族学院学报》（哲学社会科学版）2001 年第 5 期。

② 如近期的研究资料表明，这些女性在走出家门，承担并不比男性更低强度的户外劳动时，所获得的报酬却远远不如前者。同时，由于照顾孩子、老人和打理家务等室内工作依旧被看做女性的职责，她们不得不在全职的户外劳动和琐碎的家庭照料方面苦苦挣扎，寻求协调之道。Frank Dikotter, *Mao's Great Famine: The History of China's Most Devastating Catastrophe*, 1958 – 1963, London. Berlin. New York, Bloomsbury Publishing Plc., 2010, pp. 255 – 262.

由此加重了对她们“双重角色的紧张”[①]。

尤其不能忽视的是，家庭哺育功能和家务劳动的社会价值并没有在国家和社会层面得到充分的认可与尊重，反而成为她们天生低劣的判断标准，造成她们在日后的职业、社会竞争中处于绝对弱势地位的客观结果，并进一步侵蚀着她们作为主体性和个体独立存在的价值世界。从某种意义上说，身体健康与精神愉悦的双重匮乏，以及随之而来的生命意义的虚无感，这几种因素叠加在一起，正在共同构成广场舞者们的现实生存状况。

在实地调研中，受访的广场舞者曾向我们描述过如下心态：“几十年前，她与现在的老伴经熟人介绍，相互认识并最终结合的时候，一对年轻人，都是一样的热血沸腾、激情澎湃、风华正茂。几十年后，两人却活在了不同的意义世界：老伴儿每天吃完饭，不是在楼下与人对弈，为反悔不小心走出的几步错棋而争得面红耳赤；就是四处喝茶聊天，色舞飞扬地畅谈国家大事；如果不然，也是躲在自己的小屋里写写画画、哼哼唱唱。朋友总是赞美他的精力旺盛、闲情逸致，儿女佩服他的老当益壮、才思机敏。但是相比较昼夜相处的他而言，自己既没有什么特别的兴趣、爱好值得令人称道，也没有什么精神财富可以与人分享，不仅两者间的人生意境有了相当大的差距，甚至在人格上，都仿佛矮了一截。”[②]

相当多的广场舞者，都具有和上述叙述主体基本相似的人生经历和心理变化。她们很难想明白，为什么当年宣称已经被“解放”了的自己，会如此地疲惫、如此地为生活所累，也缺乏鲜活的人生意趣。对于这些淳朴的女性而言，这个问题往往并没有构成她们对传统、国家、父权制的深刻反思，反而成为了她们对自己现状不满的理由、对自己为什么不能拥有跳出生活窠臼的能力的根本质疑，以及对自己为什么会在辛苦多年以后却依旧不知作为“自我”的个体生存意义何在的无穷的心理追问。

从某种意义上说，承受着肉体、精神双重负担的广场舞者们，无疑长期囿于现实生活的枯燥与精神生活的枯竭。2014 年 5 月被各大网络疯传的广场舞大妈扭上火车的片段，无疑就是这种压抑情感的集体宣泄。[③] 贾

① 杜芳琴：《妇女研究的历史语境：父权制、现代性与性别关系》，《浙江学刊》2001 年第 1 期。

② 米莉采访笔录，2013 年 5 月，湖南长沙阳光一百小区。

③ 人民网：《中国大妈广场舞跳进车厢——奇葩情景雷翻人》，资料提取时间：2014 年 8 月。http：//culture. people. com. cn/n/2014/0515/c22219 – 25018814. html。

晓强对于贺龙体育馆广场舞群体的调查问卷，也直观地表明这些女性广场舞者们与丈夫在娱乐方式选择上的基本差别："在打牌、打麻将、下棋、看电视方面，其配偶的参与率高于跳舞者本人；在参加体育锻炼和唱歌方面，跳舞者参与比率高于其配偶。"① 而广场舞之所以最终成为女性的特属运动，并在某种意义上甚至以"排斥男性"的现象示人，② 其原因也正在于此。

因此，可以想见的是，当广场舞这种对技术难度、身体状况、专业功底、场地大小等因素的要求都不怎么高、但却兼有健身强体与拓展人际交往双重结果的运动形式出现时，对于这一群体所产生的深深的吸引力。加之这种运动形式已经从政府口中获得了相当程度的正当性与合法性，便更是如此。

---

① 参见本书贾晓强《城市中心的广场舞——基于长沙市贺龙体育场东广场的问卷调查》。

② 在广场舞的组成群体中，性别无疑是一个最为明显的分水岭。（如贾晓强对长沙市贺龙体育场广场舞群体的问卷调查统计结果表明，女性成员占93%，男性仅占7%。参见本书贾晓强《城市中心的广场舞——基于长沙市贺龙体育场东广场的问卷调查》）参与者大多以女性为主，即便偶尔出现男性的身影，也是其中绝对的少数，不仅在旁观者看来是令人感到别扭和诧异的存在，而且参与者本人也需要鼓起相当大的勇气来承受外界的闲话和言论的负担，从而证明自己参与这项"女性运动"的理由和正当性。如曹露在对长沙0731广场舞群体的考察中所观察到那位胡姓男士的尴尬，便是一个相当明显的例证。而他用以解释自己为什么不像其他男士一样去打牌、打球、爬山，反倒混在一群"老太太"中间的原因，从而抵挡外界揶揄、消解这种言论负担的唯一盾牌，无疑是这种运动形式对于自身身体健康的积极意义所在。（参见本书曹露《广场舞群体的产生和组织张力：以湖南师范大学0731广场舞群体为个案》）可见近年来在国家力量的传播和公共传媒的塑造之下，"健康"问题已经成为了一个相当明确的公民观念。值得注意的是，这一群体形成了一个以女性占据优势地位的性别排斥机制，如张会、李超对于长沙市火炬村广场舞群体的观察，便支持了上述这一结论。这支队伍成立于2009年，除了极端天气无法开展之外，每天都按时起跳。跳舞期间，她们旁边总是有一位男士在观看，而在2012年11月，他还主动加入队伍中，站在后面一起跳，但他的行为受到这些女性舞员们的一致嘲笑，那次之后他便淡出了公众视野，再也没来过。这些女性舞者们对他的评价是："他一个大老爷们跟着我们跳什么，我们都觉得他是个傻子。"（李超、张会调研笔记，2013年6月）然而徐海东对湖南省慈利县广场舞群体的观察中，却收集到一个十分有趣的现象：2013年2月3日20：30，由张家界新闻频道直播的张家界春晚节日之中，有一个由当地人自编自演的小品，其主要内容大致为：村主任（男性）在村子里带头跳广场舞，但是他的妻子对此非常反对，并与之产生了强烈的冲突。但在他和另一位村干部的说服和共同鼓励之下，她终于认识到，广场舞作为全球流行的舞蹈，可以提高身体素质，也是生态文明的标志，于是转变了态度，并答应和丈夫一起去跳广场舞。（徐海东调研笔记，2013年2月3日）上述这个精心编排的小品，其核心人物组成、角色、定位，无疑与我们所观察到的广场舞群体基本上以女性为主的特点截然相反。其实这种符合主流文化一贯叙事逻辑的刻意编排，无疑反射着男性占据优势地位的主流文化的总体趋向与特点：不断塑造、强化男性在包括觉悟、思想、认识、行动方面的领导地位和优势地位，从而贬低女性的价值与社会意义。

贾晓强关于贺龙体育场广场舞群体的问卷调查结果，也从统计学的意义上支持着上述结论：“有 90.6% 的人认为‘跳广场舞已经成为生活中不可缺少的一部分’。此外，虽然只有 9.6% 的人们认为跳舞是出于社交的目的，但 71.4% 的人在跳舞结束之后，还会与一起跳舞的人联系。”[①] 通过广场舞这一形式，她们获得了在无聊的家庭生活之余拓展意义空间、填补精神空虚的平台。

每到饭后茶余，当她们一如既往地结束了琐碎无聊的家务劳动，三五成群地聚集在大大小小的广场上，随着音乐的响起开始伸胳膊动腿，进入某种程度的个人世界的时候，此刻的她们，正在凭借自身的努力，尽力去消解这种生命的无意义感，重新寻找作为“自我”而存在的主体性地位。

三　被置换的意义世界：市场分化下的广场舞者

在广场舞者们的早期成长过程中，无疑曾被刻上集体主义的深深印记。然而几十年后，当改革开放促使资本和市场的运作机制逐步建立，当“改革”“市场”取代“革命”“奉献”成为新的政治词汇的时候，集体主义的土壤随之土崩瓦解，与之相伴随的，则是这一代中老年女性熟悉的生活场景的深刻变迁。从某种意义上而言，现代意义上的资本、市场运作体制的确立，在强调女性价值的同时，也导致其存在的意义世界被重新置换，这些女性重新陷入了新的生存困境。对于广场舞者组成成分的考察，无疑将向我们表明这一点。

一种类型的广场舞者，是在现代化导致的生活场域迅速变革中，随着家人的离开，自己却依旧停留在原居住地的留守妇女。一方面，市场体制建立之后，其在提高家庭经济地位方面的作用，往往吸引更多的人离开熟悉的乡土社会，寻找发展的机遇。另一方面，相比较男性而言，女性往往由于照顾家庭生活的需要，以及被看做较难适应社会生活的变革，从而成为留守的主体，并在城乡二元化对立机制中过着与家人彼此分离的生活。对于她们而言，原本熟悉、热闹的大家庭生活方式，转眼间却变成一个个孤独个体的存在，其间的孤独寂寞，无须过多描述便可领会。

另一种类型的广场舞者，与上述留守妇女恰恰相反，则是自己离开熟

① 参见本书贾晓强《城市中心的广场舞——基于长沙市贺龙体育场东广场的问卷调查》。

悉的生活场域、迁徙到陌生生活环境之中的女性。一方面，在早期与同伴的职业竞争中，她们大多由于自己曾经承受的双重压力而变成社会的负担和绝对的弱势群体，从而比男性更早地失去了工作的机会。另一方面，已届中老年的这些女性们，在子女们疲于应付市场化之后随之而来的各种激烈竞争时，其家庭抚育功能和价值再度被提及并放大。在自己主动的权衡利弊中，或者家人的说服教育中，她们往往会放弃熟悉的生存场景，随儿女搬迁到城里，成为后者家庭生活的重要帮手，承担着绝大多数的家务劳动。有些女性甚至不得不因此忍受与丈夫的分离，过上分居的生活。

如曹露所观察到的长沙 0731 广场舞群体中，“陪读母亲”就是一个特别的组成群体，并占据重要的份额。[①] 由于 0731 广场在地理上靠近湖南师范大学附属中学，吸引了不少陪读母亲的参与。而对于这些陪读母亲而言，很多正值人生中年，远未达到法定的退休年龄，但在对于子女教育的重视和投资中，和丈夫相比较，她们往往被看做应该作出牺牲的一方，而不得不离开熟悉的工作和生活场域，栖居于此。可以想见，这种变化对于她们的精神和现实生活带来的压力，而广场舞对于她们排解这种压力的意义，自然不言而喻。如 0731 广场舞群体中的罗姓妈妈，由于自己的舞蹈功底和天分得到了群体认可，故而在参与广场舞一段时间之后，开始作为核心人物教授大家跳舞，之后还被她们一致推举到附近的通城广场进一步学习，以便提高整个队伍的舞蹈水平。而在这一群体中获得的身份认同和地位认可，对于提升其人生的价值感与意义感显然具有重要的作用。

然而，对于这些通过广场舞在某种意义上重新获得了生命价值的女性而言，当广场舞与她们对于家庭的贡献发生冲突时，早就养成的价值观和常年的生活习惯，往往会在这种角色冲突中让她们放弃这一爱好，重新服务于家庭。一个典型的例子便是 0731 群体的发起者与核心人物“吴”。虽然在群体形成之初，她作为唯一的组织者承担了学舞、教舞、收费、管理账目、运送设备、换购新设备等各类义务工作，并成功解决了“断电风波”以保持该群体的延续，但由于跳广场舞的时间与必须按时给儿子准备晚饭的责任发生了冲突，不得不最终放弃了这一长期爱好和团队领导者的地位。另外几位核心人物“陈”和组织者谭女士、彭女士，也因为

① “陪读母亲”不仅指母亲，还包括陪读的奶奶、亲戚等，但无疑都是女性。参见本书第五章曹露《广场舞群体的生态考察：以湖南师范大学 0731 广场舞群体为个案》。

要照顾孙子的缘故，最终不得不放弃广场舞这一已经坚持了很多年的个人爱好。[①] 而贾晓强的调查问卷表明，当家务劳动和广场舞之间发生冲突时，22.2%的人会选择停止跳舞，以便让位于家务劳动，实现家庭角色的回归。[②]

第三种类型的广场舞者，是虽然未曾在空间意义上离开生存场域，也没有忍受与家人分离之苦，但却不得不和他们一起经历外在生存环境变迁的女性。如李超、张会对长沙市火炬村广场舞者的考察，便是一个例证。[③] 通过近年来不断的拆迁、扩建，火炬村正在经历由原来的村庄文化向现代城市变革的历史进程，村庄的人员构成也由熟人社会下的亲戚网络，变为充满了没有亲缘关系的各类外来务工人员的空间构成。随之而来的，则是日益多元化的生存环境，并挑战着她们的生存意趣。通过每天下午固定参与的广场舞，她们一起讨论着村庄的变革、个人的得失，缅怀着伴随村庄逐渐逝去的熟悉生活方式，这里成为她们用以排解抑郁、舒缓情绪的重要场域。

然而，无论是孤独在家的留守者，或是承受奔波的迁居者，还是环境变化的见证者，市场体制的建立，无疑都在促使这些女性的生存场域和意义世界发生某种深刻的变革：曾经聚在一起互相揶揄、互帮互助的乡里乡亲，正在成为市场导向下的隔膜者与竞争者；曾经探头探脑打听对方隐私、抬头不见低头见的邻居，搬进了对面铁窗紧锁的防盗门；曾经吵吵嚷嚷、但又不乏天伦之乐的大家庭，随着儿女进城工作的搬迁而变得安静地令人心慌；曾经执子之手、与子偕老的婚姻价值观，在利益诱惑的面前日益瓦解；曾经运用于乡土社会游刃有余的人情礼法与价值法则，在现代社会的人情淡薄中处处碰壁，毫无借鉴意义……

原本熟悉的一切的一切，都在以一种看不见的方式悄然改变，孤独、寂寥、对外界无可把握的深深恐惧和无意义感，正在成为广场舞者们晚年生活中最为深刻的生命体验。

作为在客观条件上最容易实现的一种健身和交往形式，广场舞显然在

---

① 参见本书第五章曹露《广场舞群体的生态考察：以湖南师范大学0731广场舞群体为个案》。

② 参见本书第八章贾晓强《城市中心的广场舞——基于长沙市贺龙体育场东广场的问卷调查》。

③ 参见本书第六章李超、张会《都市村庄里的广场舞者：以长沙市火炬村为个案》。

很大程度上消解了这种无意义感，并带给她们新的精神满足。如对于贺龙体育场广场舞群体的问卷调查表明，98.5%的人认为“跳舞会让我感到身心愉快”，95.3%的人认为“跳舞让我忘掉许多烦恼”。[①] 对于她们而言，只有每天傍晚，在与广场上聚合的那几个姐妹一起，随着音乐的响起，让有些退化的关节在嘎嘣蹦作响中得到某种程度的放松、让僵硬的身体在简单的身体扭动中得到短暂的伸展，或者在音乐结束后彼此分享自己儿女的故事，并从同伴中收获羡慕、鼓励或者接受同情、理解的时候，这一刻，她们仿佛经历了时空的轮回，重新回到了曾经熟悉的生活环境，重新感受到了日益消逝的生命激情，重新想起了已然迟暮的自己所曾经拥有的生命意义。而在她们的心目中，无论是大还是小，门前的那片广场，都成为她们在个体生存价值日益消解的时代，重新塑造、融入一个自己熟悉的意义世界的生命场域。

四　比较的视野：英国社区的功能设计与女性意义世界重构

在本文的前几部分，笔者详细论述了广场舞之所以能够在中老年女性中间产生巨大吸引力和影响力的原因所在。从某种意义上而言，广场舞正在成为她们生命的一部分，成为她们在迅速变化的社会中，以个体的主体价值来排解生命虚无、寻找生活激情与人生价值的唯一阵地。

令人遗憾的是，近期以来，这个好不容易才找寻、建立起来的意义世界，在外界的质疑与攻击中，也开始遭遇风雨飘摇的境遇。当对她们的称谓从“全民健身的典范”转化成为“全民噪声的制造者”，当对她们赞许、支持的目光，在从天而降的水弹中、到处喷溅的粪便中、四处追咬的犬吠中、响彻云霄的鸣枪声中，转而变成厌恶、排斥乃至愤怒的眼神时，这些广场舞者们重新陷入了生命的困惑与迷茫。对于这些孤独的个体而言，她们无疑需要重新找寻生存的价值与意义。在这其中，公民权利、公众利益、个人自由……这些她们并不怎么熟悉的词汇，将构成她们不得不重新自我学习、自我调整、自我定位的重要维度。

然而，对于我们这些站在广场外，正在将批判、挑剔、质疑的目光投

---

① 参见本书贾晓强《城市中心的广场舞——基于长沙市贺龙体育场东广场的问卷调查》。

向这一群体的人而言，必须要承认的是，仅仅将上述责任交予这些正在凭借一己相加的个体之力、重新寻求个人意义世界重建的女性单独的个体，仅仅由她们来独自承担由国家、父权、市场三者合谋所引发的社会变革的后果，无疑既是价值形态上的一种不公平，而且在现实中也是一项无法实现的任务。因此，在接下来的篇幅中，本文将通过对伦敦一个社区的功能设计、现实运行状况进行个案考察，来分析其是如何推动女性意义重塑与价值关怀，从而为解决中国女性的意义世界重建提供某种程度的可能借鉴。

我们考察的社区位于伦敦北部巴奈特区（Barnet）的格瑞汉姆公园（Grahame Park）。三十多年前，该社区集中在位于格瑞汉姆公园的一片老房子，其主要作用是当地政府用来安置城市底层市民的住宅区域。但近年来，随着伦敦人口的激增，大量外地移民源源不断拥入这一地区，对于居住房屋的需求也明显增高。因此，十多年前，当地政府将该地划为新的建设区域，缩小了绿地范围，并在与格瑞汉姆公园相邻的海博内公园（Heybourne Park）周围新建了一大片环形公寓，用来安置这批城市新移民，格瑞汉姆社区就在此基础上进一步拓展，形成了包含更多新住户的全新规模。

我们于 2014 年 4 月开始介入对格瑞汉姆社区的观察，并亲身经历了其中若干项目和环节的展开。在格瑞汉姆社区里，居住人员的族裔成分极其丰富和复杂，并没有占明显优势地位的种族，文化的多元化程度非常高，而各个族裔间的文化差异与融合，显然也是一个相当值得关注的主题。有一位正在社区工作的女性员工甚至还直接告诉我们，其实这里所看到的景象，并不能被看做原初意义上的伦敦或者英国的代表，因为这里的国际化、多元化程度，已经远远超越了伦敦的其他地方，形成了自己独特的特色。①

对于社区工作人员而言，文化的差异性和多元性是他们在工作中不得不面对的一个问题，但除此之外，此处还存在着一个令人无法忽视的生存背景：该地在很长的历史时期内，都是政府用来安置经济收入偏低社会阶层的住宅区，很多家庭的社会地位相对而言较为低下，甚至就在不久前，

① 米莉采访笔录，2014 年 4 月，英国伦敦巴奈特区（Barnet）格瑞汉姆社区（Graham Park）。

这里还存在着毒品泛滥、家庭暴力、青少年叛逆等诸多严重的社会焦点问题。因此，如何围绕不同的角色主体，出台各种手段来对有需要的群体进行针对性帮扶，显然是一个重要但却非常具有挑战性的课题。完全可以想见的是，生活于如此复杂的家庭背景和外部环境中的女性，其所面临的挑战、压力，绝非几句概括、抽象的简单话语可以描述。对于这些女性群体而言，格瑞汉姆社区所采取的一系列帮扶措施，则成了她们战胜这些挑战的重要支柱。

对于那些长期居住在此地的公民而言，通过生育系统，该社区形成了一系列有效运转的对女性提供帮助与社会再教育的服务系统。每一个在本地开始怀孕、生产这一漫长生育过程的女性，都有过如下经历：一旦确认怀孕之后，通过负责日常健康检查的家庭医生（GP），她们会被安排到专门负责全程指导怀孕和生产问题的助产士（midwife）这里。在十月怀胎的时间里，除了负责检查孕妇身体的健康情况之外，助产士往往还会关注孕产妇的心理健康状况，并通过定期开展谈话、举行讲座等手段，开始有针对性地处理包括忧郁在内的一系列精神健康问题。

对于那些孩子并不是在此地出生，搬来这里时已经是为人父母者的家庭而言，也不缺乏接受社区关怀的基本信息渠道。而我们就曾作为被服务的对象，亲身体验了这一系统的运作过程。

2014年4月，在请GP为我的小孩预约注射防疫针疫苗的时候，她告诉我们，按照英国政府的规定，每个小孩都必须到格瑞汉姆社区的健康检查中心，预约一名健康顾问（health visitor）进行免费的常规健康检查和发育指导，所有的检查结果都会记录在一个红色的手册上，并要在未来进入幼儿园和小学时，作为完成了基本疫苗注射和健康检查的重要凭证提交。之后，当我们按照上班时间到了健康检查中心等待检查时，一位胸前挂着工作牌的中年男子上来向我们介绍幼儿早期教育的重要性，并建议我们带着小孩去位于正对面的“翼之地儿童活动中心（wing field children center）”参加各种活动，同时还刻意向我们说明，这些活动均属免费。抱着将信将疑的态度，我们在检查结束之后来到儿童活动中心，很快为这里的环境、设施和友好的人群所吸引，从此开始了每周固定参与活动的经历。

这家“翼之地”虽然名为“儿童活动中心”，但服务的对象却并不仅仅限于婴幼儿和儿童，恰恰相反，由于意识到了母亲的身心健康在抚育孩子方面所具有的重要作用，作为母亲的女性也是她们的帮扶重心所在。

一方面，考虑到生育问题给女性带来的身体和心理的双重变化与压力，对于她们的帮助主要围绕着如何排解心理和精神压力展开。如每周定期举办的聊天活动（time to talk），则是不限定主题，完全由参与者随性展开，在与听众的分享中寻求情感支持和精神共鸣。又如上班期间随时可以寻求专家免费指导意见的母乳喂养咨询，也着力于化解为人母者在哺育孩子的过程中所体验到的实际困难和精神焦虑。

而在我与她们进一步交谈的过程中，在这里工作的 Jakie 还向我提供了一个名为 solihull approach 的网址。其后在对这一网站的浏览中，我了解到，它隶属于英国的国民医保服务体系 NHS（National Health Service），其主要功能在于针对父母和儿童照顾者展开各种类型的培训。其中有一个题为"理解你的孩子"（understanding your children）的项目，目的在于加强对孩子的行为理解、促进亲子互动与行为管理。而在这里最有意思的一个章节，则是"专为父亲而设（special for dads）"，着重强调父亲的职责和父亲角色对于孩子个性塑造和人格培养的重要意义。[①] 而在与同在"翼之地"出入的众多母亲的聊天中，她们还告诉我，很多人的丈夫都曾从这个项目中得到促进和鼓励，以便参与到对孩子的照顾中去，这一点给她们帮了很大的忙，并且有助于夫妻之间的沟通和交流，减轻了她们的心理压力。[②] 可以想见的是，这种针对男性展开的正式培训项目，以及从文化上对于男性作为父亲角色的期待要求，在很大程度上将缓解女性在生育环节中扮演绝对主要角色所带来的焦虑感与精神压力。

另一方面，为了弥补由于生育和抚养幼儿等家庭责任的强化所引起的女性处于社会竞争弱势地位的客观现实，格瑞汉姆社区还提供实质性的经济、就业等帮助。如在一次儿童活动结束的时候，一名年长的工作人员注意到了一位第一次参加的带着三个孩子的母亲，便主动问她是否领取了政府发放的免税申请表格，以及孩子可以从公立学校接受每周 15 个小时的免费教育申请单。从这位母亲迷茫的眼神中可以看出，她显然不知道有上述政策的存在，于是工作人员主动跑去找来若干表格，并告诉她详细的申请方法。毫无疑问，对于这位需要各方面帮助的母亲而言，这一做法具有

① http://www.solihullapproachparenting.com.

② 米莉采访笔录，2014 年 5 月，英国伦敦·奈特区（Barnet）格瑞汉姆社区（Graham Park）。

显见的积极成效。而在当时，这些政府具体政策的人性化程度之高，以及这位工作人员的敏锐、热情和耐心，都我的心目中留下了非常深刻的印象。

除此之外，在2014年5月至7月，“翼之地”的工作人员还展开了为期八周的“妇女自尊培养项目”（women self esteem establishment program），主要内容包括提供职业技术培训、教授就业生存技能、提高自信心和气质等，参与人员只需提前预约报名即可参与，除此之外没有任何身份、地位、年龄、学识等门槛限制。

遗憾的是，当我注意到这一项目的存在时，该项目已进入尾声，不再接受新的学员参与。以往我对于“翼之地”一系列活动的参与，都是以一位母亲的身份出现，以便在和同伴与工作人员的相处中，能够获得不加掩饰的第一手资料。但此时，由于意识到这个项目在帮助女性问题所具有的典型意义，我只好亮明自己的研究者身份，提出是否还可以亲身参与体验、以便看到该项目运行的实际效应的请求。项目主持人告诉我，由于这一项目对于提高女性自信心的实际效应非常显著，所以她计划在秋季重新开展一期培训，并邀请我届时可以全程参加。虽然在本文成文的今天，我还尚未亲身体验这一项目如何开展，但从她们计划重新开展一期的做法来看，这一培训对于解决女性在自我认知、自我定位、自我价值设定和自我意义世界建设等心理与精神健康相关方面的生存困境，毫无疑问起到了相当大的积极作用。

上述“翼之地”针对提高女性社会地位与存在价值所举办的各项活动，从实施的主体来看，都是由代表地方政府这一公权力机构的社区，嫁接在儿童活动中心所展开的。但在实地调研中我们发现，还有另外一股独立于政府的力量，也在从事着类似的活动，并积极搭建着女性意义世界的舞台。

当我们于2014年8月初的某个周二，照例去“翼之地”儿童活动中心的时候，发现对面的社区活动中心（community center）开着门，里面还有好几个小孩子在探头探脑地玩耍。在好奇心的促使下，我们来到了门口一探究竟。门口的几位中年妇女非常热情地邀请我们进去，随后有两位工作人员上来和我们打招呼，招待我们喝咖啡和享用吐司。而在与工作人员的进一步交谈中，我们还获知了如下信息：

她们来自一家名为“家之始（Home start）”的非营利公司，在慈善机构的资助和支持下，[①] 该公司定期在伦敦的不同社区举办各种类型活动，其目的在于提高女性的社会地位、促使女性力量的觉醒、建立女性的自信心，以便重新赋予她们以价值感与意义感。我们在这里所看到的活动，名为“茶话时间（tea time）”，是她们于每周二、四上午的9：00—11：00固定在社区展开，中间不设定任何形式化的主题和程序，也没有任何准入的门槛，只要是在该社区生活的人，都可以三三两两地自由聚合在一起，互相聊天解闷。

可以想见，这段时间刚好是上班时间，因此，来参加的人大多是留在家里照顾小孩的家长，往往以女性为主。[②] 在烦闷无聊的日常生活中，这一活动刚好给了她们一个公共交流、交往、建立关系的平台。有意思的是，为了让她们在照顾孩子的同时能够聊得更安心，该公司还租借了不少玩具，免费提供给随母亲一起来的儿童，玩耍的间隙，还会专门为孩子准备牛奶、水果和零食，一起享用。

除此之外，她们还负责招募和培养志愿者，并送到需要帮助的家庭去，替她们每周照看三个小时孩子、帮忙处理家务、协调家庭危机等。刚进门时负责招待我们签到和提供茶点的那位比较年轻的女士，就是一位志愿者。而在下周某一天，她们还要到社区一位有自闭症的年轻母亲家里进行心理辅导，并为她提供其他需要的帮助。

在与她们的交谈和相处中我们很快发现，在场的人中除了我们是第一次来之外，其余人看上去彼此都非常的熟悉，坐在一起大声地交谈，爽朗的欢笑，而且都能叫上对方小孩子的名字。而当我问一个正在给婴儿喂奶瓶的母亲，她的孩子几个月大的时候，她哈哈大笑，说这不是她的小孩，并向周围的同伴询问，孩子真正的母亲去哪里了。过了十几分钟，孩子真正的母亲匆匆忙忙从外面进来，并从前者手中接过婴儿，继续开始聊天的时候，我才获得了答案。但是，这一细节让我在无比惊讶的同时，也给我留下了相当深刻的印象。她们彼此的熟稔和人际关系的放松，即便是在现

---

① 在其后笔者与伦敦大学亚非学院 Bernhard Fuehrer 教授的讨论中了解到，慈善机构和义工，对于英国社会结构的搭建和正常运行具有相当重要的作用，可以说，如果没有这两者，就不会有现在所看到的英国社会。

② 有趣的是，在我们来到活动中心的几次时间里，都看到了有男性在场，以父亲的身份在陪着孩子玩耍和聊天。显然，尽管大多数的家庭里都是由女性承担照顾孩子的职责，但也不是一个绝对的规定。而且，从墙壁上张贴的宣传资料中，经常会看到有邀请父亲来参加公共活动的内容。

在中国的乡土社会，也并不多见。而且，坦率地说，在与她们随意聊天的时候，也是我们在伦敦这样流动性很强、充满了多元文化色彩的国际化大都市里，暂时放下了生存的焦虑感与张力感，第一次深刻感受到作为普通人所拥有的人际交往乐趣的时候。

正如前文所述，格瑞汉姆社区是一个内部文化组成异常多元的复杂社区，也是一个正在经历外部生存环境剧烈变革的全新社区。在这里生活的人们，无疑正在体验着不同程度的生存压力和精神张力，而对于那些正在承担家庭、事业双重压力的家庭和女性而言，其情况更是如此。然而，无论是嫁接在儿童活动中心之上的地方政府组织，还是由慈善机构所资助的非营利机构，其着力改善女性生存环境、提高女性生存意义、塑造女性价值世界中的种种举措，无疑正在各个方面取得积极的成就。

对于格瑞汉姆社区的种种表现和作为的调查分析，看似与本文关于广场舞的研究并无紧密关联，但是，它从一个侧面向我们展示着英国政府与各类民间组织，正在如何通过自身的作为和努力，来重新塑造女性的社会价值、重新建立女性生存的意义世界。对于我们而言，这种比较例证，应当为我们提供富有启发意义的经验借鉴，促使我们进一步去思考，应当如何通过公权力和部门的努力，来尽力消弭这些只能通过寄情于广场舞，来排解中国女性所面临的个体精神匮乏与种种生存困境。

五　结语

长期以来，由于广场舞与“中老年”“妇女”等被认为与历史进程和社会结构组成无关紧要的人物形象的紧密勾连，使得对其进行研究的重要性也被一再降低。① 即便在目前，其存在本身已经成为一种几乎让所有中国人都无法忽视的特殊风景，但是，广场舞者这一特殊的群体，依旧长久地以“失语者”的形象淡出公共话题。无论是兴起之初政府对于她们的褒奖

① 这一点与对历史、文化的研究所出现的众多现象相当类似，如王政就在对居委会的研究中发现，居委会对于理解中国城市历史具有十分重要的地位，但却鲜为大陆学者所关注，其原因就在于，由于“居委会”和“家庭妇女”这个词在人们头脑中的密切联系，使得由家庭妇女主持的居委会显得和家庭妇女一样无足轻重。参见王政《居委会的故事：社会性别与 1950 年代上海城市社会的重新组织》，吕芳上主编：《无声之声（I）：近代中国的妇女与国家（1600—1950）》，“中央研究院”近代史研究所 2003 年版，第 196 页。

和支持也好，还是近期以来公众媒体对于她们的声挞口伐也罢，无不是立足于这一中老年女性群体的本体需求与价值体系之外，对于她们进行各种要求、约束、管理和规制。但是，她们为什么会以这种形式聚合在一起？她们到底在企盼什么？她们又能从中得到什么？是什么构成了她们的爱恨情仇？这些都够成为了不需要倾听、不需要重视、也不被关注的话题。

然而，无论多么的无法发出自己的声音，这些正在进入人生迟暮之年的中老年女性们，都在以一种独特的方式向外界展示着自己的生命体验与意义世界。① 她们的生存状态，绝不应当被看做脱离整个社会的独立存在，相反，她们正在与整个社会的发展相互纠结、彼此契合，以至根本无法作出分割。在社会的剧烈变革中，她们正在承载历史、文化、社会、经济、政治场域的巨大变化，并通过微弱的个体力量，重新寻找、定位自己的意义世界与人生价值。无论承认与否，她们的存在、行为、身影乃至呼吸，构成了我们共同生存、无法脱离的社会背景与文化场域。

从某种意义上说，相比较于那些只能凭借单独个体的微薄力量，通过寄情于广场舞这种单一的运动形式，来尽力消解精神压力、寻找个人意义世界的中国女性们而言，生活于伦敦格瑞汉姆社区的这群女性们，显然要幸运得多。从外界社会对她们的重视、尊重、关心和一系列制度设计中，她们无疑获得了更多的情感资源和现实帮助，也得以放大和延续着作为独立本体而存在的价值与人生意义。

当然，这种幸运与不幸，绝不应当成为在中西文化与制度优劣中间进行对比的一个例证，恰恰相反，它应当作为一种警醒，促使中国在社会、文化、价值、环境发生多重断裂的时代，重视在政治、文化、社会均处于弱势地位的女性，其个人价值的树立与意义世界的重构对于消弭这种断裂的重要价值所在，并由此推动后者的进程。

---

① 如罗久蓉就指出："所谓女性观点不只表现在妇女与主流文化价值之间的依存关系上，也表现在她们接人待物、与周遭环境的互动上。过去妇女史研究多从前者切入，着眼于男性精英对妇女言行举止教化的影响与制约殊不知对大多数传统中国妇女而言，后者才是她们生活的主要内容，其重要性实不亚于前者。在这个意义上，性别论述中的女性观点不可附着于任何一种形式的抽象概念或意识形态，而应该是波澜壮阔生命的具体实践，是在一定历史脉络下与外界环境不断交涉的结果。只有这样才有可能使妇女发声更加浑厚，更加动人。"罗久蓉、吕妙芬主编：《无声之声（Ⅲ）：近代中国的妇女与文化（1600—1950）》，"中央研究院"近代史研究所 2003 年版，ix－x。

第四章　健康话语、排斥和再生产：广场舞的社会参与机制研究

——基于七个地区的实地调查[①]

徐海东

近五年来，广场舞在全国各地流行起来，中国大陆以外的香港、澳门、台湾以及海外地区也有流行，有华人聚集的地方就有广场舞的身影。[②] 稍稍观察我们就会发现，这项户外舞蹈运动正悄无声息地散落在我们周围，各类大小广场、街心公园、社区空地以及临街小道，甚至在农村晒谷场都有它的身影。毫无疑问，广场舞已经对人们的日常生活产生了一定程度的影响，并逐渐引起了公众的讨论以及管理者的重视。而学术界对此的敏感度相对较弱，目前对广场舞的研究大多集中在体育学领域，对其进行深度的社会文化分析是明显缺位的。[③] 迄今为止，社会学界能够达成共识的是，日常生活的实践及其意义具有基础性的作用，正是这些看似琐碎的、无足轻重的活动支撑起人类社会的大厦。[④] 广场舞是社会转型时期新出现的独特的日常生活现象，研究广场舞这一司空见惯的现象能够有助于理解处于社会转型时期的中国社会。本研究是探索性的，以宏观的社会

---

① 它们分别为：湖南省长沙市岳麓区学堂坡社区、湖南省慈利县人民广场、湖南省邵阳市石下江煤矿、湖南省芷江县万和鼓楼广场、湖南省长沙市火炬村、江西省奉新县干洲镇、宁夏回族自治区固原市原州区。

② 根据笔者与香港、澳门、台湾等地的同学、朋友以及学者的沟通，了解到广场舞在港澳台地区也非常流行，并有研究者对其有所关注；另外，据湖南师范大学公共管理学院黄勇军老师和中南大学米莉老师在洛杉矶某公园的田野研究，美国华人聚集区也有广场舞者的身影。

③ 除了我们的研究团队，香港中文大学博士候选人 Karena Wang 也在关注作为社会现象的广场舞。

④ 郑震：《论日常生活》，《社会学研究》2013 年第 1 期。

学视角对广场舞的参与机制进行探讨，试图理解广场舞的流行和持续参与是如何可能的。

一　问题的提出

在广场舞队伍中，我们偶尔也会发现有男性或年轻人，但他们毕竟是队伍中的少数人，这项运动的参与者主要集中在45—65岁的女性[①]。广场舞的活动时间一般在早晨或晚上，持续时间1—2个小时。对于广场舞的参与者而言，这段时间可能与工作单位或家庭的事务相冲突。对于没有单位工作或家庭事务的人而言，跳广场舞可以是一项闲暇之余的活动；但对于那些有工作单位或家庭事务的人而言，跳广场舞就必须是一件需要安排时间和策略选择的活动，也就是说，必须先搁置了工作或家庭事务，才能参与到广场舞之中。但是，从传统话语的性别规范来说，女人在家庭中的重要责任是“相夫教子”、照顾好全家老小，不需要到社会上抛头露面[②]，即使已经从工作事务中脱身而出，45—65岁的女性仍然被期待照顾家庭，而不是出现在“广场”上跳舞。我们的调查发现，参与者为了空置出时间参与到广场舞之中，采取了许多策略性的措施：将家务转移给丈夫、带着孙子一起过来[③]、与同事换班[④]、缩短开店时间[⑤]等。

45—65岁的女性走出家庭、迈向广场，并且是作为最主要人群参

① 根据贺龙体育馆广场的问卷调查，45—65岁占96%，女性占93%，退休人群占63.9%。资料来源：贾晓强等人在贺龙体育馆广场偶遇抽样的问卷调查的数据统计。

② 吴小英：《市场化背景下性别话语的转型》，《中国社会科学》2009年第2期。

③ 湖南省长沙市岳麓区谭某是某广场舞的领舞，据观察资料，她于2013年1月24日晚带着小孙子过来跳舞。曹露采访笔录，2013年3月，湖南长沙湖南师范大学07317场；根据观察资料，2013年1月15日，湖南省邵阳市石下江煤矿篮球场上的广场舞队伍中，有妇女带着小孩过来跳舞，但是跳舞者一般不能全心全意跳，需要不时与小孩进行沟通。杨卓为采访笔录，2013年2月，湖南邵阳石下江煤矿。

④ 湖南省邵阳市石下江煤矿女职工陈某为了参加比赛的排练，经常和同事换班，甚至有好朋友直接代替她上班，得到同事的支持，陈某非常感激。杨卓为采访笔录，2013年2月，湖南邵阳石下江煤矿。

⑤ 湖南省芷江县万和鼓楼广场上有一群跳舞者是经营店铺的，营业时间并不受太多限制，虽然收入不高，但他们仍然愿意舍弃一些利益而选择跳舞健身。向杨采访笔录，2013年1月，湖南芷江侗族自治县县城。

与到广场舞之中，似乎象征着人们传统性别观念的变迁，女性越来越将自己视为公共空间中的独立个体。有研究者曾深入农村妇女的日常生活中，发现女性对于村庄公共事务的参与其实有很高的积极性并付诸实践①，虽然广场舞不是关乎家庭利益的社区政治活动，但这一证据表明，女性走向公共空间的意愿和行动都是客观存在的。虽然目前以妻子为主的家务劳动分工模式超过三成②，但是作为妻子和母亲角色的女性，除了为家庭贡献自己时间和精力外，现在也开始追求个人幸福和自我享乐③，开始走出家庭，越来越多地参与到家庭之外的公共空间之中④。

改革开放30多年来，中国人的消费生活发生了翻天覆地的变化⑤，在这样的大背景下，人们不再仅仅满足于吃饱穿暖，而是逐渐开始重视生活质量的提高，追求精神层次的文化消费。与此同时，女性也开始走出家庭，走向公共空间。但是，我们所困惑的是，为什么在众多常见的娱乐和休闲活动中，诸如打牌、钓鱼、太极、瑜伽、书法、登山、球类运动等，具有相似特征的一群人却偏偏选择了跳广场舞，并投入如此多的精力呢？本文希望通过考察广场舞的社会参与机制，来解答这个问题。

二　健康话语机制

我们的调查发现，几乎所有的广场舞者都抱有“锻炼身体”的目的。也就是说，他们参与到广场舞的一部分驱动力就是强身健体，“健康话

---

① 杨善华、柳莉：《日常生活政治化与农村妇女的公共参与：以宁夏Y市郊区巴村为例》，《中国社会科学》2005年第3期。

② 马春华、李银河等：《转型期中国城市家庭变迁：基于五城市的调查》，社会科学文献出版社2013年版，第179页。

③ 湖南省长沙市岳麓区谭某（同上次提及的谭某）虽然包揽了家里所有的家务，洗衣、做饭还有种菜，但是依然坚持跳舞，而且是圈子里的核心成员之一（领舞）。参见曹露访谈笔录。

④ 此观点得益于中国社会科学院社会学所的“社会学专题研究”课堂上与唐灿研究员的精彩讨论。

⑤ 王宁：《社会转型时期的消费与消费者》，李强主编《中国社会变迁30年：1978—2008》，社会科学文献出版社2008年版，第218页。

语”为他们每天参与到广场舞活动提供了非常强有力的话语支持。但是，当我们深入挖掘他们口中以“锻炼身体”为目的的措辞时，会发现“健康话语”是一个来源非常复杂的话语综合体，我们简要地总结为三大来源：科学话语、市场话语和国家话语。

（一）科学话语

科学话语在“健康话语”中发挥着基础性的作用。人到中年，身体会出现各种各样的问题，人们逐渐重视自己的身体健康状况。此时，科学话语就会占据一个重要的位置，不断提醒人们注重自己的身体的科学管理，“生命在于运动”的话语开始发挥作用。

现代“体育健身”的概念本身就来源于科学话语。有研究者指出，“体育健身”是指在一定的解剖生理知识、卫生知识、心理知识、体育运动知识、营养知识、保健知识的前提下，结合医学检查，根据自身健康状况，在合理的运动处方指导下，进行健身活动、增强体质的过程。[①]“体育健身”从来就是一个被科学知识建构起来的概念，通过科学知识系统性的话语，引导出健身的概念，从而实现对身体的科学管理。

长沙市48岁的女性陈某患有轻微的脂肪肝，曾因为甲状腺瘤和乳房瘤而动过手术，每次花费一万多元，她每天坚持去跳广场舞，是因为自己意识到身体健康的重要性。邵阳市吴某是开药店的，她将广场舞视为减肥运动，她就是因为跳舞而瘦下来的，当有顾客上门买减肥药时，她会建议顾客通过运动减肥，并认为只有迫不得已才能吃药。[②] 我们还找到了一位癌症患者在其化疗期间坚持跳广场舞的例子。[③] 另外，还有一位61岁的尿毒症患者就是在医生的建议下加入广场舞行列的。[④]

对科学知识的信任促进了人们对身体的管理的重视。人到一定年纪，身体会出现一定程度的衰老和机体功能下降，在这种状况下，科学知识为其提供了一整套的方法来应对身体上出现的问题。广场舞被视为有益身心健康的体育锻炼，科学知识中的“健康话语”支持了这一项

① 钱红军：《中国传统体育养生与现代体育健身的比较研究》，苏州大学硕士学位论文，2012年。

② 参见杨卓为访谈笔录。

③ 参见余珊珊访谈笔录。

④ 参见李超和张会访谈笔录。

运动。

（二）市场话语

市场话语在“健康话语”中发挥着强化的作用。进入市场经济，市场能非常敏锐地反映人们的需求。由于市场关注到了人们对身体健康的需求，因此极力鼓吹身体健康的重要性，鼓励对健康问题的预见，并依附于人们对科学话语的信任下，推销各自的产品，并形成“健康产业”[①]。

市场话语鼓励人们预见健康问题。市场话语为了开拓市场，提倡一种“预防”和“促进”健康的观念，推进了健康观念从单纯的生物医学模式转向环境、社会、心理、生物医学模式，从预防为主转变为促进健康为主。[②] 在市场话语健康观念的影响下，人们不再是等到身体出问题才寻求治疗，而是在身体可能出现状况之前就寻求“保健”。陈某表示，平时会观看北京卫视的“养生堂”节目，关注养生和健康的话题，学习身体保健的知识和方法。她平时经常会用甘草、枸杞、金银花等泡茶喝，在姐姐的推荐下，每天服用三七粉养生，去跳广场舞也是为了身体的健康。[③]

市场话语中的健康话语产生于人们对健康的实际需求。在面对身体可能出现的健康问题，人们就会寻求预防的方法，市场为了盈利，提供针对健康问题的产品，并在具有同样需求的人们之间产生影响力。湖南省慈利县男性唐某不仅自己是一位“健康产品”的消费者，他还是一位消费产品的“推销员”。唐某是活跃于慈利县人民广场的一名老人，他在广场上除了跳广场舞，还参与过“易经洗髓经”[④] “百姓健康舞”、健身球、合唱团等活动，在广场上认识了不少人。他宣称自己曾是三十几年的老动脉硬化患者，是通过吃“永春堂”的产品治疗好的。2004 年成为“永春

① “健康产业”是涉及医药产品、保健用品、营养食品、医疗器械、休闲健身、健康管理、健康咨询等多个与人类健康紧密相关的生产和服务领域的新兴产业。宫洁丽、王志红等：《国内外健康产业发展现状及趋势》，《河北医药》2011 年第 12 期。

② 同上。

③ 参见曹露访谈笔录。

④ “易经洗髓经”是一种太极拳。

堂”的“加盟商”[①]，在广场上向认识的人推销其产品，包括药物牙膏、洗发水、香皂以及各类保健药品等，他也因此盈利不少。

广场的人，大多有“花钱买健康”的消费需求，而市场正好抓住这一需求，并提供满足这种需求的健康产品。并且，通过不断宣传和支持“健康话语”来激起人们对健康产品的消费欲望。

（三）国家话语

国家话语在“健康话语”中的作用非常隐蔽，但只要略微留意，我们便不难发现，这类话语在日常生活中留下的痕迹。以所观察到的广场舞者为例，他们的生命历程一直在社会主义国家话语的渗透之下，他们使用“身体是革命的本钱”的语句来解释自己参与广场舞的理由，虽然“革命”一词已经脱离了原有的政治含义，但它非常明显地折射出国家话语的潜移默化。

国家从未放弃对身体的规训。国家动员下的“全民健身”是贯穿于新中国历史的，从宣传教育工作、定期举办运动会、体育基础设施建设等，把青少年、老人、残疾人等群众性人群组织起来，在国家的规训下，参与到“全面健身”[②]运动中，以实现国家的建设目的。

国家意识从未放弃对广场的渗透。国家意识把符号化的权力渗透到广场上，广场就是国家用来动员和规训身体的场所，从广场的空间布局、符

---

① 据笔者的观察，“永春堂”产品采取的是一种类似于直销（或传销）的模式，将产品推销给他人，使他人成为另一个产品推销员。唐某还给我展示了厚厚两大本的“下线”的通讯录，他的出租屋曾经是“讲课”的课堂，有黑板等教学设施，墙壁上贴满了“永春堂”的宣传资料。徐海东访谈笔录，2013 年 1 月，湖南慈利人民广场。

② 新中国成立后不久，1952 年成立了中央体委，体育受到国家的鼓励，体育运动成为国家的一项重要事业。在社会主义计划经济的中国，毛泽东题词“发展体育运动，增强人民体质”，经过刘少奇亲笔修订的中共中央组织部和青年团中央联合发出的《关于选拔各项运动选手集中培养的通知》指出：体育工作“必须使普及与在适当范围内提高技术水平相结合，以取得进一步发展”，国家要求体育工作的“普及”就是在强调国家把人们锻炼身体的活动纳入国家的注视下。而改革开放之后，1979 年全国体工会议认为“体育战线也具备了战略转移的条件”，应“把注意力集中到高度发展体育事业上来，努力攀登世界体育高峰，为加快实现四个现代化服务”，此时对体育的重视是为国家建设服务的。“全民健身”是国家动员下的健康话语，1995 年 6 月，国务院颁布《全民健身计划纲要（1995—2010）》，并要求各地持续举办“全民健身周、月”活动，“全民健身计划”由此开展；2008 年奥运会结束后，国务院批准 8 月 8 日为“全民健身日”；2011 年 2 月，国务院颁布《全面健身计划（2011—2015）》。吴在田：《中国当代体育史如何分期刍议》，《体育文史》1998 年第 6 期；李杨：《新中国体育史研究的回顾与反思》，成都体育学院硕士学位论文，2011 年。

号名称及其用途，都渗透着国家的权力，最终的目的是对身体的规训，湖南省慈利县的“人民广场”的建成历史就是一则很有趣的例子。[①]

国家话语中的健康话语包含着对身体规训的目的，它是一种国家权力全方位的渗透。在我们所熟知的生活情境中，国家权力既是弥散性存在的，又是富有成效的，并以公开、集中的形式出现。[②] 国家话语以健康话语为载体，动员人们参与到体育锻炼中，其目的是身体的规训。它以一种“为你好！”的权力口号渗透到人们日常生活中[③]，让人们自然而然地选择把国家号召的体育锻炼作为自身寻求健康体魄的途径和方式。国家话语中的健康话语是如此地深入人心，年老一些的广场舞者会把年轻时候的文艺经历带入广场中传播，人们所使用的舞蹈音乐、舞蹈形式都烙印着集体主义时期的记忆。[④]

总体而言，国家话语在支持着“动员式”的、蕴含着特定意识形态

---

① 现在所称的“慈利县人民广场”，是2009年“全民健身工程”的建设项目完成对旧有广场的改造之后才得名的，2009年之前，无论是官方话语还是民间话语，都称此地为“大操坪”，国家用“人民广场”取代了“大操坪”的称呼，使得广场成为国家权力化的符号。而广场本身也在国家权力辐射下，通过组织各方资源建设而成的，慈利县人民广场历史上有两次国家权力辐射下的大规模建设。1984年，国家体委在桃源县召开了全国省、市及部分县体委主任会议，决定从1985年起在全国范围内开展创建体育先进县的活动，并制定了《全国体育先进县标准细则》，细则中提出了几项硬性指标：“在全县财政支出中体育事业经费最低不少于0.5%，或人均一角钱以上；经常参加体育活动的人达到全县总人口的35%以上；中等学校、集镇完小和乡中心学校有80%的适龄学生达到《国家体育锻炼标准》及格以上标准；每个乡镇和50%的村，每年至少有4次体育比赛；县有田径场、带看台的灯光球场、游泳池、综合训练房等。”县体委主任赵介凡参加了会议，县长杨守彩、副县长卓德元特别重视，决定争取创建全国体育先进县，而此时亟待解决的问题就是场地设施建设，为此，县政府多方筹资80万元，征地60亩（40000平方米），到1988年年初，按照标准细则建造的篮球场、田径场、游泳池、灯光球场、综合训练馆等相继竣工。而第二次完全改造则是“全面健身计划”下的产物，2008年北京奥运会的举办掀起了一股全民健身热潮，在此背景下，2009年2月，慈利县“全民健身中心工程”奠基开工，到2009年8月已经基本建成，整个广场总占地面积46137平方米，总投资5000万元。建成后的广场自西向东分为四个大区：球场、中心广场、树阵广场、田径场。资料来源：《慈利县大事纪要》，湖南人民出版社2011年版，第382、523页。

② 朱爱岚：《中国北方村落的社会性别与权力》，胡玉坤译，江苏人民出版社2006年版，第197页。

③ 郑震：《论日常生活》，《社会学研究》2013年第1期。

④ 2014年6月某日，北京市东直门某商场前，一群手持玩具枪的大妈们上演了一场“打鬼子”戏，人手一支玩具AK47步枪跳舞，一个头戴日本军帽、身穿白色T恤的“日本鬼子”上场，大妈们变身“抗日娘子军”，端着枪把“鬼子”团团围住，逼得“鬼子”举手投降。来源：中华舞蹈网：《抗日广场舞——大妈街头持“枪”跳舞“打鬼子”》，资料提取时间：2014年7月。http：//www.zhwdw.com/fenlei/zlnwd/1/144300.shtml。

的集体体育运动形式。广场舞者会将这种集体意识形态当做自身舞蹈形式更高层次的意义和价值表达。①

当然，来源于科学话语、市场话语和国家话语的“健康话语”综合体的支持下，唤起了人们对身体健康的关注和重视，鼓励着他们走出家门、走向“广场”，把自己的休闲和娱乐时间利用起来，锻炼身体。但是，这不足以使得这群人采取集体舞蹈的形式来取得健身的效果，正如我们在日常生活中看到的，可供人们锻炼身体方式多种多样，而在本文中，我们需要讨论的是为什么会有一群人偏好集体舞蹈的这种形式。

三　排斥机制

广场舞是由个体聚集而成的一个又一个的小圈子，它存在排斥机制。它通过把一部分人排斥在这个小圈子之外，从而形成其特定的跳舞人群。本文并不去追究广场舞是如何形成的、广场舞的历史如何。我们希望考虑的是，在已知以广场舞为健身方式的圈子一旦形成，它就会形成自己的制度，并发挥作用的前提下，去理解这一制度是如何发挥它的作用，如何把特定的年龄、性别等的人群聚集在一起。我们虽然不清楚把人汇聚在一起跳广场舞的正向推动力量究竟有哪些，但是我们可以从其反面的排斥机制入手，来了解它是如何让一群特征相似的人聚集在同一个舞蹈圈子里的。我们认为排斥机制通过三种方式在起作用：排斥年轻人、排斥男性和社会分层。

（一）排斥年轻人

广场舞小圈子是通过排斥年轻人而形成的中老年群体。

年轻人跳广场舞会贴上“不务正业”的标签。正如我们的研究者进入广场舞行列时受到的排斥一样，舞蹈圈子里的人觉得队伍里突然加入的年轻人是怪异的，是“不务正业”和“瞎折腾”，研究者甚至听到了这样的嘀咕：“烦死了，跳又不会跳，跟在旁边。”还有这样的嘀咕：“细

---

① 抵制日货情绪高涨的一段时期，长沙发生了抢砸平和堂的事件，用歌曲《我们的钓鱼岛》编排的广场舞在网络上传播很广，长沙市火炬村的某广场舞蹈队每天都会跳这首曲子。民粹主义的意识形态在广场式的舞蹈形式中得到表达。

（小）妹子跟着我们一群老太太跳什么舞咯！”[①]

年轻人跳舞的时间不能保证。年轻人由于有更多工作上的事务，他们不会选择以广场舞作为自己的闲暇消费。我们也曾观察到一位跳广场舞的在校大学生，但只是在后面跟着跳了一会儿，跳舞期间不停地玩手机，认真跳舞的时间约十分钟，她自称喜欢跳舞，也曾经学过跳舞，但是从未想过坚持跳广场舞，因为时间上不能保证。[②]

年轻人选择多元。如果说仅仅为了锻炼身体，年轻人会有更多的选择，他们也更偏好于多元的选择：各种球类、跑步、滑板、爬山、瑜伽等，在锻炼的场所上，他们也会选择去商业化的舞蹈室和健身房去学习，练习更加多元的舞蹈种类，如肚皮舞、钢管舞、街舞等。已有研究表明，在单位体育设施和收费体育场馆锻炼的人群明显有随年龄增长而减少的趋势，而中、老年体育活动者对住宅小区空地、公园广场和公路街道边等活动场所的需求相对较高。[③]

（二）排斥男性

广场舞小圈子是通过排斥男性而形成的女性群体。男性的角色期待是文化和力量取向的，是要远离女性化的事务的，如果一个男性想要加入广场舞的行列，就会被指责为“老不正经”。男性参与广场舞会面临一定的人际压力，大部分男性更愿意从事标记为“男性化”的娱乐项目。

广场舞被贴上了“女性化”的标签。这一标签在广场舞圈子内也是被认可的，正如长沙市 48 岁女性陈某所认为的那样，所谓广场舞就是“老太太”跳的，没有男的，没有特别年轻的人跳的舞。[④] 访谈时丈夫的插话更加直截了当：“男人有什么好跳舞的，男人挣钱养家！”[⑤] 即使有少数男性的加入，他们也要面临一定的“性别”压力，并且在广场舞上的投入程度也没有女性高。湖南省慈利县 52 岁男性唐某在刚加入广场舞之初就承受着周围人的指责，他说：“跳了一段时间后，一个妇女对我说：‘你别站在这里。’我就反驳：‘为什么？我交了 10 块钱，你不也交了 10

① 研究者也因此产生过想要放弃的倦怠心理，但是为了研究的继续，仍然持续跟进。参见曹露的访谈资料。

② 参见曹露访谈笔录。

③ 庞元宁、何建文等：《试论中国不同年龄人群体育现状》，《体育科学》2000 年第 1 期。

④ 参见曹露访谈笔录。

⑤ 参见余珊珊访谈笔录。

块钱吗?’开始受到了一些风言风语，我家里的人也反对，小区里的人也议论我。反正我不听别人的，我就是锻炼身体而已。到了后来，好多人都去跳舞了，就是那些说我闲话的人也去跳舞了。”另外，我们还观察到一位40多岁的男性，连续两个晚上开车来跳广场舞，跟在队伍后面跳，但不是很认真，并且每次都是中途走的。[①]

广场舞体现了体育运动中的性别主义。尽管男性和女性都认识到了体育参与中理论上的机会平等，并在近一个世纪中也取得了显著的进步[②]，但是身体上和文化上的性别区分仍然具有显著的效果。男性和女性被孤立的、分离的生理特性所区分，这种区分又在社会各种领域被强化，以致很容易就能从质性上把女性的运动与男性的运动区别开来，以一种传统观念中的“女性气质”和“男性气质”的论调所孤立[③]。而“文化修养和勇武之气”被认为是中国男性的两个特质[④]，广场舞通常被认为是女性专属的，不符合男性气质。另外，有研究表明，因为传统文化及社会性别角色的成见，致使女性比男性更容易否认自己的衰老，她们对自己的健康、形体比老年男性来说更为关注，女性的健康动机高于男性。[⑤] 另外，男性在选择公共场所、单位、收费场所的比例远远高于女性，而在自家庭院、住宅小区、公园广场的比例低于女性。[⑥]

（三）社会分层

广场舞小圈子是通过社会分层的筛选机制而形成的低阶层群体。具有较高文化资本的人，会认为广场舞是一种不符合其价值取向的娱乐活动，被认为是不优雅的，所以不会参与其中，而只会寻求更加“高级”的闲暇活动。低阶层群体想要从事其他的休闲健身项目，则要支付更高的成本，而广场舞属于一种门槛甚低的、符合其消费习惯的运动项目，而且与一群同阶层的人相处，更加自在。不仅如此，广场舞形成的圈子与圈子之

---

① 参见曹露访谈笔录。

② Jennifer A. Hargreaves, “Gender on the Sports Agenda”, *International Review for the Sociology of Sport*, Vol. 25, No. 1 (January 1990), pp. 287 – 307.

③ Ibid.

④ 雷金庆：《男性特质论：中国的社会与性别》，刘婷译，江苏人民出版社2012年版。

⑤ 汤晓玲：《对影响老年人体育锻炼动机的社会学分析》，《成都体育学院学报》2000年第4期。

⑥ 许宗祥、杜熙茹等：《我国休闲体育性别差异之研究》，《广州体育学院学报》2008年第1期。

间，也存在相互的分层，一个圈子里的人会觉得自己的舞蹈更加“高级”，以区别别的圈子。

上层阶级的主动避让。在上层阶级眼中，广场舞是一种过于大众化的活动，而他们则会倾向于消费更“高级”的运动项目。凡勃伦在其《有闲阶级论》中认为，商品消费上的分化是第一性的，并由此衍生出了许多其他方面分化的增长，一种选择性的机制最终导致了全新的结果，明显地区隔开了人的思维和习惯。[①] 上层阶级所倾向的高级别的运动项目，就是要求大批的昂贵用具或昂贵设施，如网球、高尔夫、驾驶游艇等[②]，而广场舞是一种过于廉价的运动项目，不足以能体现其文化格调。按照布迪厄的“区隔”[③] 之说，上层阶级通过消费一种更高级的体育运动而将自身与社会其他阶层区隔开来，类似于广场舞的大众性体育运动，从来不在他们的选择范围之中。

低阶层群体的理想选择。不同背景的人并非经历着可以相互认同的特定文化，他们有着不同的参与机会和期待。[④] 参与广场舞所需要的费用很少，也非常方便，是一种低门槛的运动项目，如果低阶层的人想要加入其他的体育休闲项目，则可能要支付更高的成本。长沙市 42 岁女性的丁某曾在朋友的邀请下去健身房跳拉丁舞，但没能坚持下来，其中“费用不低”是她不去健身房的理由之一，她认为广场舞比较自由随性，无论是从时间上和经济上都比较“划算”，不会成为一种负担，相比之下，健身房办卡之后不去锻炼就浪费了。[⑤] 此外，广场舞组织非常方便，一个音响、一块空地就可以实现，设备轻便，流动容易，同时，广场舞简单易学，能很快就融入进去。

广场舞的圈子之间还存在隐形栅栏。同一个广场上会出现好几个不同的舞群，它们各自形成了自己的跳舞圈子，而圈子之间存在着隐形的准入机制。在湖南省慈利县人民广场上，主要有五个舞蹈圈子：民族舞、交谊

① Thorstein Veblen, *The Theory of the Leisure Class*, Oxford University Press, 2007, p. 49.

② ［美］保罗·福塞尔：《格调：社会等级与生活品味》，梁丽真等译，世界图书出版公司 2012 年版，第 156 页。

③ Bourdieu P., *Distinction: A Social Critique of the Judgement of Taste*, Harvard University Press, 1984.

④ Jennifer A. Hargreaves, “Gender on the Sports Agenda”, International Review for the Sociology of Sport, Vol. 25, No. 1 (January 1990), pp. 287 – 307.

⑤ 参见曹露访谈笔录。

舞、两个健身操、花鼓戏圈子，它们有着各自的特征。我们发现，交谊舞圈子的人群相对年轻，男男女女普遍衣着打扮得较好，且大多数都是男女组合着跳。相比之下，其中一个健身操圈子的人年纪偏大，衣着也没有那么光鲜，在舞蹈动作上也明显简单。民族舞圈子里某人称自己队伍里的成员，大都是每月有一两千元退休工资的人，或者老公是单位里的人，自己不用做事。在访问该圈子里领舞者之一吴某时，她认为自己跳的不是广场舞，是民族舞，和其他人所跳的“广场舞”是有所区别的，她认为自己所跳的舞蹈动作更难一些，而她尽力所要区别开来的所谓的“广场舞”则音乐更“通俗”，动作更简单。[①] 吴某在她的“民族舞”与“广场舞”的竭力区分中，她已经在品位和难度上对二者做出区分。我们发现广场舞圈子之间存在的隐形栅栏，它也作为一种社会分层的机制在发挥着作用，把具有相同的经济资本和文化资本的人聚集在一起，并排斥着其他不属于该阶层的人进入。

广场舞小圈子存在的排斥机制通过排斥年轻人、排斥男性和社会分层筛选，让具有某些特质的人群不容易进入其圈子内，从而把一群低社会阶层的中老年女性聚集在同一个舞蹈圈子里。排斥机制虽然回答了为什么一群特征相似的人会聚集在同一个圈子里，但并未解释为什么他们会喜欢集体式的舞蹈形式，这需要未来进一步的更细致、更深入的政治、社会文化研究。

四 再生产机制

广场舞的运动形式诞生以后，它的流行和长期存在很大程度上依赖于广场之外的其他资源的持续支撑，即存在一系列的再生产机制。我们调查发现，有许多的广场舞者对这种形式的运动抱有很高的热情，不仅能够持续坚持，还能对其投入极大的时间、精力，甚至不计成本，保持这种持续的热爱，背后必定有足够支撑其持续的外部力量。我们认为广场舞的再生产机制通过三个方面发挥作用：互联网传播、竞赛体系和舞蹈市场化。

（一）互联网传播

互联网提供了丰富的音乐和舞蹈资源，广场舞者借此维持新鲜感。调查

① 参见徐海东访谈笔录。

发现，广场舞者很容易对多次重复的音乐和舞蹈产生厌倦，他们通过不断学习新的舞蹈来保持新鲜感，而互联网上丰富的音乐、舞蹈资源正好满足了这种对新鲜感的需求，圈子里的核心成员学成之后带领其他成员练习舞蹈。

学习新舞蹈的原动力是因为厌倦。调查发现，新舞蹈总是由舞蹈圈子里的为数不多的几个核心成员先从网上学习舞蹈动作后，再教给圈子里的其他人，几乎每一个领舞者都在访谈中提及学习新舞蹈的原因是因为一套动作和音乐很容易产生厌倦。江西省宜春市某村45岁女性余某抱怨说“不学新的，天天跳旧的有什么意思?”[①] 长沙市48岁女性陈某说刚学一支新舞时特别认真，试图将动作做标准，但是学会之后每天都跳，就产生轻微厌烦情绪，跳起来懒洋洋的，动作像完成任务一样，所以大概每十多天就会教一支新舞。[②]

互联网提供了音乐和舞蹈的丰富资源。几乎每一个领舞者都会告诉我们她们的音乐和舞蹈是从互联网上下载和学习的，当然她们也会根据自己的创意进行小的改编，而互联网上的舞蹈资源则是由一些较专业的团队创作并上传的。宁夏固原商城门前广场一位领舞者称自己五年前就开始跳广场舞了，当时就跳“唐古拉风”，慢慢地就觉得很单调，就自己在网上找新的音乐，自己在家练习，慢慢地就把人带出来了。[③] 受访者称自己是在“动动网”上下载和学习舞蹈的，后来查找资料发现，“动动”并非一个网站，而是一个在跳舞圈里全国知名的舞蹈团队，其在互联网上发布的教学视频很受欢迎[④]，长沙市61岁女性谭某经常会逛“云裳”“心悦”等几个广场舞教学的网站。[⑤] 长沙市61岁女性谭某也提到附近一个场地的舞蹈团队，有各方面的人才，下载、拍摄、视频剪辑等都不成问题，所以她们经常把跳得好的人的表演拍摄下来，上传到互联网上，谭某还觉得如果她们有这样的人才的话，也能传到网络上[⑥]。

（二）竞赛体系

广场舞竞赛体系开始出现，广场舞者从中获得荣誉感、成就感和意义

---

① 参见余珊珊访谈笔录。
② 参见曹露访谈笔录。
③ 参见顾旭光访谈笔录。
④ 同上。
⑤ 参见曹露访谈笔录。
⑥ 同上。

感。广场舞竞赛体系形成中，地方政府、媒体和市场都发挥了各自的作用，通常形式为媒体和市场举办广场舞比赛，地方政府动员各级单位参与到比赛中。而广场舞者通过以团队的形式参与到广场舞的比赛之中，获得荣誉感和意义感，并乐此不疲。

广场舞逐渐呈现出层级竞赛体系。近年来，各地涌现出各种各样的广场舞比赛，广场舞的参与者由此被纳入其中。以 2012 年湖南省慈利县“舞比快乐”首届广场舞大赛为例，传媒公司主力承办、赞助商提供资金、政府事业单位动员各单位、乡镇参赛，该比赛被当做选拔舞蹈队伍参加 2013 年湖南省“舞味俱全”广场舞大赛的县级竞赛。① 同年，该县春节联欢晚会也是以相同的组织动员模式举办的。

广场舞者在竞赛体系中获得意义感和荣誉感。当广场舞者被纳入层级竞赛中时，它就不仅仅被视为日常的闲暇运动，广场舞者在团队中获得了被整合的意义感和荣誉感。湖南省邵阳市洞口县的“梦之恋”团队曾参加湖南省“舞味俱全”广场舞大赛的初赛和决赛，并受邀参加北京“盛世欢歌”在人民大会堂的演出②，从洞口县走到长沙市，再到北京市，“梦之恋”团队里的成员为之付出了很多③。刘某的意见代表了团队中多数人的想法：“在北京没能进入人民大会堂比赛表演是一种遗憾，普通百姓能去人民大会堂是一种荣耀，能提高尊严，也是一种谈资。还可以同孙

---

① 慈利县“舞比快乐”首届广场舞是由慈利县文学艺术界联合会、慈利县旅游局主办，县广播电视台、县体育局、县文明办协办，张家界科宇广告传媒有限公司、慈利县文化馆承办的大型公益性舞蹈选秀活动。赞助单位有：慈利沪农商村镇银行总冠名，长城家私 、天鹅湖财富中心、艾佳家纺厂、非凡窗艺生活馆、管氏三锅演义火锅城、喜羊羊饭店。大赛历经两个多月，全县 36 支队伍踊跃参赛。现场还邀请了湖南移动电视“舞味俱全”湖南全民广场舞大赛执行总导演邓丽萍、导演游佳乐观看比赛。资料来源：http：//www. zjjzc. com/News/bendixinwen/2012/1126/15824. html。

② 由于种种原因，演出没能在人民大会堂举办，改到金色大厅。

③ 为了参加比赛，她们晚饭都顾不上吃一直训练到晚上十时，并要忍受天气的炎热和蚊虫的叮咬。匡某认为“我们这种小地方的团队能够到大舞台去展现是值得的，也是令人高兴的”。在去长沙比赛之前，吴某的丈夫一直反对：“要出 1000 多块钱，又耽误时间，不去，不去!”而受到北京的邀请演出后，丈夫的态度却发生了巨大的转变，并且一路陪同。谭某的丈夫一直充当着团队的“后勤”，谭某笑称“平时还怪小气的，但对于这样的舞蹈比赛，他却非常支持”。另外一位广场舞者的丈夫称这三次比赛一共花费了七八千元钱，而自身家庭条件并不好，但是为了不影响团队，一直坚持没有退出。在去北京演出之前，张某的丈夫被检查出来很可能是喉癌，张某心理承受着巨大的压力，但是为了不影响演出，夫妻俩一直隐瞒着团队里的人，并做着这样的打算：夫妻俩一同去北京，顺便做个检查，如果不是癌症，就安心了，如果是癌症，就当做最后一次旅游。参见杨卓为访谈笔录。

辈们讲述这样的故事。上一次是机会难得，神圣的大会堂，可惜没能进。”[①]

（三）舞蹈市场化

广场舞市场化特征开始显现，广场舞者拥有更多自由消费空间。由于广场舞的组织形式非常简单，某一区域内很容易出现不同类型的广场舞圈子，广场舞者可以自主选择适合自己的队伍。广场舞圈子出现市场化特征，使广场舞消费需求的人群拥有了更多的自主选择的空间。

在一定的空间范围内，广场舞的圈子呈现出市场化特征。有学者在对休闲活动空间特征的研究中指出，休闲者一般以自家为中心形成四个活动圈层：自家、距自家1公里内、距自家5公里内和距自家10公里内，体育休闲活动的频率基本呈现随距离增加而递减的规律。[②] 那么，广场舞的参与者大多数会在以自家为中心的一定范围内，寻找一个适合自己的广场舞圈子，而目前的广场舞圈子越来越多，并呈现出市场化特征。长沙市48岁女性陈某就是在考察了附近的几个广场舞之后，才选择现在的这个的。[③]

广场舞市场化下个体的选择。长沙市陈某考察了附近六个广场舞圈子：河东某处、师大篮球场、民主党派工作室、岳麓山忠烈祠、苏宁电器前坪、师大食堂前坪。在陈某的想法中，河东某处距离太远，交通不便；师大篮球场的一群人人数少，年龄30多岁的，动作整齐，舞蹈相对复杂，但是并非每天都跳；民主党派工作室是在室内，空气不好；岳麓山忠烈祠虽然空气好，但是只有十多人，一个老师教，而且灯光太暗；苏宁电器前坪年费120元，老师比较负责，把会跳和不会跳的分开，教新舞时会按步骤、按动作、按细节教学，提前到场，动作也比较标准，还会登记人的信息，教新舞的时候会互相通知；师大食堂前坪年费40元，老师责任心不强，大家激情不高，但是这里场地好，很方便。在陈某的眼中，最理想的选择应该是苏宁电器前坪的广场舞，她称“如果将苏宁和食堂的场地对换一下，她宁愿交贵一点，与一群很有激情的人跳舞”。[④] 综合考量下，陈某在苏宁电器前坪跳了13个月后，才转到了现在的师大食堂前坪。当然，其他人也有不同的选择，与陈某一同考察场地的另一个伙伴嫌师大食

---

① 关于更多“梦之恋”团队的参赛经历，请参看本书杨卓为章节。

② 刘志林、柴彦威等：《深圳市民休闲时间利用特征研究》，《人文地理》2000年第6期。

③ 参见曹露访谈笔录。

④ 同上。

堂前坪的场地太黑，就依旧留在了苏宁电器前坪。

首先，广场舞广泛而长期流行的背后，正是由于存在着外部资源的支撑力量，即一系列再生产机制的存在，人们才能够长时期的保持对广场舞的新鲜感、意义感和消费的舒适感。互联网传播给广场舞提供了丰富的音乐和舞蹈资源，在一定程度上传播了广场舞、维持了人们对广场舞的新鲜感；其次，广场舞逐渐形成的竞赛体系为广场舞者提供了更广阔的展示舞台，使得他们获得荣誉感和意义感，更依赖于广场舞的生活方式；另外，广场舞出现了市场化的特征，同一区域内出现的多种不同的舞蹈圈子，人们拥有更多选择消费的余地，广场舞圈子逐渐成为可以满足个体需求的可供选择的商品。正是由于这些再生产机制，广场舞成为一种人性化的、可供选择的、满足需求的产品，它把拥有相同需求的人聚集在一起，让他们能持续的保持对广场舞的热情，把时间和精力投入广场舞的运动中。

五 结论

广场舞人群集中在45—65岁女性，是通过三种社会参与机制共同作用而形成的。健康话语机制鼓励人们积极参与到户外锻炼活动中，健康话语是来源于科学话语、市场话语和国家话语的综合体；排斥机制把参与户外锻炼活动的人分流，将跳广场舞的人群与其他锻炼群体区分开来，它主要通过排斥年轻人、排斥男性和社会分层机制发挥作用；再生产机制为广场舞提供系统性支持，鼓励着广场舞的持续参与，它通过互联网传播保持新鲜感，通过竞赛体系提供意义感，通过舞蹈市场化产生消费的舒适感。

三种社会参与机制解释了广场舞的参与者集中在45—65岁女性的社会成因以及她们能够持续参与的外部因素。总体来说，是一种宏观视角的解释。但是并未从微观视角解释为何他们偏爱一种集体式的舞蹈形式，也未能解释广场舞是如何产生和发展的，这需要进一步的探讨。仅从大众的健身需求上来说，广场舞为人们提供了一种简单方便、低成本和低门槛的体育运动锻炼方式，弥补了当前大众体育健身基础设施不足的现状，但与此同时，广场舞带来的噪声扰民、占领场地等问题再次凸显出来。“广场舞”是中国社会转型时期的独特现象，它所映射的现象和意义超出了纯粹的“健身”需求本身，是一个十分值得研究的日常生活社会学的议题。

第五章　广场舞群体的生态考察：以湖南师范大学0731广场舞群体为个案

曹　露

一　问题的缘起

笔者对广场舞的研究兴趣源于一次课堂讨论。[①] 那堂课是由笔者主讲“古典自由主义的流变：从约翰·洛克到斯图亚特·密尔”，当讲到密尔的“伤害原则”，在讲关于自由的边界问题时，我们提到了广场舞，由于当时大家都处在广场舞的包围之中——广场舞音乐时不时飘进教室影响上课，所以大家对广场舞都感触颇多，讨论相当激烈。后来，课程负责人黄勇军博士建议我们对广场舞现象进行深入调查研究，从更细更深的角度解读广场舞。

在文献梳理的过程中，我发现大部分已有的研究都是从宏观层面着手，侧重广场舞的健身和文化功能，很多实证研究也是在描述现状的基础上提出推广广场舞的建议。但是，或许另一些问题更值得关注与探讨，例如：一个广场舞群体是如何诞生的？广场舞群体的发展与扩大是怎样发生的？广场舞群体的社会生态环境如何？广场舞群体内部是如何运转的？……正是出于这样的考虑，笔者选择了田野调查这样一种深入对象内部的研究方式，以期对这些问题做出解答。

---

① 这门课程即2012年秋季由湖南师范大学公共管理学院副教授黄勇军博士主讲的《当代西方政治思潮》。

二　研究方法与过程

为了获得丰富的、多元化的、细腻的一手资料，笔者以观察法与访谈法作为收集资料的主要方式，走访和探寻了多个广场舞群体和个人；与此同时，笔者还通过田野调查的方式对一个广场舞群体进行了跟踪观察和深入调查，以广场舞者的身份去接触和理解那些舞者，以“圈内人”的身份探寻广场舞群体的秘密，同时也亲身体验和感受广场舞的影响。

笔者对广场舞的研究主要分为三个阶段：田野调查期、观察走访期、深度访谈期。

第一个阶段：田野调查期。我的田野调查被寒假分成了两段。2013年1月，我作为一名广场舞舞者，深入研究对象内部，通过观察和访谈获得对群体的详细了解；我也以舞者的身份与真正的舞者“闲聊”，听取她们最真实的心里话，获得了对广场舞者感性的认识。

第二个阶段：观察走访期。寒假回家，我走访了县城的多个广场舞群体，其中还包括交谊舞群体，获得了丰富且多元的信息，使我对广场舞以及广场舞群体有了更深入的了解；与此同时，我还采访了很多家乡的广场舞者和交谊舞者，让我对舞者的共性与特性有了更准确的把握。这期间，我也对收集到的资料进行了初步整理，并根据资料情况对下一阶段的调查做出调整。

第三个阶段：深度访谈期。开学返校后，我又继续做田野调查。这期间，我将大部分精力都放在对已有资料的验证和补充上，并拓宽了采访对象的范围，并对重点对象进行了回访。

我的田野调查是从2013年1月10日开始的。虽然2009年刚进大学的时候，我就发现了该广场舞群体的存在，但是之前并没有认真关注过，对该群体缺乏基本了解，因此我决定首先对该群体进行摸底观察。当晚我是8时左右去的，特意选在她们跳舞的中途，以便从旁悄悄观察。我发现，所有的成员都是女性，而且大多数年纪都在60岁左右，其中4个人相对年轻。大部分人跳得不太好，整体跳得也不齐。第一排3个人，跳得比较好。最后一排只有一个人，跳得不标准，但看得出来对舞蹈很熟悉（后来得知这四个人就是该活动的组织者）。每跳完一支舞，一个固定的组织者会上前调音乐。原本我只是打算先观察一下她们的情况，但是由于她们中途不休息，而我一个人站在旁边很快引起了大家的注意。因为担心引起大家的反感，我便在旁边跟着瞎跳——曾经看到有学生在后面跟着跳。大约9时，音乐停，大家一窝蜂散去。我迎上那位最年轻的舞者，向她打听群体的基本情况，比如每天跳舞的起止时间，怎样加入群体，群体的组织方式和运行模式如何等。我发现要加入这个群体非常简便、非常容易，用田野调查的术语来说，就是“进入现场”对我来说不是挑战。

第二天，我特意提前半小时到达活动场地。但直到7时25分左右，她们才陆陆续续到达。由于大部分人是结伴而来，且一路闲聊，我不好冒昧打断，因而我只能在旁边“偷听”。活动开始之前，我找到组织者，表明自己参加广场舞活动的意愿。组织者非常意外，但很爽快地让我跟在队伍中学习，还主动表示我不用交会费。随着组织者的到来，音乐声响起，大家迅速进入跳舞状态，我也不好此时打扰他人，因而也跟着进入跳舞状态，直到9时结束——这个时候才是我通过“闲聊”获取信息的黄金时间。但由于天气寒冷，大家急着回家，我只能跟着她们一路往回走。

我的出现遭到了“大妈”的非议：“这个小妹子怎么跑到这里跟我们瞎跳？怎么不去干正经事？”虽然大部分人后来都慢慢习惯了我的存在，但是，少许人对我的排斥一直持续。除了质疑声，我还遭到大妈的“冷暴力”：一天，某大妈终于忍无可忍，丢下一句“跳又不会跳，老跟在旁边，烦死人了”，然后扬长而去。我顿时慌了：调研还在继续，我却把大妈给得罪了。之后几天我都紧张兮兮，生怕又得罪哪位大妈。但是，尽管我非常小心翼翼，我后来再一次遭遇了“冷暴力”：那天晚上大妈在我左边空置了一个站位，她们极力避免和我站在一起。这次我终于学乖了——此后我总是和那些热情又喜欢我的大妈站在一起。当我发现那些晚于我加入群体的大妈都没有因为不会跳而遭到嫌弃和排斥的时候，我才恍然大悟：原来她们不是嫌弃我不会跳舞，而是排斥我的身份，排斥我“非大妈”的身份。

虽然组织者曾许诺我可以不交会费，但我最终还是交了。那晚我正帮着收拾设备，只听见组织者方[①]愤愤不平地说：“后面那个胖子硬是不想交钱了。”事实上，那天出门前我特意在兜里放了50元钱，打算看情况

① 该女士姓方，是0731广场舞群体的组织者之一。后文都用各自的姓氏指称文章中出现的主人公。

再决定是否缴纳会费。当下，我立马掏出了钱。那40元的会费真没白交，它带给我很大的心里安慰：那次遭到大妈的“冷暴力”我顿时惊慌失措，但平复下来后我心里冒出一个想法：“我不会跳是因为我没有学过。那些新来的大妈不也不会跳吗？她们是会员，我也是会员。既然她们可以在这里跳，那我也有权利站在这里跳。”如此一想，我又充满了勇气和底气。而这勇气和底气，正是那40元会费带给我的。

由于身份的原因，我始终未能融入大妈的圈子。再加上大妈自认为广场舞作为锻炼身体的工具不具有学术研究的价值，所以她们总是用“锻炼身体”来打发我。没有一个大妈愿意接纳我去家里采访，也没有大妈接受我的喝茶邀请，只有周大妈白天在学校食堂接受了我的采访，其他大妈的采访都是活动结束后我一路跟随她们回家的路上完成的。而我对已经退出广场舞“江湖”的王娭毑（长沙话：奶奶）的采访则更为曲折。王娭毑的菜园子是牵线人唯一透露的信息——她让我去菜园子“守株待兔”，不过她也不知道王娭毑什么时候会出现。早上、中午、傍晚各个时间点我都去守了，始终未能见到王娭毑的踪影。菜园子一位大妈被我的坚持不懈打动，主动承担了线人的工作。在她的帮助下，我终于在第10次光顾菜园子的时候如愿采访到了王娭毑。最后收集到的资料还算丰富。

另外，我们团队队员家处天南地北，收集到的信息也体现出了极大的地域差别和民族差别。我们之间的资料共享使我们能够更全面、更深入地理解广场舞、广场舞者和广场舞群体。

三　广场舞群体的兴起

没有谁能够准确说出广场舞是什么时候诞生的，甚至广场舞的兴盛也是在毫无征兆、毫无防备的情况下突然在极短的时间遍布全中国的。广场舞群体是如何像雨后春笋一样迅速在全国各地遍地开花的呢？我们首先来看看0731广场舞群体是如何诞生的。

（一）0731广场舞群体的兴起

1. 关于“0731”的一些解释

“0731广场舞群体”是以地名来命名群体。根据大家调研获得的资料来看，广场舞群体比较松散，一般没有自主命名，而是以场地的名称来指代。而如果成员之间联系紧密，形成了团体意识的话，一般会给自己的群体起一个特别的名称，如杨卓为同学采访的团队因为参加比赛的需要，给自己取名“梦之恋舞蹈队”。0731 原本是一家酒楼的名字，该酒楼位于师大江边食堂的二楼。兴许是酒楼名气太大，也兴许数字叫起来比较顺口，总之，不论是附近的居民还是师大的学生，都习惯用 0731 来指称这座建筑及附近的区域。大酒楼 2008 年就倒闭了，且 2009 年的时候学校已经将二楼改造成学生活动中心，但“0731”这个名称却习惯性地保留下来了。在校园里，我经常能听到这样的对话：问：“你去哪儿?”答：“我去 0731。”由于我跟踪调查的这个广场舞群体属于松散型，群体本身并没有自主性的命名，当人们谈论它的时候，通常的对话是：“你到哪里跳舞?”“我到 0731 跳舞啊!”既然没有正式的名字，大家又都以“0731”来指代，所以笔者按照习俗，将其称为“0731 广场舞群体”。需要特别说明的是，本文将在两个意义上使用“0731”这个词：其一是指笔者调研的广场舞群体；其二是当做地名来用，专指那块空地。另外要说明的是，在距 0731 不远的篮球场上也有一个舞蹈群体，她们给自己团体命名为“大姑娘美”，意在表明生命的活力与青春。但是舞者并不认为自己跳的是广场舞，而宣称自己跳的是民族舞。据笔者后来观察，篮球场上的群体经常拿着扇子、手帕跳舞，相应的舞曲是民歌，但她们也跳《伤不起》《江南 Style》这样全国著名的广场舞。“大姑娘美”跳舞的时间不是很固定，也没有 0731 频繁。相对来说，0731 更普通，没有特色，但也因此更具有代表性。

2. 兴起

说起 0731 广场舞群体的历史，那是一段相当长的发展演变故事。最开始在 0731 开展活动的是一群师大的离退休职工。虽然师大在 2001 年就创办了以“增长知识、丰富生活、陶冶情操、促进健康、服务社会”为办学宗旨的老年大学，但由于活动场地有限，老年大学并不能很好地满足广大离退休人员的需求。彼时，他们主要的活动场所是红楼前面的空地。[①] 但是，对于居住在槐树坪社区的老同志来说，去红楼参加活动总归有些不方便——因为槐树坪社区距离红楼足足有 20 分钟的路程。所以，槐树坪社区的某些老同志就盯上了 0731 大酒楼的停车场，他们向相关部

① 湖南师范大学红楼宾馆属于对内接待的专用宾馆，一般都是专家学者来做学术交流考察的时候专用的接待地方。

门表达了在停车场开展活动的意愿，但对方以“不便管理”为由拒绝了。

后来，事情出现了转机。2005 年，师大投入巨资对忠烈祠[①]进行修复。修复后的忠烈祠不仅更显恢宏，前门一大块空地也成为休闲的好去处。忠烈祠附近的老同志便盯上了这块空地，也向相关部门提出申请。眼看着红楼空地越来越拥挤，领导最终拍板：将离退休老同志按居住区域分三个片区管理，一部分仍在红楼开展活动，另一部分在忠烈祠前坪开展活动，再一部分在 0731 开展活动；由离退休工作处出面向学校相关部门申请将三个场地划给老同志开展健身娱乐活动，并为每个场地配备一台播放音乐的录音机，同时也出面为各个场地解决电源问题等。于是，在 2005 年的某个早晨，[②] 0731 的上空开始飘荡着优美的音乐，空地上开始出现各种活动，如太极拳、健身操、剑术、舞蹈等。他们没有固定的老师，典型的互相学习，互利互惠。

与另两个场地不同的是，0731 所处的位置就在师大附中旁边，因此有很多“陪读妈妈”[③] 租住在附近的小区。这些“陪读妈妈”绝大多数是全职陪读，没有自己的工作，空闲时间较多，又因为处在缺乏亲朋好友的陌生环境里，时常感到孤寂。老同志开展的各项活动迅速吸引了她们的加入。恰恰是一位罗姓陪读妈妈将广场舞引入 0731 的。

罗是一位舞蹈爱好者，年轻时喜欢去舞厅跳舞，主要跳交谊舞，偶尔也跳一些简单的群舞，与现在所谓的广场舞很是雷同。罗加入后教了大家很多舞蹈。彼时，附近的通程广场[④]已经开始兴起广场舞了。于是社区出钱将舞蹈底子最好的罗送到通程广场学习广场舞。一个月之后，罗又回到 0731 将自己所学的二十多支广场舞教给大家。不过，那时广场舞只是众多活动项目中的一项。纯粹的广场舞源于一次分裂，分裂的制造者是吴。

2006 年，正当那些老同志一如既往开展各项活动的时候，吴突然加入进来。之所以说突然，是因为当时大多数成员都是离退休老同志，年过半百，甚至年近花甲、古稀的。而吴则是师大的在职职工，当时还不到四十岁，相对而言已经非常年轻了。事实上，吴自己也不情愿花费大把时间参加这些活动。本来吴对玩牌很上瘾，一有空就坐在牌桌上。但玩牌造成

---

① 忠烈祠是坐落于岳麓山脚的一处纪念馆，但它同时也处于湖师大的校园范围内。

② 老同志主要是在早上进行晨练活动，偶尔也会在傍晚开展活动。

③ 不完全是陪读妈妈，有些是陪读奶奶，也有陪读姑姑，如周女士。

④ 通程广场是二里半地区最大的商业广场，因而也是潮流的引领者。

的颈椎病越来越严重。她终于意识到要将锻炼身体付诸行动。好友告诉她 0731 有人跳舞，建议她参加。

吴也是一位舞蹈爱好者。在她少女时代，彼时广场舞还没有兴起，她喜欢上跳交谊舞，并且经常去舞厅跳舞。那时的她，不仅舞跳得好，身材也好，身体也很健康。后来，她与现在的老公相识相恋了。与她爱玩爱跳舞的脾性相反，男友是一个喜静的人。不过，虽然他自己不喜欢跳舞也不喜欢舞厅的氛围，作为男朋友，他并没有明确反对吴去舞厅跳舞，而只是要求让他陪同她一起去舞厅跳舞。吴确实在男友的陪同下去舞厅跳了几次舞。由于男友既不会跳也不想学，每次他只能一个人坐在那里发呆或者看吴跳舞。看到男友无聊的样子，吴心里很过意不去，就说以后不去跳舞了。嘴上说不去倒是轻巧，可真的要她放弃自己的爱好，对于她这样一个好玩的人来说，在没有找到替代品之前，总是有些不适应。所以在他人的怂恿下，她瞒着男友和熟人一块偷偷摸摸又去了几次舞厅。可是，她生性直率，凡事都喜欢摆在台面上，这样藏着掖着反而让她很不舒服，感觉像是做什么见不得人的事情一般。如此一来，她不能从中体会到跳舞的乐趣，便觉得跳舞也没意思了。后来她就转向了玩牌。

玩牌早已成为吴生活的一部分，但现在的身体状况却不允许她成天玩牌了。她接受了朋友的建议，加入 0731 的群体活动中，颈椎病果然得到了缓解。但刚开始牌瘾还是很重，所以她“三天玩牌两天跳舞”。仿佛老天有意捉弄她似的，只要一玩牌，她的颈椎就疼得难受，比没跳舞之前还痛。最后，她不得不妥协，决定每天去跳舞。自从坚持跳舞活动以来，吴的颈椎病就没有再犯过，她的身体也越来越好。而且，原先 128 斤的体重减下来了，体型变好了，身边的人都夸：“没想到吴妹子还会有这么好的身材啊。”甚至还有人以为吴是吃了减肥药才瘦下来的。这就更让她坚定了持之以恒的决心。不过，她只喜欢跳舞，不喜欢其他活动，尤其是慢动作的太极。所以当别人练太极的时候，她就一个人跟着音乐在一旁自顾自跳。这样，她就显得很不和谐。她自己也觉得别扭。

不久之后，离退休处给 0731 配备了一台新的录音机。吴索要了那台旧的录音机，独自在一旁跳自己喜欢的舞。慢慢地，那些相对年轻的人转向了吴的队伍。这样一来，两个音源，两种音乐，两类活动，原先的队伍就一分为二了。老同志对吴的这种“分裂行为”非常不满。放音乐的时候，她们故意将声音调得很高，企图盖过吴的音乐。而吴这边用的旧机子由于严重耗损，完全不能和对方抗衡，气得吴只能干瞪眼。除了这种间接攻击，老同志们还经常说一些闲言碎语刺激吴：“机子原本是我们的。给你用还不识好歹。……”但抱怨归抱怨，她们终究阻止不了群体的分离。自此以后，以吴为首的群体专注于跳舞，不开展其他活动。

令人意想不到的是，群体的分离竟在无形之中使0731群体平安地度过了一次解体危机。因为，经过几年的发展，老年大学已经颇具规模，活动场地大大拓展，并且开设了广场舞班、民族舞班、街舞班、现代舞班、交谊舞班、声乐、京剧、戏曲等，种类繁多。分散在三个片区的符合老年大学招生条件的人员被召回到各种培训班。老同志们一走，整个0731就剩下以吴为首的舞蹈群体。我们今天看到的广场舞群体就是在这个基础上发展来的。

（二）“大妈”的“时尚起义”

当然，大部分广场舞群体的诞生要简单得多。有些群体是在政府部门的推动和支持下成立的，有些群体完全是人们自由自愿自发结合而成。不过，不管怎么样，广场舞的兴盛离不开人们对广场舞的认同和接受。尽管很多青年人将广场舞视为低俗、没品位的东西，但是随着调查的深入，我越觉得广场舞的兴盛其实就是“大妈”① 的一次“时尚起义”。

我真正把广场舞与“时尚起义”联系起来是在一次闲聊中偶然顿悟的。某男同学感慨：“我都不知道现在的女生怎么了，穿的裤子越来越短，用周立波的话说就是屁屁都露出来了。”因为我当时恰好穿了一条不太长（但也不至于露屁股）的短裤，听着他的话竟然感觉自己像是被扇了一耳光，脸上火辣辣的，所以我急着想要为自己辩解。我努力回忆了一下自己穿短裤的经历，并由自己的经历联想到了广场舞“大妈”。

女生为什么穿短裤？夏天穿短裤很凉爽？短裤容易清洗？其实最根本的原因是“爱美之心”。人的爱美往往表现在追求外貌美，而外貌美又集中体现在发型、服装、皮肤、身材这几个方面，又由于皮肤、身材和头发受先天遗传因素的影响比较大，因此人们往往只能在衣着方面随心所欲地追求美。但是，短裤毕竟与我们保守的衣着习惯相冲突，所以必须先改变

① 广场舞的兴盛不仅仅是大妈的功劳。广场舞不乏男性爱好者。并且很多女性广场舞者的年龄远达不到大妈的标准。这里只是套用社会热词，用“大妈”来称呼那些广场舞者。

人们的审美观和着装习惯。电视、杂志等各种媒体不断闪现明星光彩夺目的短裤装，一方面使人们适应观看短裤装，另一方面引诱积极分子大胆冲破传统。当先驱成功转型，就会产生强烈的示范效应。她周边的人会琢磨："她穿短裤那么好看，我穿着应该也会好看"，"不就露两条大腿嘛！五分裤与短裤好像也没什么区别"……总而言之，旁人体验了类似阿Q的"和尚摸得我摸不得"的心理之后加入了短裤一族。

广场舞的兴盛其实与短裤的流行是一个模式。在广场舞成为大众舞之前，跳舞在很多人眼里是一件"高大上"的事情，跳舞也是身份和地位的象征。广场舞盛行之前，城市的文化广场盛行交谊舞活动，且参与者大多是城市的工薪阶层，因此，跳舞对很多人来说都是一种可望而不可即的事物。旁观者眼里充满了羡慕，城里人盘算着如何成为其中的一员，农村人却连这种"奢望"都不敢有。因此，广场舞吸纳普通民众之前必须先去掉"高大上"的面纱。0731的周女士参加广场舞活动的经历与笔者穿短裤的经历非常相似。

周女士2010年进城和儿子一起生活。该小区的广场舞已经跳了好些年了。她在农村的时候只在电视上看过广场舞，身边并没有人跳广场舞。周女士非常羡慕那些跳舞的人，在内心深处，她还是把跳舞看做一件"高大上"的事情。从她的对话中，我能够感受到她作为农村人的自卑感。她喜欢坐在旁边看她们跳，觉得乐趣无穷——因为总有些老太太节奏跟不上、动作很滑稽，让人看了忍俊不禁。但是看到那些跳得很好、很自在、很享受的人，她内心里又生出一种羡慕之情。但她只敢坐在一旁观看，没想过加入她们。后来她发现，广场舞队伍中好些人和她一样，都是从农村出来的。相处得越久，她发现那些人其实和自己一样，她们并不比自己高一级。此后她观看广场舞少了那份自卑和羡慕，而总是不由自主地评判对方的舞姿和动作，并在心里不停地对比："我能不能跳得那么好呢？我能不能学得很快呢？我肯定不会是最差的，那个人跳得太搞笑了……"后来，在一位好友的生拉硬拽之下，她终于踏出了第一步。现在她已经爱上了广场舞。

在政府、媒体和先驱的共同作用下，跳舞早已褪去了"神圣"的外衣。人们对跳舞的认知发生了巨大的变化。我记得广场舞刚兴起的时候，村里的大妈常说："人家城里人不用干活当然可以跳舞，我们农村人跳舞会让人笑话。"[①] 而当广场舞在全国上下的城市和农村遍地开花的时候，村里的大妈常常感慨："我们村里什么时候才搞得起广场舞咯!"

既然人们在情感上已经接受和认可了广场舞，并且由之前的排斥转为现在的期待，那么加入广场舞只是迟早的事。正如0731丁女士所说："广场舞组织起来特别简单，只需要一个音箱和几个想跳舞的人就可以了。随便找个地方就可以跳起来。"所以，当越来越多的人想跳广场舞的时候，广场舞群体"占领中国"就势如破竹了。

四　群体结构与内部矛盾

（一）0731群体的基本情况

0731广场舞群体是一个由人们自由自愿结合而成的自发群体。在我调查的这段时间里，群体的成员并不是很固定，随时都可能有人加入或退出，群体的边界并不是很严格。如果以缴纳会费成为会员为准的话，我当时了解到的会员人数是42个——4位组织者本人不缴纳会费，因此组织者与会员实际上是属于两个不同的范畴。所有的会员大致可以分为三类：第一类是与师大有关系的人，包括师大的在职职工、离退休职工和职工家属；第二类是为了照顾孩子暂时性寄居在附近小区的"陪读妈妈"们，如周女士、丁女士等；第三类则是居住在附近小区的常住人口，如陈女士、张女士等。这些人都是中老年妇女，多半是没有工作的——要么是全职太太，要么已经退休。总而言之，她们都比较相似。

除下雨、下雪等恶劣天气外（春节期间也会停止活动），该群体每天都坚持活动。活动时间是从晚上7:30开始，跳到9:00结束，总共一个半小时。不教新舞的日子，每天先练习两遍最新的舞蹈，然后跟着音乐随便跳，最后还要练习两遍最新的舞蹈，并以这种方式结束当天的活动。教授新舞的时候，教舞老师会先跟着音乐完完整整将要教的舞蹈演示一遍。然后关掉音乐，分解动作，一个动作一个动作教大家跳。分解动作教完之后，就会让大家跟着音乐练习，直到结束。

目前，所有的组织管理工作都是由谭、吴、方、杨四个人负责。有意思的是，这四位组织者或多或少与师大有某种联系：谭的丈夫是师大的退

---

① 其实只要她们愿意，很多农村大妈其实也可以"挤"出跳舞的时间。

休职工；吴是师大后勤部的在职职工；方的女儿是师大的老师；杨是师大江边食堂的工作人员。虽然吴才是真正的创始人，但是由于她中间有一年的时间完全脱离了广场舞，而谭在这其间起到了决定性的作用——正是由于谭的坚守，该群体才得以延续下来（关于这一段后文有详述），而其他三个人，包括吴，都是谭后来“提拔”上来的，因此现在基本上是以谭为中心的“领导集团”模式。具体而言，谭和吴两个人负责轮流教授新的舞蹈，每十天教一支新舞。现在她们先从网上自学然后再教大家跳。所以她们常逛云裳、杨艺、动动等几大著名广场舞网站。网络上的热门舞曲一般是她们的选择对象，比如《江南 Style》《伤不起》等。在网络上，同一首歌会有不同的舞蹈形式搭配，她们会根据自己的好恶来选择具体形式。方主要负责音乐下载的工作，同时还负责收缴会费以及管理账目的工作。杨的主要工作是每天晚上来回运送设备——其他三个人偶尔也会帮帮忙。另外，跳舞过程中，杨还要负责调换舞曲。日常的分工基本上保持这种状态。但是遇到大的事情，她们四人会一起协商，比如，换购新的设备、确定会费金额等。

关于会费。虽然师大免费提供场地和电力，但是音箱、插座等播放音乐的设备却需要自行购买。因为更新设备的需要，所以收缴会费在所难免。最初的会费是一年 5 元钱。随着物价的上涨，以及设备的高科技化——从最初的老式录音机加磁带变成现在的新式音箱加 MP3、U 盘等，会费也从 10 元、20 元涨到现在的 40 元。每年年初集中缴纳，可以一次性缴纳一年的钱，也可以缴纳半年的钱。[①] 如果中途有人加入，则视情况缴纳。我发现，缴纳会费对会员自身有两种影响：其一，她们会明确界定自己是属于这一群体而不是另一群体；其二，虽然缴纳的会费不多，但却能够促使她们坚持下来。谭、吴、方和杨四位组织者不缴纳会费，但是她们却管理会费并决定会费的使用。会费的使用情况并不需要向会员报备，会员也不会要求公开会费的详细收支。但是，由于会员的人数总是变动的，电器设备的更新在某种程度上也是不可控的，所以会费的总额也是相当不确定的。如果会费结余不足以换购新的设备，则组织者要先自掏腰包垫付，但组织者会在下一年调整会费补上这个差价。这里有点类似公司的自负盈亏的意思。通常而言，如果换购了音箱，会费一般会上调。

① 这一规定主要是为了方便“陪读妈妈”，她们当中很多人只会在那里待半年。

一方面，会员与组织者之间是一种松散的同伴关系，极少数发展成朋友关系，但更多的是一种熟悉的陌生人关系。组织者认为自己是在无偿服务，只要做好群体的组织管理工作，没必要和会员打成一片。不过在选择舞蹈方面，她们偶尔也会采纳会员的建议——越来越多的会员热衷逛广场舞网站。另外，会员之间的交流也非常少。会员们缺乏整体的认同感，小团体林立，通常都是三五成群结伴而来，并且站队的时候会挨在一起。陈女士认为，由于组织者总是踩点到，导致会员也都不愿意提早来，所以相互交流的机会很少。虽然大家都认为不能对组织者有太高的要求，但大部分会员会不自觉地对组织者的工作和行为进行对比和评价。比如：谭和吴教的舞都带有明显的个人偏好：谭的舞蹈相对简单易学，但缺乏美感；吴的舞蹈很有美感，但学起来很困难。所以年轻的会员通常喜欢吴的舞蹈，而年老的会员通常推崇谭的舞蹈。另外，会员普遍觉得组织者不够关心会员。由此可见，尽管大家都明白组织者是做义务工，但她们对工作质量还是有一定的要求。只不过缺乏沟通机制同时也缺乏沟通的习惯，她们要么选择沉默，要么选择用脚投票——据了解，有些人转向了邻近的“大姑娘美”，有些人转向了爬山、散步等活动。

（二）以舞论英雄

1. 遭排斥的方

按照0731的惯例，组织者都应该站在第一排领舞。但是，如果组织者本人动作不标准、舞姿不优美的话，则另当别论了。广场舞“江湖”是一个以舞论英雄的地盘。组织者方就因为动作不标准被会员从第一排驱逐到最后一排。

其实方属于天生不适合跳舞的一类人。如果不是广场舞的大众化，方这一辈子也不会有跳舞的机会。方长得五大三粗，身体缺乏柔韧性，跳起舞来笨手笨脚，动作走样程度很大，像是在跳健身操，更像是在抓狂。她也天生缺乏舞蹈的节奏感——她虽然知道每一个动作，但常常踩不准节奏。所以旁人看了也很抓狂。大家一直觉得方站在第一排很碍眼，只是又觉得无力改变。而方却进一步提出了教舞的要求。

方负责下载工作之后，不仅能够接触谭和吴选取的舞蹈视频，而且自己也去各大广场舞网站溜达，看到喜欢的舞蹈，自己就会跟着视频学习。因为谭和吴选择的舞蹈不一定是方喜欢的，而方喜欢的谭和吴又不一定会选择。所以在自学了几支不一样的新舞之后，方也动了教舞的念头。另外，吴由于身体方面的原因一直想把教舞的工作推掉。其实吴的身体并无大碍，只是由于年轻的时候抽烟抽得太多，导致咽喉落下了后遗症，她也因此不能大声喊话。而每次教舞的时候，都要在关闭音乐的情况下，自己亲口喊拍子，同时示范分解动作。吴觉得喊拍子对她来说是一件非常困难的事情，所以提议由谭一个人教舞，她认为十天教一支新舞这样的周期谭一个人完全应付得过来。但是谭不同意，她并不认为自己一个人有足够的时间独自承担这一任务，她坚持要吴和她轮流教舞。吴辞让不了，想到了一直想教舞的方。于是她就与谭商量，让方也参与教舞。谭虽然心里很担心，但也没有拒绝。方选择教授的第一支舞蹈是《走天涯》。就像谭和吴一样，在正式教授之前，她首先完整地演示一遍。然后就开始将舞蹈分成几节，一节一节分解动作。虽然她跳的还是让人很难琢磨她的动作，但好在该舞蹈动作简单，大家勉勉强强算是学会了，对动作追求较高的人回去自己看看视频，也就明白了。可是，当方教授第三支舞的时候，大家终于忍受不了了。方教授的第三支舞是《新疆桑巴》。虽然这支舞蹈的动作也不是很复杂，但是方每次跳这类动作时总是非常夸张，动作走样程度较大，让人看了很不舒服。更重要的是，跟着方蹦蹦跳跳了几次，大家都觉得不会跳了。大家的耐心终于被磨尽了，而且她们也希望方不再教舞，所以她们就联合起来无声抗议——罢跳。这种方式虽然不激烈，但却非常有效。方被取消了教舞的资格。大家深受鼓舞，决定进一步取消方的领舞资格。由于谭和吴都不愿插手，所以她们只好依靠自己。有人想到了一个极好的办法，她对方说："方姐，你看，我们经常要转向后面跳舞。但如果自己不会，转过去之后看不到你们，自己就不晓得动了。要不，你站到后面来。这样我们转过去之后，就可以看着你跳了。"方没有多想，就真的如大家所愿站到最后一排去了。并且，从那以后，她就一直站在最后排。

2. 谭的"滑铁卢"之役

谭是一个喜欢论资排辈的人，也是一个相当自信甚至有点自负的人。在她眼里，除了她和吴，杨和方的舞都跳得不好。她经常当着大家的面挑杨等人的刺儿，让她们下不了台。但大家都不敢反驳，因为谭具有相当的权威。然而，当谭自己犯了一个不大不小的错误之后，谭的威信受到了极大的减损。

那一次，谭选择的舞蹈是《傣家姑娘》。按照惯例，每次教授新舞之前负责教舞的那位老师要完整地将舞蹈演示一遍。在谭演示的过程中，负责下载的方发现谭很多动作都与视频上不一致。于是她就走到前排小声地向谭指了出来。谭被方的这一举动震惊了，因为向来只有她指出别人的错误和不足，却还没有人敢于找她的茬。并且，她压根不觉得自己跳错了——这也是她一贯的自信作风。她坚持自己的动作是正确的，错的是方。方见谭固执己见，也不再多说。谭就按照自己的理解教授大家。

自从电脑和网络普及之后，每次教授新舞，谭或吴都会把舞蹈视频的来源告诉所有的人，以便有电脑的人在家可以自学或者加强练习。一些人回家看了《傣家姑娘》的视频之后发现谭教大家跳的动作与视频有出入，第二天便私下问方，担心自己找错了视频。方就告诉大家是谭本人跳错了。谢老师[①]与谭相交多年，关系相对密切，所以她私下直接向谭提出了自己的疑惑。谭虽然坚持自己是正确的，但又不能完全漠视大家的异议。于是她硬要拉着吴和杨去她家看跳舞的视频。三个人到达谭家里，谭打开视频，结果发现真的是自己跳错了，顿时尴尬万分。这件事让谭很是郁闷。恰巧第二天晚上家里有点事，于是她决定晚上不去跳舞。但她深知这件事已经人尽皆知，自己必须给大家一个说法。所以她打算自己调整好状态之后主动向大伙承认错误，并将错误动作纠正过来。而方得知谭已经意识到并承认自己的错误之后，迫不及待地想要纠正动作，却被吴阻止了。吴并不是反对纠正错误的动作，但她认为应该由谭亲自纠错——趁着谭不在把错误动作纠正过来显得有点不尊重人。何况她觉得跳舞重在健身娱乐，又不是表演或者比赛，纠不纠都无所谓。后来当谭提出要纠错的时候，大伙也表达了和吴一样的心态。她们觉得跳舞反正就是自娱自乐，无所谓正确还是错误。更重要的是，纠正错误动作比学习新动作还难，习惯了的东西改起来总是比较费劲的。所以大家都说不用纠错了。这件事也就这样不了了之。但从这件事上，大家明白了谭也有可能会犯错误，并且谭是一个听不进意见的人，后来再发现她犯一些小错误，大家也都不向她提出来，要么跟着谭那样跳，要么撇开谭按自己认为正确的方式跳。

（三）分工矛盾

由于之前所有的组织工作几乎是由一个人承担，先是吴，后来是谭，在那种情况下，所有的责任是一个人担着，所有的权力也是一个人掌握，

① 该女士姓谢，是师大的退休老师，与谭相交甚好。谭一直以“谢老师”相称，因而笔者也称其为谢老师。后文还有多处提到她。

所有的决策都只是个人决定，因为不存在分工，所以谈不上合作，因而也不存在矛盾和冲突。但是，当四个人分别承担一部分组织工作的时候，她们每一个人也相应地分享了部分权力。既然存在分工，就意味着组织工作必须在她们四个人的相互配合中得以开展。虽然大家接受这种默契的分工模式，但相互之间还是免不了产生矛盾。

自从不用磁带之后，她们的歌曲都是用MP3播放的，舞蹈则是从网络视频中学来的。但是，视频中的歌曲都是剪辑过的，前奏和中间的过门都省略掉了，所以她们的下载面临了一个问题：网上MP3格式的音乐都是原版的，前奏和中间的过门都保留着，这意味着，如果她们直接下载原版的歌曲，就必须自己创造一些动作配上前奏和过门，要么她们就使用和舞蹈视频完全配套的处理过后的音乐。但前者太麻烦，后者又是个技术活，几位组织者谁都不会。由于会员当中的谢老师愿意让他儿子无偿帮忙下载歌曲，所以下载音乐的活一直由谢老师的儿子承担。但是后来，谢老师的儿子出国读博去了，身边一时缺乏这种人才，组织者实在没办法，居然跑到网吧找师大的学生帮忙下载。但这样毕竟不是长久之计。恰在这时，方被谭注意到了，而方又恰好有个侄子是学电脑专业的，所以谭就将下载的工作交由方负责。

当然，方自身对这种高技术含量的工作也是一窍不通的。事实上，她刚开始接受下载任务的时候，她既不会使用MP3，也不会使用电脑。但方个性好强，认定的事情就会勇于探索，并且一般能持之以恒。所以方自己买了一个新的MP3慢慢摸索，同时也开始学习使用电脑。在她的刻苦钻研下，她不仅学会了使用这些高科技产品，而且还教会杨使用MP3。但方对电脑的使用也仅仅限于逛网页、聊天等简单操作。方原本打算在侄子的帮助下自己掌握下载技巧，这样就不用每次都去麻烦侄子。但尝试过后，方不得不放弃这个打算。

实际下载工作是由方的侄子完成的。为了节约双方的时间和精力，方要求谭和吴每人一次性选取5支舞曲，列一个清单，并写好相关视频的出处。然后由方带着这份包含十支舞曲的清单，请侄子按照相应的要求将音乐一次性下载下来。但正所谓亲兄弟明算账，偶尔帮一次忙可以免费服务，但次数多了，方也觉得不好意思。所以，后来每次找侄子下载，方都会购买约40元钱的零食给侄子。由于早先谢老师的儿子是完全免费为她们服务的，所以并没有给下载人员付报酬的传统。何况收缴的会费并不多，一直以来，会费主要用于换购新的音箱和新的储存盘。所以给侄子买零食的钱都是方自己掏的。40 元钱虽然不多，但对于方这种没有退休工资的人来说，也不能完全忽视。更重要的是，明明是为了大家的公共事务，但却要她一个人为此埋单，方心里总归不太舒服。所以，她尽管没有明确提出要用会费补偿她的额外成本，但却偶尔会当面唠叨和抱怨，说一些“下载应该要算钱”之类的话。谭和吴都是不喜欢听闲话的人，她们心里想：“如果方确实想要给下载算钱，她就干脆明明白白提出自己的要求，然后大家商量一下怎样算钱比较合理，比如 4 元 1 首。”但她们自己并不打算主动提出这种计费模式，她们选择了沉默，但却对方的唠叨和抱怨很不满意。

五　外部冲击与群体张力

广场舞群体的发展过程中会遇到很多外部冲击，有些是意料之外的突发情况，有些是源自家庭的影响，还有些是广场舞的外部效应带来的冲击。不管是哪一类冲击，如果群体缺乏应对能力或应对不及时，都可能导致群体的解体。因此，广场舞群体的存续既需要组织者的担当与奉献，又需要每个人团结起来去维护作为整体的群体，也需要成员之间的相互包容与支持，更需要群体与外界的相互理解与克制。

（一）吴的坚守

上面提到，吴与老同志分裂之后，聚集在吴身边的跳舞群体不断壮大。但是，进入寒冬之后，情况大为不同。长沙的冬天总是寒风刺骨、冷彻心扉。一些人因为怕冷不再出来活动，而这一行为显示出很大的带动效应——越来越多的人相继退出。人越少，剩下的人锻炼的热情就越低，成员就这样一天一天减少，最后吴也不得不停止跳舞。她又开始玩牌，但一玩牌就犯颈椎病。迫于无奈，她只好一个人拎着录音机出去跳舞。

那时广场舞还不像现在这样普及，一般人还没有广场舞的概念。所以看见吴一个人在空旷旷的场地跳舞，大家投来了异样的眼光，甚至还有人评头论足的。好在她个性本就率真潇洒，对于自己认准的事，倒也不在乎他人的眼光和闲话。她就这样自顾自跳、乐在其中，一个人坚持了近两个月。

春节过后，直到天气回暖，大家才开始走出温暖的房间外出活动。最先加入吴的是从前的伙伴：长她十五岁的谭。谭最初也参加了老同志组织的活动，她比吴早两天加入。那时罗女士已经将自己从通程广场学来的二十多支广场舞教给大家了。谭和吴属于同一时期的新人，但是两人都表现出极高的舞蹈天赋，只用了一个星期就把那二十多支舞学会了。吴与谭也在相互欣赏中成为好朋友。

谭本人并不是师大的职工，但属于师大家属——她丈夫在师大的后勤部门工作。谭的工作单位在河东，46 岁那年买断工龄内退，便成为一名退休人员，与丈夫一同居住在槐树坪社区。刚开始主要通过爬山锻炼身体，后来又转向运动量相对较小的散步活动。虽然属于师大家属，但与师大的职工并不十分熟悉。所以当那些离退休老同志在江边食堂的空地开展活动时，她并没有打算加入。在她看来，这里的活动主要是为师大职工服务的。某一次散步经过 0731 时，当中一位熟人叫住了她。那人与谭的老公是同一个部门的，因而彼此比较熟悉。她鼓励谭也去跳舞。谭开始有点不敢，就说："我又不会跳。跳不好多丢人啊。"熟人就说："不会跳没关系。站在旁边跟着学嘛！大家不都是从不会到会的嘛。"说着就把谭拉到了队伍的边缘，鼓励谭跟着学。看着大家都跳得那么熟练，谭心里很是忐忑。不过出于对舞蹈的喜欢，想着既来之则安之，谭就硬着头皮迈开了步子。结果证明她学得又快又好。大家都对她表示赞赏，并对她的这种能力刮目相看。

吴和谭两个人跳了几天之后，又有熟人加入。慢慢地，加入的人越来越多，群体才得以重新壮大。那时的组织工作主要是由吴负责，但是谭和一位陈女士[①]也分担部分工作：吴和谭主要负责教舞、领舞，陈负责管理账目——但钱由吴掌管。设备的运送则相对灵活，谁先收拾好自家的事谁就先把设备运到活动场地。但是，2008 年的时候，谭因为某些原因，退出了广场舞活动。而陈后来也因为要照顾孙子放弃了广场舞。谭和陈先后退出，所有的组织管理工作都落到了吴一个人身上：她一个人教舞领舞；独自管理会费和账目；每天准时将设备运到活动场地。一个人搞了一段时间之后，吴感到身心疲惫，可是一时又找不到合适的人来替自己分担部分工作，内心里就产生一种放弃的冲动。但是，她心里很清楚，缺了她这个领头人，这里的广场舞活动就搞不下去了。如果真是那样，那些喜欢跳

① 这位陈女士在笔者调研期间已经退出了广场舞。

舞、需要广场舞的人该怎么办呢？她意识到自己现在的处境已经不能仅仅从个人的角度来思考问题，坚持已经不是她个人的事，而是关系到整个群体的存续与发展。最终，她将组织工作视为自己的一份责任，并在这种责任意识下选择了坚持。作为唯一的组织者，吴承担了太多的义务工作：学舞、教舞、收费、管理账目、运送设备、换购新设备等。因此对她来说，累是必然的，不仅身体累，心也很累——因为在某种程度上，跳舞对于她来说既是一种自发的自娱行为，同时又是一种责任和负担。她就这样一个人坚持了一年多时间，为此还牺牲了很多其他的私事，直到“断电风波”的发生。

（二）断电风波与谭的接力

2009 年暑期，由于就餐学生太少，学校切断了整栋大楼的电源，广场舞活动被迫中断——这对于那些喜欢或者习惯跳舞的人来说可是个不小的打击。而此时，谭刚刚重新加入广场舞活动。以谭为代表的一些活跃分子开始为了电源奔波起来。由于谭本人并不是师大的职工，因而她只能通过丈夫或其他人与师大领导层交涉。她动员了跳舞群体中的师大职工，一部分人也加入了她的保电行动。另外，一些早已不出来活动的老同志得知这个情况也是十分焦心。她们不愿意看到跳舞活动就这样终止，因而也发挥余热，以退休老同志的名义向师大交涉。谭她们还找过所在的社区，希望社区能够提供一个合适的场地供大家跳舞。社区没法为她们提供这样一个场地，但却为了她们的电源与师大进行了交涉。但学校以重修外墙为应对策略，最终仍需等到开学才能重新恢复供电。

断电整整持续了两个月，跳舞也就被迫中断了两个月。但这一突发情况并没有对吴造成多大打击，相反，她却难得从中解脱出来，让自己放松放松。这两个月，她偶尔玩玩牌，兴致来了就去舞厅跳跳舞。现在儿子已经长大成人了，老公对于她去舞厅跳舞自然没有当初那种禁忌和限制，她又能从中体会到旋转的乐趣了。当然，吴在保电行动中也出了不少力。9 月一开学，电的问题跟着就解决了。但就在此前不久，吴的儿子在家附近找了一份工作并搬回家住。为了照顾儿子的饮食，让儿子吃上热饭热菜，吴放弃了跳广场舞。直到儿子重新换了一份工作并搬出家另立门户，整整一年时间，吴都没有再跳广场舞，只是偶尔在下午的某段时间去舞厅跳两个小时左右的交谊舞。

虽然吴不再跳舞了，但好不容易才把电源的问题解决，广场舞自然还要继续跳下去。此刻接手组织任务的是谭。在暑假的两个月，谭除了为电源的事到处奔走，已经习惯和爱上广场舞的她还与谢老师两个人转向忠烈祠继续跳广场舞。在忠烈祠跳舞的多半是师大的职工或者职工家属，其中不乏拥有电脑和会用电脑的人才。因而当时该群体已经开始从网络上学习广场舞了。谭去了之后充分发挥她的学习能力，不出一个星期，就把那些新舞全掌握了。

一开学，谭就离开了忠烈祠，回到0731担起了组织的任务。但开始的时候，由于大家都以为这边不会再有广场舞，一些人已经转向附近的其他场地，也有的人改成爬山等其他的锻炼方式，也有的人仅仅不确定这个场地的广场舞是否会继续而在家徘徊，所以刚开始只有她、谢老师以及她在忠烈祠发现并拉拢过来的邻居彭女士[①]三个人在空荡荡的场地上跳只属于她们三个人的广场舞。然后随着人员的不断加入，群体又经历了一次不断壮大的过程。在这个过程中，谭几乎完全承担了所有的组织工作，她也像吴当初一样，除了下雨下雪，每天都坚持按时到达。只是到了后来，由于设备不再存放在谭家，而是寄放在一家理发店里，彭开始接管运送设备的工作。

谭慢慢地把自己从忠烈祠那边学会的新舞教给大家。而差不多与此同时，电脑开始在她们所在的群体普及。有了电脑和网络，谭就开始打听别人的新舞是从哪个网站学到的。回家之后她就自己找到相应的网站，对着视频自学。由于网络上的舞蹈更新很快，她索性将跳了三四年的那些老舞统统不要了。再后来，她就不需要向别人打听舞蹈的出处了，而是自己在网站上随便逛，看到自己喜欢的就下载下来，学会了就教给大家。她最喜欢逛云裳、动动、杨艺、周思萍这几个网站。

采访过程中谈到这次断电风波，谭明确表示自己是怀着一种做好事的心态坚持组织广场舞活动，她不希望这个场子散了。她说："让大家都出来跳跳舞，比窝在家里打牌看电视强。"在我调查的期间，有几天白天下了大雨，虽然晚上雨停了，但地面还是湿的，我以为当晚的活动会取消，可是活动照常进行。组织者说："像这样的天，雨停了，对跳舞的影响就不大了。很多人一个人待在家里，她们想要出来活动活动，所以我们必须来，不然她们来了没有音乐就跳不了舞。"由此可见，组织者需要具备一

---

① 彭女士曾协助谭做了一段时间的组织工作，后因为要照顾孙子便不再出来跳舞。

定的奉献精神和责任心。

（三）孙子驾到与“四人帮”

到2010年的时候，谭也面临了大部分奶奶所要承担的任务：带孙子。其实谭的孙子早在两年前就已经诞生。儿子结婚之后和儿媳妇住在离谭不远处的另一个小区。孙子满一岁之后，儿子和媳妇就打算将孙子送到谭这里交给谭照顾。但谭认为孩子在小的时候，爸爸妈妈应该陪在身边亲自照顾小孩，这样对小孩将来的成长很重要。所以她要求儿子和媳妇等到孙子三岁左右再将孙子送来由她照顾。谭深知一旦要照顾孙子，她也不再有足够的时间去组织和管理广场舞的事情。所以，在孙子正式进驻她家之前，她进行了一系列的安排工作。

首先，她决定将离开一年之久的吴动员出来。恰好此时，吴的儿子已经换了一份新的工作并搬出了家门，不再需要吴的特别照顾。吴此刻闲下来，也有意继续跳广场舞。不过，当她来到0731，看到包括她以前教的舞在内的旧舞都被谭剔除掉了，心里很不舒服。而且，她还面临一个现实的问题：现在大家跳的舞都是后来从网上学的新舞，而她却都不会跳。所以当谭叫她站在最前排一起跳时，她答：“我又不会跳。站到前面干什么咯。我还是站到旁边学。”谭硬是要吴站在前排，吴拗不过谭，就从了她。好在吴的底子好，悟性高，记性好，学习能力强，没多久就都学得差不多了。谭动员吴出来，主要是想让吴和她一起承担教授新舞的工作。现在她们群体已经形成了一个规矩：每十天教一支新舞。谭打算由她和吴轮流来教新舞。这样，她就有足够的时间学习下一支新舞。

其次，方也是在这个时候被谭“提拔上来”的。方的“提升”与一场意外有关，但同时又有它的必然性。方是地地道道的长沙本地人，她很早就知道0731广场舞活动的存在，但却直到2010年才开始她的广场舞生涯，彼时她已经虚岁60了。方加入不久，就碰到谭发生了一点小意外——谭一时疏忽将谢老师借给她们的U盘弄丢了。U盘是亲戚特意从香港买回来送给谢老师的，价格不菲。虽然谢老师不要求赔偿，但谭心里过意不去，执意要赔。由于丢失U盘的责任在个人，谭不好意思动用会费，决定私人赔偿。那段时间谭的情绪非常低落。方见谭的心情很糟，就关心地询问缘由。当得知整件事的前因后果之后，方就劝谭用公家的钱赔偿，但被谭拒绝了。于是方就从自己的口袋掏出了二三十元钱给谭（具体数目谭已经不记得了），表示愿意帮她分担一点。谭当时深受感动。方的善良与热忱给谭留下了深刻的印象。两人也逐渐成为好朋友。后来谭得知方有一个精通音乐下载技术的侄子，当即把方吸收进组织层，由方负责下载音乐的工作，并且还把财务的管理工作交给了方——正是方那次主动慷慨解囊让谭放心将财务管理交给刚刚接触组织管理工作的方。

原本，谭是将运送设备的任务交由彭负责。但彭干了两个月之后决定放弃广场舞，打算全心全意照顾孙子。谭认为仍然由专人负责运送设备比较好，就要求彭推荐一个人接替她的工作。最后彭将愿意接任的杨推荐给谭。谭没有提出异议，算是默认。于是，杨就接替彭负责每天晚上的设备运送。至此，由谭、吴、方、杨组合的“四人帮”正式形成。在她们四人的通力合作之下，整个群体的活动得以有序地开展。

一方面，从0731群体的整个发展历程来看，一直以来，负责组织管理工作的人员都没有超过三个人。方的“提拔”显然是受到高科技的直接冲击——不过笔者倾向于认为，如果没有下载音乐的困扰，就会是方而不是杨，接替彭负责运送设备的工作。另一方面，由于受传统“家庭主义”的影响较深，她们那一代人都很看重家庭，总是将家人放在第一位，会心甘情愿为了家人委屈自己。家庭的威胁其实一直存在，只是通常情况下不会造成冲击，只有当家庭影响到组织工作的时候，家庭对群体的冲击才显现出来。

（四）外部性与整体性

1. 噪声纠纷

广场舞作为一项大众性娱乐活动深受广大中老年妇女的欢迎，然而，广场舞的负外部性也引起了众多市民的排挤，并且引发了很多冲突。广场舞也因此被冠以“扰民舞”。0731广场舞群体也时常被“噪声问题”困扰。

0731与湘江仅一路之隔，它的左边是师大的学生宿舍，右边是一个居民小区，由于相隔不远，广场舞的音乐对两边的居民产生了一定干扰。偶尔会有小区的“妈妈”过来告诉组织者家里的孩子正在做作业，请她们将音量调低一点。通常大家将心比心，会满足“妈妈”的请求。偶尔也会有师大的学生在柱子上张贴大字报，上书：“各位阿姨你们好，我是师大的学生。麻烦你们跳舞的时候尽量控制一下音量，我们要在寝室做作业。请你们设身处地为我们考虑一下。谢谢啦!”对于学生的这种抗议方式，她们通常置之不理。由于双方矛盾并不激烈，因而没有升级为冲突。

但0731群体和门卫之间的矛盾最终引发了大的冲突。江边活动中心一楼大厅的门卫室住着门卫一家。由于音箱就摆放在他们的窗下，距离太近，又缺乏必要的防护措施，音乐对他们的生活造成了极大的干扰。笔者曾亲自去门卫家体验过，发现由于窗外音乐声过大，甚至无法正常看电视。门卫曾与广场舞群体交涉，希望对方能够调小音量并将跳舞的时间缩短至一个小时。第一次她们给了门卫一个面子，象征性地调小了声音，但拒绝缩短时间。不过第二天她们又很自然地恢复到原来的音量。交涉了几次之后，不仅没有得到满意的回馈，反而把广场舞群体惹恼了，对方仗着师大的牌子，对门卫表示不屑，还说，“我们在这里跳了好多年了，一直都是这样的，别人都没有反对。”[①] 又说：“跳舞的时间又不长，不会影响睡眠的。如果把声音调得太小，一些老同志耳背，听不到音乐。”门卫发现这样的交涉得不到任何结果，也就放弃抗争了。

但是，2009年下半年第一场雨来临时，当广场舞群体躲进室内的过道跳舞时，门卫觉得忍无可忍，积蓄的怨恨一起爆发出来，就强烈谩骂对方。0731的成员顿时感到无比委屈——因为前一任门卫对于她们的这一行为一直都是包容的，她们已经形成惯例了。与此同时，成员们也被门卫口中难听的谩骂激怒了，于是奋起还击，双方陷入激烈的争吵中。由于跳舞群体中有很多人与师大有着千丝万缕的联系，大家人多势众，有点仗势欺人。门卫则认为理在自己这边，因而并没有被她们的气势吓倒。双方吵得不可开交，谁也不让谁，最终不欢而散。虽然吵架并没有分出胜负，但0731的成员似乎也不太想招惹门卫。因此后来再碰到恶劣天气，她们一般选择在外面的走廊上跳。但总有那么几个人，因为天气寒冷，喜欢独自走到过道内跳舞。门卫虽然非常气愤，但又装作视而不见，只是双方都互相给对方脸色看。“勇敢的个人”起到了一定的带动效应，而门卫的沉默又有种放任的味道。2010年春季的某个雨天，整个群体又集体在过道里面跳舞。门卫觉得必须表现强硬，让她们打消在这里跳舞的念头。所以门卫再次与对方争吵了起来。跳舞方认为，“这里是活动中心，本来就是用来搞活动的”。门卫则反驳：“活动中心在楼上，学校的活动都是在楼上举办的。”双方互不相让。后来门卫把情况反映到学工处，希望学工处能

① 据谭等人的说法，前一任门卫对她们表示出极大的包容，不仅不抱怨噪声干扰，还帮忙牵线接电源。

够出面制止对方的行为。但学工处却顾虑太多，虽然表明站在门卫这边，但并没有给出实际上的帮助。不过后来0731成员中一位在职的师大老师主动出面调解，她希望双方各让一步：她们不再进大厅跳舞，但在天气允许的情况下继续在外面的空地跳舞；门卫必须保证不能太早锁大门，方便大家进去上厕所。双方最终就这个建议达成一致，只是门卫不得不经常忍受噪声干扰，而她们也不得不在天气恶劣时暂停跳舞。双方从此井水不犯河水，倒也相安无事。

总的来说，0731广场舞群体的噪声纠纷只是一个小插曲，且迅速得到了缓解。而就全国范围而言，广场舞的噪声纠纷事件却频频升级。“水弹事件”“泼粪事件”“鸣枪事件”等接二连三地冲击着人们的眼球，直击人们的内心深处，广场舞扰民也成为一个社会话题被广泛讨论。一般而言，除了大型的文化广场和商业广场（文化广场周边小区比较少，而商业广场本身是一个繁华喧闹的场所，广场舞音乐和其他声音混杂在一起，显得不那么刺耳），在公园、街道、小区等场所开展的广场舞活动几乎都会对附近的居民造成一定的干扰，[①] 因而都会遭遇不同程度的反对和抵制。由于广场舞群体基数十分庞大，并且还有不断扩张的趋势，而商业广场和文化广场资源又极其有限，所以广场舞占领公园、街道、小区的现象比比皆是，而随之而来的噪声纠纷也就不可避免了。

我们从噪声纠纷中发现了国民权利意识的觉醒和混乱。仔细查看媒体报道的相关事件，我们都能发现居民寻求政府救助或物业管理公司调解的行为，比较典型的有，成都某居民每5分钟报警一次，连续报警几十次。[②] 不过由于多方面的原因，相关部门并不能很好地解决噪声问题。因此一些居民采取极端行为，比如“泼粪”“鸣枪”等。当然，这些过激的行为同时也反映出居民对自身权利的认识还不够成熟。另外，广场舞者也扛起“权利”的大旗，为自己辩护。她们过分拔高广场舞的“健身功能”，强调自己的健身权利。

很显然，不论是广场舞者的“健身权”，还是居民的“免受噪声干扰的权利”，这些都是源自近代西方的权利观念。然而，人们在接受西方自

① 笔者现在在华中师范大学读研，每天晚上都可以听见广场舞音乐飘进宿舍。

② 网络资料：http：//news. wudao. com/20131125/76880. html。资料提取时间：2014年4月26日。

由价值的同时，却忽略了实现自由的限制。关于自由的界限，西方自由主义集大成者密尔曾提出了一条著名的“伤害原则”：即只有在不伤害他人权益的情况下个人才能自由行动。[1] 如今，广场舞的“健身功能”被神圣化，成为广场舞者伤害他人的借口。

2. 场地之争

与噪声纠纷同样瞩目的是围绕着广场舞爆发的场地之争，后者几乎与前者同样泛滥和激烈。由于广场舞群体发展态势迅猛，广场舞群体之间的场地之争似乎不可避免。知乎上有人提问：广场舞大妈会为了抢地盘斗舞吗？有网友特意撰写了武侠版的“斗舞”，引起了很大的轰动。

“有人告诉张素娥，最近广场不干净。旁人或许听不明白，张素娥却是懂了，她太懂了，跳了十年，从《小三》跳到《小苹果》，风云变幻，也许是风浪见得太多，逐渐坦然，她像一头老鲸那样，能够平静地迎接风暴，她想起曾经一位老大姐握着她的手说，出来跳，迟早要还的。”[2]

如果说，噪声纠纷是关于权利的性质之争，那么场地之争则是侧重权利主体的问题，即谁更有权使用某一特定场地。黄勇军博士曾提出：广场舞者剥夺了他在一个安静的广场享受日落与晚霞的愉快时光。可见，关于场地的使用权限同样是一个严肃而复杂的问题。

我田野调查期间恰好亲身经历了一次场地之争。那晚，一辆大巴突然闯进大妈的阵地。确认不是单位的车之后，大妈开始发难：“你把车停到这里干什么咯？这里是跳舞的地方，不能停车”，“你又不是师大的，不能把车停到这里。这里是供师大的退休职工和家属跳舞的地方”。我惊奇地发现，平常一盘散沙的群体在遇到“外敌”时竟然迅速凝聚起来了。但司机似乎也是有背景的人物：“哪个不是师大的咯？哪个讲这里只准你们跳舞不准停车咯？我就停到这里啦。”双方越吵越激烈，最后组织者不得不出来劝架：“你这个男同志也是的，跟女同志吵什么架咯，像个婆婆子[3]一样的。”司机反驳：“不是我要吵，是她到这里叫嚣呢。”谭和方又

① 参见密尔的《论自由》，程崇华译，商务印书馆1982年版，第12页。原文如下：“人类之所以有理有权可以个别地或者集体地对其中任何分子的行动自由进行干涉，唯一的目的只是自我防卫。这就是说，对于文明群体中的任一成员，所以能够施用一种权力以反其意志而不失为正当，唯一的目的只是要防止对他人的危害。”

② 网络资料：http：//www.zhihu.com/question/24314138/answer/27594459。资料提取时间：2014年9月11日。

③ “婆婆子”在长沙话里是对老年妇女的称呼。

劝道："脚长到你身上，你自己走就是的嘿。你不跟她吵嘿。你下次停车就靠那边停嘿，就不要停到这个地方啦。"然后边劝解边推搡着司机往外送。这场争吵才告结束。事后司机自觉地把车停在了阶梯的左边，虽然仍然使得小小的空地变得局促，但不会直接影响到跳舞。双方就这样默契地接受了这一安排，从此相安无事。

在这场争辩中，由于真正拥有最高决定权的师大官方组织并没有明文规定这块空地的使用目的和使用权限，并且涉及的当事人双方又都与师大有着这样或那样的联系，因而无法评判到底谁更有权利使用这块空地，更无法将其中一方排除出去。所以最好的办法就是寻求一种共存的局面，从而达到双赢。总之，0731 又恢复了平静，按照它日复一日的轨道前行。

六　广场舞者与广场舞

（一）广场舞者眼中的广场舞

随着网络媒体的介入以及各大比赛的推动，广场舞的表现形式越来越多样化。但大家对广场舞的认识却相当含混，不同的人群和组织对广场舞的界定存在很大差异。据杨卓为采访的一位参加湖南省第二届广场舞比赛的女士介绍，比赛规则中明确表示"不限年龄，不分舞种"，但到了"冠军之夜"总决赛 PK 的时候，评委打分给出的某条理由却是"某某团队跳的舞更具有广场舞的特点"。[①] 显然，在这位评委眼里，广场舞是具有自身固有的特点的，而不像规则中所说"不分舞种"。这样显然会使比赛程序不够公平，也必然会引起相关人员的反感。正如孔子所说："名不正则言不顺，言不顺则事不成。"可见，对广场舞达成一个基本共识是很有必要的。笔者打算从实证的角度出发，探讨广场舞的参与者是怎样看待广场舞的。

在长沙市，很多人都用"绝经舞"来指代广场舞。绝经意味着月经永久性停止，这一生理现象通常发生在 50 岁左右。也就是说，"绝经舞"暗含了两个限制性条件：第一，广场舞是妇女跳的，男性被排除在外；第二，跳广场舞的妇女都是中老年妇女，年轻女子也被排除在外。0731 的陈女士认为："所谓广场舞就是老太太跳的、没有男的、没有特别年轻妹

① 资料来源：杨卓为的访谈资料。

子跳的舞。”总的来看，大部分广场舞参与者都持这类观点。[①] 因此，当我这个“学生妹子”出现在队伍里，很多人都不理解。

除了性别和年龄这种个体的生理因素，也有人从舞蹈形式来界定广场舞。丁女士说：“广场舞简单易学，且组织起来很方便，只要一个音箱、一块空地，拉上几个人，就可以跳广场舞了。”她并不认为广场舞只限于中老年妇女跳，她鼓励我坚持跳下去。她甚至认为很多男同志也想跳广场舞，只是搁不下面子罢了。需要说明的是，丁女士强调“拉上几个人”，实际上就是暗示了广场舞是一种群体性舞蹈。按照这种理解，江苏卫视《最炫民族风》节目里那位红遍网络的60岁老太太孙玉琴跳的钢管舞就不属于广场舞的范围了，因而也就与这个节目的主题不相符。但她不仅获得了参赛资格，还获得了较高评价。很明显，这里存在着对广场舞的理解差异。

就舞蹈形式而言，林女士[②]给出了最具体也最有代表性的说法：“广场舞就是动作简单，节奏偏慢，通常是两个八拍或者4个八拍，重复性高的群众性舞蹈。”林女士对广场舞的定义侧重舞蹈本身的特性，抛开了年龄、性别等因素的困扰，定义本身也是非常中肯的，没有明显的感情偏向。但是，即便是根据林女士的界定，孙玉琴的钢管舞依然不能算作广场舞——广场舞首先是一种群舞。

值得一提的是，有些人是借助广场舞网站来认识广场舞的。在这些人眼里，只要是专门的广场舞网站里包含的舞蹈，就应当算做广场舞。谭女士这样评论另一个团队的舞蹈：“开始还以为她们跳的是交谊舞，原来也是广场舞。我后来在广场舞网站上看到她们跳的那支舞了。”

调研期间，我发现一个有意思的现象：广场舞大妈倾向于将广场舞视为“低级的舞蹈”，但她们又甘愿跳低级舞。林女士在谈到广场舞与交谊舞的区别时，说道：“跳广场舞比较随意，可以不讲究穿着，夏天穿背心穿拖鞋都没有关系。但是跳交谊舞的话要穿着正式，男的一般穿西服系领带，女的一般穿高跟鞋。”长沙丁女士在表达广场舞的优点时加了这样一

① 除了那些广场舞“大妈”，很多年轻人也是持这种观点。笔者的一位室友说：“这是老大妈跳的舞。我现在跳什么。等30年之后我也去跳跳。”余珊珊采访的一位广场舞者的女儿也说：“这是老年人跳的舞，年轻人怎么跟着老人一起玩呢？”

② 林女士不是0731的会员，她是笔者同学的母亲，也是一位广场舞者。因为她的观点比较有代表性，因而笔者将其观点展示出来以增强文章的活力。

个前缀："虽然是广场舞，不是那种高级的舞，像拉丁什么的，但它还是有韵律，很多音乐也很好听，跳的过程很享受。"丁女士放弃了高级的拉丁舞，看上了广场舞的自由与方便。更多的人则是放弃了"危险"的交谊舞而选择了"安全"的广场舞。长沙的吴女士婚前非常迷恋交谊舞，结婚后硬是把交谊舞给戒了。就个人偏好而言，很多人喜欢交谊舞胜过广场舞——不仅仅因为交谊舞是比广场舞更"高级"的舞蹈，还因为交谊舞能给人带来最大的快感和满足。但她们对交谊舞的感情很复杂，既爱又恨。交谊舞破坏家庭的故事她们听得太多了。最具传奇色彩的故事大致如下：某大妈和某大叔因为跳交谊舞互生爱慕，最终双双离婚后结成了一对婚姻伴侣，而他们的前夫和前妻在不知情的情况下被媒人撮合在一起了。身边活生生的例子太多，导致一些大妈谈交谊舞色变。"交谊舞跳不得。"——大妈像是在警告提问者，又像是在告诫自己。

（二）广场舞中的广场舞者

自关注广场舞以来，我一直很好奇：大家都是为什么以及怎样加入广场舞活动的？她们在跳舞过程中需要承受什么，又收获了什么？她们为什么能坚持每天跳？……下面我们首先来认识几位广场舞者。通过她们的故事，我们可以对广场舞有一个深入的了解。

我的第一个采访对象是陈女士。陈女士今年 48 岁，是位全职太太。年轻时喜欢跳交谊舞，经常去舞厅跳舞，那时不仅身体很好，身材也特别好。38 岁的时候还被舞厅的一位 20 多岁的男生追求。她告诉对方自己已经结婚生子——彼时她的女儿已经 13 岁了——但是对方压根不相信她的话，发出了强烈的攻势。她多次拒绝，但男孩始终不放弃，表示除非陈女士带她老公亲自去见他。最后陈女士在万分无奈的情况下真的把老公带过去见男孩了，这件事才得以解决。但是后来，母亲生病，女儿上学，为了同时照顾好母亲和女儿，她放弃了跳舞。正是在这一段时间，一方面是劳累，另一方面是疏于锻炼，她自己的身体也出现了毛病。据她说，她曾经因为甲状腺瘤和乳房瘤动过两次大手术，现在还患有轻微的脂肪肝，经常会头痛。她现在每天都会坚持吃三七粉，因为听说三七粉可以缓解头痛。她母亲在 2011 年去世了，女儿现在在读研，都不需要她特别照顾了。她现在有了空闲时间，所以想着要锻炼身体。我问她为什么不重新去跳交谊舞——我从她那里得知她老公从 20 多岁开始，几乎每天都去舞厅跳交谊舞，已经坚持 20 多年了。她说因为现在年纪大了，怕去了没人邀请。可能看出了笔者的困惑，她立马补充道：“一般情况夫妻都不会在同一舞厅跳交谊舞。”但是选择广场舞也颇为艰难，因为她身边的人都把广场舞称为“绝经舞”。她当然还不属于绝经的行列，所以心理上有道坎。后来知道有位前同事在跳广场舞，就向那人咨询了一些情况。那人觉得她有点意向，就把她硬拉过去了。第一次跳非常紧张，很不好意思，怕遇到熟人。刚开始太生疏，动作比较笨拙，担心别人在背后说“这么简单的舞都不会跳”。碰见熟人的时候尤其紧张，担心被人笑话。但是跳了一阵之后，慢慢学会了一些舞蹈，动作也变柔和了，渐渐有了跳舞的感觉，也就放开了。每次学新舞的时候都会很认真，试图将动作做标准，学会了之后会有成就感。但是学完之后每天重复跳四遍，偶尔会产生厌烦情绪，跳起来懒洋洋的，动作就像完成任务一样。不过，一旦发现她心生懒惰的时候，丈夫和女儿就会鼓励她，并督促她坚持下去。事实上，她自己也越来越喜欢跳广场舞，因为她天性就喜欢跳舞。每天跳舞之后觉得身体很舒服，心情也很舒畅。跳了一段时间的广场舞之后，身体状况明显改善，熟人见到她都说她气色变好了。既然广场舞达到了健身效果，她就更有动力坚持下去。她跟笔者开玩笑说：“现在最重要的就是要养好身体，这样才能活得长，活得长才不会白交养老金啊！”她还告诉笔者现在每天都看北京卫视的“养生堂”节目，从里面学了好多养生知识。

丁女士加入广场舞的直接原因比较有意思。据她说，有一次她散步经过一个公园，正好有一群人在跳广场舞。她觉得那个领舞人的舞姿特别美，就也想试一试。但是自己没学过，压根不会跳，看着老师跳也跟不上节奏，觉得自己跳得还不如那些老太太，感到非常不好意思。但是转念一想，反正自己是来锻炼身体的，心里又踏实了。当天跳得很愉快——尽管跳得不是很好，所以第二天她又去了。心里还是比较紧张的，有点担心别人笑话，而且为了跟上节奏，跳得非常累，但却从大汗淋漓中获得身体的舒适感。这样过了两个礼拜，对舞蹈渐渐熟悉了，差不多能踏上节奏了，也慢慢跳出感觉来了，终于不是手忙脚乱的样子了。这时，旁边的老太太也夸她：“年轻人学得好快啊。跳得真好。”听了这样的夸奖，她的自信心顿时倍增，跳得更加卖力。不过当别人跳那些她没学过的舞而她又很难跟上节奏的时候，偶尔会觉得很泄气，甚至会觉得跳得没意思。但是，每学会一支新的舞蹈都会很有成就感，而这种成就感能够给人非常大的支持力。她说：“能踏上节奏的时候就能跳出趣味了。”跳着跳着，她就喜欢上广场舞了，所以就一直坚持跳。她告诉笔者，在跳广场舞之前，她曾经在健身房办了会员卡学习拉丁舞，但是没能坚持下来。她说去健身房距离有点远，而且费用不低，如果有事不能去就觉得太浪费了，而且既然花钱去学了就希望能够学有所成，因而健身往往成为一种负担。而广场舞比较方便，一般在十分钟路程范围内都能找到资源。广场舞也比较自由随性，实在有事去不了不会有心理负担，所以跳广场舞更多的是一种享受。

广场舞队伍中也有男性的身影。我也在0731的队伍中发现了一位男士——那也是唯一的男性。男士姓胡，五十多岁，是师大的在职职工。他一直注重锻炼身体，年轻的时候经常爬山，后来年纪大了改跳交谊舞，因为舞厅空气不好又转向了广场舞。由于经常错过教新舞，且学过的舞蹈长时间没有练习也变得陌生[①]，所以他总像一个初学者，节奏混乱，动作残缺。但他很享受这个过程，一边跳一边哼歌。他看起来不像是跳舞，倒像是在自娱自乐。然而，作为广场舞“大叔”，他也承受了一定的压力。一天晚上，路过的熟人跟他打招呼：“胡处长，你也在跳广场舞啊！你怎么站在最后面跳，不站到前面去呢？前面好看些。”虽然他说他不在乎别人笑话，但是我能够明显感受到他的尴尬。关于女性多于男性这个现象，他认为女性本身就比较擅长和爱好跳舞，而男性的兴趣爱好一般是打牌、打球之类的。当我告诉他有人将广场舞定义为“老太太的舞”的时候，他表示不赞同：“广场舞动作简单，比较适合老太太跳，仅此而已。”他觉得广场舞作为一种群众健身活动非常好，称自己现在对广场舞有点上瘾。

（三）广场舞者与广场舞

虽然乍看起来，跳广场舞是一件相当自由随意的事情：可以自由加入或退出；穿衣打扮没有任何限制；迟到或早退都无所谓；动作不标准不优美都无关紧要；累了可以随意休息等。但事实上并不是这样的。对于跳广场舞的人来说，跳舞是一件需要坚持的“事业”，即大家跳广场舞一般都具有持续性。我这里的“持续性”并不是说，一个现在跳广场舞的人是从她最开始跳的时候一直持续到现在，而是说，在她跳的那段时间内，是具有持续性的——即使不能每天都参加，但是也要保证大部分活动能参

① 在田野调查期间，我总共看到他四次——他解释说因为自己现在还在工作，回家又要做家务，还要照顾妻子（他妻子身体不好，那段时间恰好住院了）。

加。换句话说，如果没有时间保证经常能参加活动，她们会暂时放弃广场舞。这是因为，随着网络的传播，舞蹈更新很快。一旦错过新舞，不仅需要耗费心力自学，而且很可能会因为跟不上大家的节奏引起内心的焦虑。很多人都向笔者表示担心错过教授新舞。据谭介绍，最开始的三年，她们一直跳同样的二十多支舞，每天重复跳。自从有了网络之后，她们自己去网上学习新的舞蹈，累积下来，她们群体总共学了一百多支舞蹈。舞蹈一多，问题也出来了。以前每天跳一两个小时，基本上每支舞都可以温习一遍，所以大家都跳得很熟练。现在舞蹈多了之后就顾不过来，长时间不跳大家就忘记怎么跳了。所以如果较长一段时间不去，会因为对舞蹈的陌生而产生不适应感。

健身确实是大多数人选择广场舞的理由，但广场舞又不仅仅是健身那么简单，如丁女士选择广场舞很大程度源于她对舞蹈的喜欢，而周女士加入广场舞更多的是寻求公共生活。就调查情况来看，绝大多数的参与者都有过较严重的身体不适，而经历过大病痛的人都非常重视健康，因而强身健体的意识也相当强烈，这种意识往往能够帮助她们突破某些心理障碍并支撑她们坚持跳舞。但人们对广场舞的要求远超出健身的范畴——她们会注重自己的舞姿，会介意旁人的眼光，更看重跳舞的体验和感受。跳舞毕竟是一件艺术性的事，并不是每个人都能踏上节奏，也不是每个人都能肢体协调。跟不上节奏不仅可能会被领舞老师嫌弃，还可能会被他人笑话，更重要的是，这样一来，个人就很难从中体会到跳舞的乐趣。在这种情况下，跳舞很可能变成一种心理负担，甚至变成一种折磨。几乎每个跳广场舞的人初期都经历过一段痛苦的学习过程，只有那些从中收获到快乐的人才能够坚持一直跳。并且，坚持下来的人都是非常有自信的人。如对贺龙体育馆的问卷调查显示，虽然只有29.3%的人认为自己跳舞跳得非常好，48.3%的人认为自己的舞跳得比较好，但是，却有57.1%的人认为自己跳舞时非常自信，30.2%的人认为自己比较自信；[①] 另外，人们也很在意跳舞的环境。为了选择一个满意的场地，陈女士和吴女士一起考察了附近的三个场地：忠烈祠、民主党派大楼和0731。虽然忠烈祠处于岳麓山脚空气最好，但是那里灯光太昏暗了，站在后面看不清老师教舞，而且那里的舞蹈形式也太简单了。民主党派大楼里面的活动中心也有一群人在跳广

① 参见贾晓强的贺龙体育馆广场的问卷调查数据。

场舞，但是室内场地总归有点局促，而且室内的空气也不太好。所以通过对比她们最终选择了0731。但是，0731的人文环境却让陈女士很不满意——人与人之间的相互交流太少。

七 人与地

在《金翼》中，林耀华先生用竹竿和橡皮带比喻人际关系的体系。他说，就好像竹竿和橡皮带的架构一样，人际关系的体系处于有恒的平衡状态，即均衡状态。① 事实上，广场舞群体的生存体系又何尝不是一个竹竿和橡皮带的架构。一个广场舞群体的产生需要一定的内部条件和外部条件，或者说需要一定的物质条件和精神条件；一个广场舞群体在发展的过程中会遇到很多复杂的困难，不仅有外部的障碍，还有内部的矛盾——所有这些就构成了一个广场舞群体的生存体系。和任何其他体系一样，广场舞的生存体系会遇到很多外部冲击，但它自身也存在一定的张力，并能够通过自身的能力恢复和保持一种平衡状态。仔细考察0731群体的生态环境，我们可以清晰地看到，“地和人”这两个因素在其中起到了关键性的作用。

首先说“地”。人们常说“有需求才有发展”，但是现实生活中，很多需求往往不可能完全得到满足。0731群体有开展广场舞活动的需求，可是却没有完完全全属于她们的、不受外界干扰的场地供她们开展活动。她们的活动会影响到周围的人，反过来就会遭致外界的排挤与打压。她们无法保护自己的“领地”不受外界事物的侵犯。所以她们只能以退为进、寻求共赢共存的局面。但是，如果门卫一方过于强大，或者如果那辆车是师大的单位车，那么0731群体将面临沉重的打击，甚至会面临解体的危险。所以，合适的空地就成为一个至关重要的制约性因素。从这个意义上，空地就相当于房屋的地基，没有地基不可能盖高楼大厦，而没有空地，广场舞群体也无法生存。这也是为什么当场地受到外来威胁的时候，整个群体成员能够团结一致捍卫自己的领地。

需要说明的是，这里所说的“地”并不局限于一块纯粹的空地，它应当是指包含电源的空地，因为空地常有而电源不一定随处可用。而在所

① 林耀华：《金翼》，上海三联书店1999年版，第208页。

有的外部条件中，除了空地之外，电源设备也是制约广场舞群体生长的决定性因素。对于0731来说，电源危机是一次影响较大的危机，甚至威胁到它的生存，从上面的断电风波中可见一斑。音乐和舞蹈向来是一对孪生兄妹，没有音乐的舞蹈就像没有灵魂的躯体。而没有电源，就意味着没有音乐；没有音乐，就无法跳广场舞。所以空地和电源两者缺一不可。虽然音乐设备也是必不可少的，但由于它方便易得，因而通常不是制约广场舞群体发展的因素。在我实地调研的采访过程中，当问及“为什么广场舞会在全国上下广泛流行”的时候，一位丁女士如是说：“因为广场舞组织方便，只要一块大小适当的空地，加上可用的电源，叫上几个人，拖着音箱就可以跳广场舞了。”可见，“地”对于广场舞的兴起与发展起到了决定性的作用。纵观现实生活中发生的那些广场舞纠纷，几乎无一例外都是“场地之争”，或者说“空间之争”——就噪声纠纷而言，其实质上也是空间之争。如果每一个广场舞群体都能找到一个远离小区的空旷场地，噪声纠纷也就自然消除了。当然，不管是现在还是将来，通过这个途径来消除噪声纠纷都是不现实的。空间是如此有限，而广场舞群体又是如此庞大。这确实是一个相当复杂的问题，解决起来也相当棘手，甚至目前为止还看不到彻底的解决方案。但是我们也不需要绝望，毕竟某些地方的探索性方案还是取得了一定的效果，比如严格限制时间和音乐的分贝。也有的地方让广场舞者戴着耳机跳“无声舞”，这一方案目前来看并不太乐观，毕竟戴着耳麦跳舞多少有点妨碍，何况舞蹈的感染力离不开音乐的烘托。也许最好的方法是在噪声隔离方面下工夫。就好像人们在公路两旁种上树木减弱汽车噪声一样，我们也许可以在广场舞活动周围加强噪声防护措施。我们还可以寄望于科学技术，也许某一天，一项新的技术能够准确控制声音的传播途径和范围……不管怎么说，有一点可以确定，简单地取缔广场舞是不现实的。广场舞作为一种丰富居民的公共生活的手段无疑已经被很多人接受并且已经深深地融入了她们的生活。事实上，广场舞是在公共性逐渐消解的大背景下作为一种对公共生活的弥补而兴起的。公共生活是人们的需求，广场舞正是满足这一需求的方式之一。所以，面对广场舞问题，需要的是引导而不是禁止。

其次谈“人”。尽管目前大家对广场舞的认知还没有达成一种共识，但广场舞确实应当是一种群舞。在《群体过程》一书中，鲁伯特·布朗是这样定义群体的：当两个或两个以上的人界定他们自己是它的成员，并且它的存在被至少一个他者承认时，一个群体就存在了。[①] 所以，一个广场舞群体存在的前提条件就是有至少两个人愿意在一起跳广场舞。0731群体曾多次面临解体危机，而0731之所以能够重新聚合起来并延续至今，是得益于曾经加入过0731的人和现在属于0731的人以及将要成为0731成员的人。当然，0731的生存和发展更离不开那些组织者。如果没有吴、谭在特殊时期一个人默默地担负起所有的组织工作，0731很可能会因为缺乏领头人而解体；而如果没有吴、谭、方、杨四个人之间的友好合作，0731也很难发展到今天的局面。前面我们提到了物质条件和精神条件，事实上，广场舞群体的发展和壮大还离不开广场舞者对广场舞的那份热爱。所有的广场舞者，所有坚持跳广场舞的人，她们那份对广场舞的喜爱和认同使她们无形之中对一个广场舞群体的发展做出了一份贡献。而那些组织者，除了对广场舞的爱，还有一种无私奉献和服务他人的精神。正是这些具备上述精神的个人，聚集起来成就了一个广场舞群体。

有了人和地等内部、外部条件，广场舞群体的生存体系就建立起来了。但是，作为一个开放的体系，它经常会遭到冲击和破坏。在某些情况下，平衡状态遭到破坏之后，经过一段时间又能够恢复平衡，比如那次断电风波，虽然它确实对0731造成了很大的打击，但是恢复供电之后，0731又慢慢步入正常的发展轨道。而噪声纠纷和场地之争从整体上来说对0731几乎没有造成实质性的影响。但是有的时候，作用在这个体系上的冲击力太大、太深刻，以致在外力消除之后群体却不能恢复原状，而是继续一种非平衡状态直至一个新的平衡状态的确立。例如，吴的加入和坚持最终改变了体系的均衡状态。在吴之前以及她加入之后的一小段时间里，老同志们除了跳舞，还同时开展其他的活动。由于吴只喜欢跳舞，不喜欢甚至讨厌其他的活动，所以她最终借助自身的力量逐渐将其他活动剔除出去，使0731成为一个纯粹的广场舞群体。当然，文化在这里也起到了很大的促进作用。人们对广场舞从不熟悉到接受，再到认同、参与、喜爱，这样才支撑和壮大了0731的队伍，从而使0731作为一个广场舞群体生存下来。另外，科技的发展也极大地影响了该体系的均衡状态。在电脑和网络普及以前，舞蹈的更新速度慢，一般人的学习途径就是教舞老师。而自从电脑和网络普及之后，不仅新舞频率加快，舞蹈的形式更趋多样

---

① 鲁伯特·布朗：《群体过程》，胡鑫、庆小飞译，中国轻工业出版社2007年版，第2页。

化，而且人人都可以从网上自学或跟着视频复习，这不仅意味着学习方式和途径的改变，而且也为大家提供了检验舞蹈正确性的标准和渠道，这就为内部矛盾埋下了伏笔。另外，组织工作的运作也与以往不同了——下载音乐成了组织工作中相当重要的板块。总之，旧的平衡被打破了，最终在新的平衡状态稳定下来。当然，大多数情况下，整个体系是处于一种相对稳定的均衡状态。当这个体系中的各种要素之间的关系维持常态，均衡就能保持下来。和所有其他的体系一样，广场舞体系也总是摇摆于均衡状态与非均衡状态之间。

第六章　都市村庄里的广场舞者：以长沙市火炬村为个案

李超　张会

一　调查的缘起

诚如熊培云所说，每一个村庄都有一个中国，有一个被时代影响又被时代忽略了的国度，一个在大历史中气若游丝的小局部。[①] 本文讲述的便是发生在这样一个小村庄里的故事。但这个村庄又有些不同，它位于繁华的城市区域内，却一直保持着村庄的模样和习惯，有着时代赋予它的特有故事。

广场舞，也许对于城市社区居民而言并不感到陌生。笔者第一次近距离接触广场舞是在 2009 年 9 月。当时笔者所在学院附近的忠烈祠每天早上或晚上都会有许多中老年群体在跳广场舞。在这部分广场舞群体中，大部分是退休老教师，其中也有少数的在职女教师。在忠烈祠这块不大不小的空地上，承载着他们许多的回忆。无论春夏秋冬，无论酷暑严寒，他们每天依然如此“早七晚六”地准时报到，从未间断。对于这样一群如此“狂热”与“执着”的广场舞者，笔者还是第一次见到，因而也引起了笔者的极大兴趣。在 2012 年开始对广场舞研究后，笔者发现目前国内学者对于广场舞的研究仅仅局限于广场舞本身，而对于广场舞的承载者的生存状况的研究几乎处于空白。为了进一步形成对于城中村“广场舞者”发展状况的认识，笔者从 2012 年 12 月起，对湖南省长沙市火炬村进行了为期 1 年的实地调研。

---

① 熊培云：《一个村庄里的中国》，新星出版社 2011 年版，第 1 页。

此次选取的调查村庄是湖南省长沙市芙蓉区马王堆街道一个典型的城中村——火炬村。火炬村在浏阳河以南、火炬中路以北、王家湖路以东、万家丽中路以西的地方。根据当地村民介绍，火炬村原名滩头坪，北临浏阳河，几经岁月变迁，后改名为火炬村，共分为十组，自古以来就有着优越的地理位置。火炬村现有人口5500余人，所占土地面积2400余亩，前两期拆迁安置3900余人，未安置人口1600余人，剩余土地1100余亩。[①]经过数年的拆迁和建设，到目前为止，除了第二组、第九组尚未被拆迁之外，火炬村其余的组都已经完成拆迁。随着城市化进程的不断展开，火炬村一直处在“拆迁围村、分割推进、逐步消亡”的社区化进程中。原有的村庄在局部拆迁与重建过程中支离破碎，剩余村庄因年久失修而破旧不堪，村庄原有生态遭到了极大的破坏。从村庄的现有面貌来看，火炬村除了第二组和第九组外，整个村庄几乎名存实亡。因此，此次考察的火炬村“村民舞者”，大都居住在第二组和第九组（以下简称火炬村）。本文的火炬村也就指第二组和第九组这样一个尚未被改造，依旧保持着村庄模样的“小局部”，并不包含全部地理意义上的火炬村。

在为期一年的调研中，笔者对于都市村庄广场舞者的研究主要分为三个阶段：第一个阶段：初步观察期，2012年12—2013年2月，笔者对湖南省长沙市火炬村的一支广场舞群体进行了为期一个多月的蹲点观察，并撰写了详细的观察日记，获取了较为丰富的信息和资料，对火炬村以及广场舞群体有了初步的了解。第二个阶段：深度访谈期，2013年3—2013年6月，为了进一步获取更为翔实的广场舞信息，笔者再次前往火炬村进行后续的跟踪调查，此次调查通过熟人圈子的带入，对部分火炬村广场舞者进行了深度访谈，与此同时，笔者还通过辅助性的问卷发放，收集到18份有效问卷，这为此次调查提供了一手资料。第三个阶段：资料整理期，2013年6—2013年12月，通过暑假两个月的回访，关于火炬村广场

---

① 凤凰网论坛曾于2010年6月12日发表了一篇题为《长沙市芙蓉区马王堆街道火炬村的村民——拆迁申诉》的文章（网络资料来源：http：//bbs. ifeng. com/viewthread. php？ tid = 4745370。资料提取时间，2014年4月7日），其中部分涉及火炬村的土地、人口等基本信息。除此之外，这篇文章还提到火炬村的地形地势、气候条件以及经济发展状况，如“……邻近浏阳河地势比较低洼，遇到雨季，土地经常被水淹没，所种农作物就没有收成，以前有一句老话：‘有女莫嫁滩头坪（火炬村），萝卜白菜胀死人’”。但由于受到马王堆蔬菜批发市场、陶瓷建材大市场、三湘南湖大市场的“辐射效应”，火炬村近年来经济发展步伐加快，村民生活水平得到明显改善。

舞的实地调研与资料收集基本接近尾声。

2013 年 9 月，笔者被顺利保送到华中师范大学政治学研究院学习深造，2013 年 9—2013 年 12 月，通过利用政治学研究院的独特学术资源优势，利用丰富的图书馆资料，笔者大量阅读了有关农村调查的书籍与资料，加深了对此次广场舞调研的理性思考。

二　火炬村广场舞的基本状况

从 2012 年 12 月开始，经过数月来的实地观察和深度访谈，笔者收集到了关于火炬村广场舞团队的一些基本信息。这支广场舞团队形成于 2009 年①，是由火炬村原村委会妇女主任 C 女士组建而成。最初形成时人数寥寥，后经过近几年的发展，队伍由小变大，最多时近 60 人，最少时也有 20 多人。除遇到极端恶劣天气外，这支队伍每天都会准时跳广场舞，并保持着作为一支队伍的基本规模和队形。队伍人员都是女性②，年龄在 40—75 岁不等，可谓“中老年女性专属团队”。

2009—2013 年，火炬村广场舞团队成员虽然几经变动，但基本保持在 30 人左右的适度规模。在这样一个多数人来跳舞都是为了锻炼身体、打发时间的团队里，舞蹈质量的追求对他们来说是较低的，她们多数对现今的状态较为满意。但这种满意的状态似乎在不经意间也暗藏着某种实现不了的需求：当问及今后团队会不会参加比赛和舞蹈演出时，许多舞者表现出了极大的兴趣，但随后又表现出一种无所谓的态度，似乎暗示着可能性近乎为零。在他们看来，这个团队的实际情况也并不允许，这主要是团

① 笔者在调查中发现，这支队伍形成的时间竟然与国家倡导全民健身的时间不谋而合，并且这支队伍的原始推动力是马王堆街道火炬村村委会。所以笔者进一步大胆猜想，这支舞蹈团队形成的主要动力应是国家政策的垂直推动和地方相关部门的横向支持。后经 C 女士证实，笔者的推断是正确的。

② 据火炬村村民舞者介绍，早在 2012 年 11 月，就曾有一位男士经常现场观摩她们跳舞，后来有一次还加入队伍一起跳，但受到舞者一致的排斥与嘲笑，那次之后便再也没来过。舞者们对他的评价是：“他一个大老爷们跟着我们跳什么，我们都觉得他是个傻子。”实际上，在这之前，火炬村附近并没有男性加入的广场舞团队，但在 2013 年天气转暖后，万家丽中路浏阳河大桥附近出现了一个以男士为领舞者的团队，且附近还有一个交谊舞团队，男性颇多。这多少也能反映出广场舞的普适性和普通大众对广场舞的接受程度之高。由此可见，广场舞群体在火炬村已经开始呈现出由女性化向多元化、大众化转变的趋势。这种趋势已经开始跨越年龄、性别、族群等限制，以“同心圆”“放射状”的形式向周边地域扩展延伸。

队自身存在着很大的局限性。随着近年来“外部压力”的输入以及“内部分化”加剧，火炬村广场舞团队逐渐暴露出舞者身份复杂、舞蹈形式单一、组织管理松散、外部冲突加剧等问题，这进一步阻碍了火炬村广场舞团队的自我转型与整体的可持续发展。

（一）复杂的舞者身份

火炬村这支广场舞队伍，最初是由村部组织、部分退休女干部带头参与的舞蹈小团队。在组建之初，火炬村村委员会曾负责出资为这支队伍购买大鼓、音响等硬件设备，其初衷是丰富本村村民的娱乐生活，提升村民的生活质量。正如杜润生所言，“为处理个人与公众关系，就会有某种契约和组织形式，以利发挥聚集效应，实现安居乐业”。[①]在此背景下，火炬村广场舞团队应运而生。但随着近十年的发展演变，这支 20 多人的“小分队”已经发展成为拥有 3 支不同舞种的“大部队”（如图 1 所示），它们依次分布在万家丽—浏阳河大桥的桥下及其东西两侧。

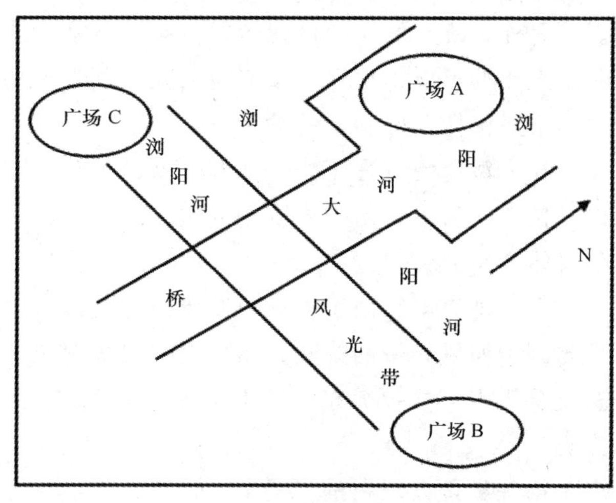

图 1　火炬村广场舞分布示意图

在桥下一侧（图 1 中 A 所在区域）主要以跳简易舞为主，[②]队伍形成较早，本村舞者居多，是笔者重点观察的舞蹈团队。由于这支队伍具有每人所交年费最少（30 元/人）、舞蹈简单易学、跳舞场地较大等优势条件，吸引了更多成员加入，因此这支队伍的跳舞人数也最为庞大。与此同时，这支队伍也面临着许多麻烦与争议。从图中可以明显看出，这支队伍练舞

① 杜润生：《杜润生自述：中国农村体制变革重大政策纪实》，人民出版社 2005 年版，第 351 页。

② 通常包括网络上较为流行的广场舞，如《最炫民族风》等简单易学的舞蹈为主。这支队伍由于成员年龄较大（中老年为主，平均年龄在 55 岁左右），加上部分成员身体条件不好，所以舞蹈以简单为主，跳舞节奏相对较慢。

场地处于十字交叉路段，来往车辆密集、人流量大、活动群体较多，导致“广场舞者”常常与外部人员或团体发生诸多摩擦与争议，加上这支队伍的“村民”属性，很多时候面临跳舞者与执法者、摊贩、市民之间的激烈博弈，并通常以争吵、占地、噪声对抗等形式表现出来。

在桥的右侧（图 1 中 B 所在区域）有一个小型广场，基本能同时容纳 30 人左右，跳舞群体以中青年为主，所跳舞蹈以交际舞等时尚舞蹈闻名，加上其“老市民”身份，在跳舞的过程中吸引了不少周边市民的围观。另外，跳广场舞的位置恰好位于具备基本娱乐功能的小型广场上，避开了人流的极度密集区，没有对公共空间造成过多的“压迫”，因此与来往的市民保持友好和谐的关系。

在大桥左侧（图 1 中 C 所在区域）有一支 10 人左右的舞蹈小分队，以跳拉丁舞为主，由于才刚刚兴起，影响力较小，相对来说几乎没有与其他群体产生冲突。

在这十年里，由于火炬村基础设施的改善，尤其是浏阳河—万家丽大桥与浏阳河风光带的修建，给火炬村村民提供了相对便利的跳舞场地。在这支队伍中（主要分布在图 1 中 A 所在区域），广场舞者的组成大致包含三类：

第一类是火炬村的“原始村民”，他们基本上是土生土长的本地人。据当地村民 B 女士介绍，由于火炬村所在本村人不断迁出，真正意义上的村民人数不断减少。迁出去的本村村民有很大一部分都因政府拆迁住进了新修的安置房，成为社区的“新市民”，还有一小部分村民利用拆迁补偿款成功转为商人。而剩下的本村村民，基本上都是一些老人，他们就地驻扎，成为以“吃房粮”为生的小房东，还有一部分村民通过利用自家空地种菜，成为自主经营的小菜农。总之，由于火炬村征地拆迁与安置，使得这些村民居住地之间变得极为分散，跳舞的村民也被不断割裂开来，加上外地的舞者加入这支队伍，使得火炬村村民所占比重越来越小。截至 2013 年 9 月，火炬村广场舞群体中，本地村民已经不到 15 人，在这些人员中，一般都是具备一定舞龄的退休村干部，如火炬村村委会干部村民 C 女士就是其中的一位，她是这支队伍的领舞者之一，另外还有一位本地村民是负责音响、年费管理等方面的事务。

第二类是租住在本村的“外地人”。由于一年的“年费”只有 30 元，既能锻炼身体，又能免费学到新的广场舞，所以越来越多的外地人也开始陆续加入这支队伍。其中一个典型代表就是A女士，她是这支队伍里最年轻的一位，只有45岁左右，是在火炬村居住生活近七年的老租客，她对于火炬村的风土人情了如指掌，基本适应火炬村本地的生活，算是半个本地人了。从对她的深度访谈中了解到，像她这样的外地人在队伍中已不算少数。作为本村的外地“租客”，P女士表示像她这样的外地人白天在长沙城区干一些建筑、搬运、摆地摊等较累的体力活，晚上闲下来就去浏阳河边的广场散步或者去跳广场舞。

第三类是居住在周边社区的本地“普通市民”。这类广场舞成员一般都是以团体报名的方式加入的，她们加入队伍的途径基本上都是由“现场观摩”逐步转变为“入队学习”。在这个过程中，圈内人的宣传与介绍起到了决定性作用。这部分成员主要来自芙蓉苑和东来苑两个小区，按其户口性质，也基本上算是本地人。她们大多是在10年前在长沙买了房子而逐步拥有本地户口。她们所在的家庭基本拥有稳定的职业和较高的收入，在火炬村周边算是“上等人”了。

正是由于火炬村“广场舞者”来源的多样性，舞者身份变得日益复杂和呈现多元化趋势。这支队伍从由20多人组成的村民舞者小分队，到现在三足鼎立、多队并存，外来人口的拥入、跳舞环境的变化、舞者的更替起到了重要作用。在这支队伍中，既有历经火炬村历史变迁的“老村民”，也有推动城市建设的“农民工”，在这两者之间还有外来的“定居者”。是广场舞把他们聚集在一起，是广场舞让她们开始重新适应这个城市的新环境。

不可否认的是，村民舞者的减少、外来舞者的增多，使得这支广场舞的内在凝聚力开始下降。尤其是外来的农民工群体，职业的不确定加剧了队伍的动荡，不利于队伍的有效整合。作为一个跳舞小团队，由于舞者属性的不同，在练舞过程中极易形成成员内部分割化、小团体化和离心化的趋势，不利于广场舞者集体归属感和认同感的增强。所以在对这支队伍的观察期间，广场舞者经常出现“抱团”的情况，整个不到40人的队伍就出现了村民舞者、外地租客、周边居民3个典型的小集团，她们具有小集团的典型特征，即行动的整体性、利益的共享性和团体的协作性。小集团的形成在内部撕开了一道裂痕，它割裂小集团之间的横向联系，削弱了整体团队的情感归属，在队伍的召集和整合过程中面临着明显的阻力，不利于团队的可持续发展。

（二）单一的舞蹈形式

一个跳舞团队，既需要保持团队的适度规模，又需要保持舞蹈内容丰富多彩、舞蹈形式的复杂多样，从而促进舞蹈团队整体上“质”与“量”的提升。灵活多样的舞蹈形式，对于整个舞蹈团队的发展具有重要意义。在对这支广场舞的持续跟踪中，笔者发现：舞蹈形式单一已经成为阻碍这支队伍发展的明显弊病。而究其原因，主要如下。

第一，练舞者学习途径单一，获取信息渠道闭塞。这支广场舞队伍成员“村民”的独特属性，决定了这些村民舞者们在学习广场舞的过程中渠道单一、信息闭塞。笔者根据对领舞者C女士的跟踪访谈了解到，这支队伍中有很大一部分人由于各种主客观条件的不具备，学历层次比较低、学习能力较差。在这一队伍中，10人左右是年龄在60岁及以上的本地村民，她们大部分都是小学学历，部分村民甚至没有进入学校学习，接受能力相对偏弱。因此，在学习广场舞的过程中，火炬村村民舞者们主要通过现场的反复模仿来学习每一支广场舞的动作，根据自己的记忆慢慢消化和掌握，有时候舞蹈稍微复杂一点，就需要领舞者不断地重复动作才能让她们真正学会。另外，作为当地的老村民，她们日常接触的事物对于都市人而言显得十分“守旧”，在她们身上还依然保持着农村最古老的传统习俗，她们对于传统的坚持以及对于新事物的排斥，使得她们在都市生活中显得格格不入。尤其是在精神生活层面，相对而言物质生活显得极为匮乏，除了平常相互串串门，就是去茶馆打麻将。精神生活的匮乏、学历层次相对较低使得她们学习广场舞的途径变得十分狭窄，除了反复模仿几乎没有其他途径去获取新的舞蹈知识，这也就是为什么她们会选择加入一支队伍去学习的原因。

第二，领舞者缺乏专业训练，舞蹈形式缺乏创新。在一个跳舞团队中，领舞者始终处于团队的核心地位，充当着“领头羊”的角色。一个团队的舞蹈水平很大程度上取决于领舞者的专业程度和技术水平。例如，作为火炬村广场舞队伍的领舞者，C女士从队伍成立到现在一直扮演着重要角色。首先，C女士是队伍的最初召集人和管理者。在广场舞队伍成立之初，C女士是刚刚退休的火炬村村委会妇女主任。带着村委会赋予的使命和责任，加上自身的业余兴趣，C女士开始了自己退休后的“事业”。为了能够让更多人加入学习广场舞的队伍中来，C女士开始利用业余时间进行舞蹈“自学”，同时利用曾经担任妇女主任的影响力继续宣传和组建火炬村广场舞团队。其次，C女士还是广场舞队伍的技术指导。她利用村部所提供的一些基本设备，在自学的基础上向村民提供舞蹈方面的指导。为了进一步提升舞蹈的水平，C女士开始利用网络资源，通过观看网络舞蹈视频在家中独立练习，再组织广场舞团队进行排练。这样一来，整个团队所学的舞蹈都几乎来自于领舞者一个人。最后，C女士同时也是队伍的联络人，负责协调成员之间关系，积极响应成员之间的合理诉求。

由此可以看出，由于C女士身兼多重角色（领头羊、联络员、组织者、管理者），因此，她自身的舞蹈水平以及文化素质对于整个广场舞团队的发展具有重要的影响。由于领舞者的唯一性，导致广场舞团队在学习新舞蹈时严重依赖于C女士的传授。但事实上，领舞者C女士自身只是一名业余的练舞者，除了自身基础较好外并不具备专业的舞蹈技能，这进一步限制了整个广场舞团队的舞蹈水平的提升。与此同时，这支广场舞团队还面临着舞姿僵化、舞蹈单一、舞者流失的危机。随着广场舞市场化、多元化发展，在浏阳河大桥左侧（也就是前面提到的C处所在区域）兴起了一股拉丁舞之风，许多队伍成员对于这一“新兴事物”产生了浓厚兴趣，一时间引起了许多村民舞者的关注。对于部分渴望学习新舞蹈的老队员，直接选择脱离原来的队伍，转向这支新兴团队。当然，大部分“村民舞者”还是选择继续留在原来的队伍中。这场危机给火炬村村民广场舞团队的长远发展敲响了警钟。如若不能在舞蹈方面有所创新，火炬村广场舞团队将会面临固定队员减少、组织松散、团队解散的危险。

第三，舞者整体年龄层次偏高，舞蹈节奏偏慢。笔者在长期的观察访谈中发现，火炬村“村民舞者”对新舞蹈的学习进度是最慢的。一般而言，一支简单的广场舞从初步学习到最终学会，大概需要3—4天的时间，而火炬村广场舞者们完整学会一支广场舞需要5—7天的时间，并且在这个过程中，村民舞者必须全身心投入、不能迟到早退才能完成任务。与此同时，从火炬村村民舞者之间的学习进度来看，不同的舞者学习速度也有所不同。例如，C女士在领跳的过程中，前3排的成员一般能够较为准确地掌握舞蹈的各个动作要领，并且能够随着音乐连贯地跳完整支舞，而后3排的广场舞者在动作上很难与前排保持一致，基本上节奏也要比前排慢半拍。舞者整体年龄层次偏高，拉低了队伍整体的节奏和进度。但村民舞者相对于其他舞者而言，是支撑起整个队伍的灵魂，她们相对固定的参与确保队伍不被解散。

舞蹈节奏偏慢。以《最炫民族风》《思密达》《荷塘月色》《我们的钓鱼岛》等舞蹈为例，笔者对舞者的几个主要动作的重复次数统计过程中发现，火炬村广场舞者摆手、转身等动作频率明显要高于扭腰、旋转等难度较大的动作。在一支完整的广场舞中，广场舞者左右摆手的动作就占到了主要动作的80%以上，而扭腰、转身等动作加起来不到10%。从节奏来看，广场舞者们更加倾向于节奏较慢的舞蹈。据笔者的跟踪观察得知，在《我们的钓鱼岛》《思密达》等舞曲中，舞者们普遍反映体力不支、节奏较快跟不上。[①] 作为一群年龄偏大的“村民舞者”，由于身体条件的限制，她们舞动的步伐要相对缓慢一些，动作幅度也相对要小一些，灵活程度也相对差一些。换言之，火炬村舞者比较喜欢跳慢节奏、动作简单、重复度高的广场舞，而节奏快、动作复杂多变、重复率低的广场舞则相对受排斥。

（三）组织管理的松散

组织管理是队伍建设的核心元素，队伍的发展更离不开组织科学严密的管理。然而，笔者在对火炬村广场舞运行机制研究发现：组织管理松散严重阻碍了组织的良好运作，不利于组织的健全与发展。究其原因，准入门槛偏低、人员流动性强、缺乏制度性约束等进一步造成火炬村广场舞组织管理的松散。

准入门槛偏低。火炬村广场舞团队从队伍创立之初到现在，一直以简易舞蹈见长，其通俗的乐曲和舞蹈形式深受普通大众的喜爱。自C女士组队以来，一直以健身和娱乐为宗旨，对于愿意加入队伍的人员，除了缴纳30元的“年费”外，没有其他的要求。准入门槛偏低，造成了组织的复杂和松散，队伍舞姿参差不齐，舞者素质高低不一，这不利于广场舞团体动作的一致性和行动的统一性，不利于团队竞争力与凝聚力的进一步提升。

人员流动性强。在这支30人的跳舞队伍中，除了本村村民（10人左右）和部分本村租客（6人，B女士就是其中一位）是广场舞团队的“老会员”以外，其他的成员几乎都是“用脚投票”的匆匆过客。甚至还有

---

① 正是从考虑到舞者的身体承受能力，该团队做了人性化处理：在场地外额外准备了可供舞者们休息的小板凳。这样一来既可以保障团队中的高龄舞者和其他体力不支的舞者能够拥有相对舒适的休息环境，又可以确保火炬村广场舞团队练舞的总体进度保持一致。

成员在交完“年费”不久就没有出现在队伍中。[①] 可以说，火炬村广场舞团队一直经历着“变”和“不变”。“变”的是“新会员”的流动与更替，“不变”的是“老会员”的沉淀与融合。从目前的形势来看，火炬村广场舞团队正面临着“两极化”格局，它们相互对抗、此消彼长将严重影响这支队伍的长远发展。由此可知，火炬村广场舞团队作为一支长期走“平民路线”的广场舞队伍，人员流动性强已经对组织的建设与发展造成了诸多障碍。首先，舞者的流动性强不利于队伍成员的固定。随着大量外地流动人口的加入，一群“流动舞者”也随之产生，威胁着组织的正常运转。整支广场舞队伍一直保持着较高的流动比率，随着近几年流动队伍的壮大，流动比率一度超过50%，这严重威胁了组织的正常化运转。其次，舞者的流动性强，不利于组织成员的相互联系和组织归属感的培育。组织流动性强，加速了“流动舞者”的聚集与离散，相互之间容易因为彼此背景的差异而割裂开来。“流动舞者”的出现，弱化了舞者与组织的联系，不利于凝聚力的培育。

缺乏制度化约束。火炬村广场舞团队除了采取基本的“付费”制度以外，几乎不存在其他硬性的制度化规定。在笔者对这支广场舞的观察中发现，每天晚上七时（冬天一般会推迟到八时）开始的广场舞排练，几乎从未能够完全到齐。据B女士介绍，广场舞者一般在练新舞的第一天参与比例要比其他时候高一些；周末参加的比例要比平常的参加比例要略高一些；本地村民参加比例要明显高于其他舞者。可见，火炬村广场舞团队并没有严格的制度约束，小组成员可以任意支配自己的练舞时间，迟到与早退现象十分突出。此外，C女士作为领舞者，在教舞过程中也没有对小组成员的舞姿、舞步等做出规范性约束，使得整支队伍在舞蹈动作方面缺乏应有的规范，这也是制约火炬村广场舞团队由“低端”向“中高端”发展的重大“瓶颈”。

---

① 笔者调查发现，这种现象在队伍中很常见。在一年之中，总会有部分新成员冲着“门槛低、费用便宜”而来。在练舞的过程中，这些新成员经常无征兆地“缺席”或“迟到”。她们偶尔有时间就过来一次，甚至还有些新成员由于工作需要突然搬离火炬村，再也没有来。在笔者看来，如果把那些“老舞者”比作这支广场舞小组的“内核”的话，那么“用脚投票”的“外地舞者”就是这支队伍的“外环”。在这5年多的时间里，队伍之所以能够维持到今天，全仰仗“内核”的强大支撑。而“外环”的松动，也在一定程度上影响了“内核”的稳定。

三　抗拒与冲突：火炬村广场舞遭遇到的外部限制

（一）练舞场地的限制

火炬村广场舞的发展与火炬村周边基础设施的改善有着重要联系。尤其是浏阳河大桥、浏阳河风光带的建成，为火炬村村民跳广场舞提供了相对稳定的场地。但不可否认的是，这些设施的建设初衷仅仅是为了改善公共交通以及为普通市民提供更好的休闲环境。对于火炬村广场舞团队而言，仍然面临空间不足、人流量过大、流动性强等问题。首先，练舞场地的受限，在一定程度上限制了火炬村广场舞队伍的壮大，并由此带来许多外部摩擦和争议。其次，练舞场地的受限给广场舞者的人身安全带来潜在的威胁。在浏阳河大桥底层十字交叉路口偏西方向不到 20 平方米的地方，容纳 30 多人的广场舞的队伍，更加剧了道路的拥挤。与此同时，广场舞队伍偶尔的占道行为，也易造成人群与车辆的冲撞事故。最后，练舞场地的受限加剧了资源的稀缺性与场地的争夺。火炬村广场舞团体与其他社会团体之间也偶尔因为场地之争而产生激烈的冲突与对抗。

场地之争，往往会产生与其他人群的激烈冲突，火炬村广场舞团队也不例外。根据笔者对火炬村广场舞团队的实地观察与深度访谈，火炬村广场舞者目前主要面临三方面的压力与冲突：舞者与摊贩、舞者与执法者、舞者与普通大众。从这三种冲突可以看出，火炬村广场舞既面临广场舞者在场地争夺战中与流动摊贩之间的角力，也面临部分行为“合法性”缺乏的舞者与执法者之间的激烈博弈，还面临广场舞者与世俗舆论的广泛争议。这些冲突随着广场舞的发展日益凸显，并严重制约了火炬村广场舞的自我转型与再造。

（二）舞者的抗争：一场与摊贩场地使用权的争夺战

在抗争政治学中，经常有学者用抗争来形容某一群体对外部威胁的积极回应，如暴力抗争、依法抗争等。在斯科特研究东南亚农民的抗争时，曾鲜明指出，农民在自身利益受损的情况下，他们往往会利用弱者的有力武器——消极、怠惰、诽谤等来对强者的侵犯行为予以回击，并以此来维护自身的合法权益。[①] 而作为一名舞者，在自身遭受外部威胁的情况下往

---

① ［美］詹姆斯·斯科特：《农民的道义经济学：东南亚的反叛与生存》，译林出版社 2001 年版。

往会采取语言攻势与集体行动的逻辑来击退进犯的敌人（流动摊贩）。

作为火炬村广场舞者，她们流利的长沙方言、对地域环境的熟悉程度、复杂的关系网络给外来流动摊贩造成了一定的心理压力。与此同时，火炬村广场舞团队在行动中往往以“集体对抗”取代“个人抗争”，在流动摊贩面前，舞者们往往体现出高度的团结性和组织的一致性，这种一致对外的模式能取得预期效果。正如奥尔森在《集体行动的逻辑》中提到，“比起大集团来，小集团的行动更果断，而且能更有效地运用它们的资源”。[①] 集体的威力在于以强大的组织后盾给单个流动摊贩以最大的威慑。除此之外，以极具破坏性的对抗来打破最后的僵持局面。威慑有时候并不奏效，因为有部分外来摊贩对于这种“软压力”毫不在意，所以火炬村广场舞者的“转守为攻”策略就起到了明显的效果。在争执过程中，如若流动摊贩仍然无动于衷的话，舞者们就会集体来“砸场子”，给流动摊贩以实际的教训。

在笔者对这场战争的亲身观察中发现，火炬村舞者在协调无果的情况下，会以调高音响分贝，人为制造噪声干扰，甚至会采取群体“包围分割”的方式来阻隔流动摊贩与顾客之间的正常买卖。当然，火炬村广场舞者也并不只是一个闹事的群体，她们很多时候是为了借此来增加和平谈判的筹码。在这次场地争夺战中，流动摊贩最后与舞者达成一份协议：每天晚上六时到八时半场地使用权归广场舞团队，其他时间可以由流动摊贩自由支配。通过这样一份“契约”，成功地解决了火炬村广场舞者与流动摊贩之间的场地之争，而且也创造了一种崭新的合作模式，消除了公共空间使用上的重叠与冲突。在这场争夺战中，火炬村广场舞者们很好地利用了集体行动的逻辑，并在此基础上取得了最终的胜利。在与流动摊贩的对抗中，集体的一致维权行动增加了与单个摊贩谈判的筹码，并主导了整个事件的发展与最终结局。

（三）舞者的沉默：一场与执法者之间的博弈游戏

沉默，并不意味着妥协与退让。沉默同样意味着对强权的一种抗争。火炬村广场舞最初几乎是在夹缝中求生存。处境的尴尬与队伍力量的弱小，似乎无法对抗强权。因此，在与执法部门的冲突模式逐步演化成为一场相互博弈的游戏。在这场看似实力悬殊的两股力量相互对垒的过程中，

① ［美］曼瑟尔·奥尔森：《集体行动的逻辑》，上海人民出版社2011年版，第65页。

舞者拿起沉默的武器，从灰色地带的游离中走出，使得队伍的存在成为既定的事实。从最初的实力悬殊到最终的相对均衡的态势，火炬村村民舞者的沉默取得了最终的胜利，这场公权与地权的博弈也以对既定事实的承认而告终。

伴随着浏阳河大桥以及风光带的建成使用，相关区域治安管理巡逻工作也陆续展开。每天晚上七时到十一时，在浏阳河大桥周边都有特定警察站岗，主要负责摩托车、电动车辆的拦截与限制，除此之外就是对周边过密人群的关注，一旦有人群妨碍普通市民在风光带的散步等，就会对其进行驱离或劝散。在火炬村广场舞团队成立之初，由于浏阳河风光带还未完全建成，活动范围也仅仅限定在浏阳河大桥下，由于人流量不大，因此也没有引起与执法部门的冲突。

但自从 2012 年浏阳河风光带的建成使用，执法部门开始对这一部分人群进行重点监督与定点干预。一旦被执法者认定为扰乱公共秩序，就会被劝离。在这种情况下，为了避免惹上麻烦，火炬村广场舞团队的所有舞者在 C 女士的带领下，开始了沉默迁移、自我约束的方式成功规避了执法者的“搅局”。一方面，被执法者设立“红线”的区域坚决不再涉足；在执法者监控的薄弱地带采取“流动作战”的方式，坚持沉默不对抗原则，避免与执法者正面发生冲突；另一方面，火炬村广场舞团队也开始加强自我约束，避免造成不良社会影响。在这一方面，火炬村广场舞者采取的主要措施包括：适当降低设备的声音、队伍参与与退出的秩序化等。在半年的时间里，火炬村广场舞团队成功实现队伍的整合，并在浏阳河风光带逐步确立自己的立足之地。在这场舞者与执法者的博弈过程中，广场舞团队的沉默、随机应变、自我整合起到了重要作用。在不被执法者允许的“灰色地带”，广场舞团队在沉默与转型中谋得生机。如若舞者最初就与执法者产生激烈的对抗，则会面临被彻底取缔的危险。显然广场舞团队选择了通过沉默等潜移默化的方式，逐步将自我存在转变为既定事实。

（四）舞者的无奈：一场与世俗舆论的拉锯战

俗话说：人言可畏。每天透过新闻媒体对广场舞的负面报道，强化了普通民众对于广场舞的负面印象。在公众舆论看来，广场舞似乎已经成为城市社区的一颗毒瘤，仿佛唯有彻底取缔才能换得天下太平。正是在这样的背景下，广场舞成为一般过路市民与小区居民的“眼中钉”。作为火炬村一名普通的广场舞者，她们也有自己的想法。根据笔者对舞者 C 的深度访谈了解到，其实她们并不想扰乱社会秩序，甚至破坏城市公共生活的安宁。她们跳广场舞的初衷只为能够充实自己的晚年生活、锻炼自己的身体。在这支30多人的小组中，有6人身患疾病，其中最严重的一位舞者已经到了尿毒症晚期，但是她们依然坚持，哪怕舞步比别人慢、动作没有别人标准，只为能够让每天的生活有一种寄托，而不是“等死”。在这场与世俗舆论的拉锯战中，火炬村广场舞者有颇多无奈。或许，只有时间才能够让更多人明白，广场舞其实也是可以与城市社区“共存共荣”。

对于火炬村“村民舞者”们来说，这是一场旷日持久的舆论拉锯战。如何占据舆论道德的制高点，并在对外舆论宣传中掌握话语权，需要长期的“自我维权”和“形象公关”才能实现。然而在现阶段，火炬村广场舞者却选择了安于现状、按部就班，每天不间断地进行着属于她们的团体仪式，对于外界的质疑与批评采取不理睬、冷面对的态度，这种我行我素的“村民惰性”在一定程度上加剧了舞者与他者的摩擦与对抗，不利于团队的整体形象重塑和自我转型。

四　式微抑或繁荣：火炬村“广场舞”命运与“村民舞者”归属

火炬村，作为一个在拆迁与重建中走向消亡的普通村庄，本不具有它特殊的意味。广场舞，既熟悉又陌生的名词，在城中村村民的眼中，却是他们由“被动融入”向“自主融入”转变的重要纽带与缩影。当前，广场舞在我国面临冰火两重天的尴尬境地。一方面，广场舞的自发无序的“繁荣”导致公共的灾难，而广场舞者甚至成了过街的老鼠人人喊打。另一方面，局部地区广场舞队伍在政府的推动下不断壮大，规模空前。从火炬村的调查来看，火炬村广场舞面临着不断扩张之势。从最初由本村村部推动到村民的自发参与，火炬村见证了广场舞发展的历史痕迹，也成为近几年来广场舞发展的一个缩影。

（一）变化社会中的火炬村与村民的广场舞情结

作为一个带有浓厚乡土气息的火炬村村民，在不到10年的时间里被裹挟到一个新的城市环境中来。昔日熟悉的村庄在城市的包围下不断被侵蚀，火炬村原有的村庄生态遭到了严重破坏。在城市化的过程中，本村村民的不断分化、外来民工的大量拥入，加剧了本村村民的群体隔离，传统意义上的火炬村早已经名存实亡。然而，城市扩张也人为地给火炬村村民们制造了一些麻烦。

首先，从“村民”到“市民”的身份转变已经成为一道不可逾越的鸿沟。带有浓厚乡土气息的本村人，渴望融入新的城市生活，但却始终游离于城市之外。广场舞的兴起，给予火炬村村民新的契机，他们正面临着自我“身份再造”和“归属融合”的双重使命。

其次，火炬村位于城市与农村的交叉地带，管理的缺位导致社会环境的日益恶化，加剧了村民对城市的主动排斥与自我隔离，最终陷入日益边缘化的困境。广场舞的兴起为火炬村村民与社区市民提供了一个公共交流的良好平台。舞者通过广场舞的学习与交流，有利于火炬村村民与社区市民消除隔阂与偏见，为火炬村村民主动融合创造条件。与此同时，广场舞队伍的不断扩大，有利于促进群体之间的相互包容，推动城市社区和谐与稳定。

最后，火炬村在走向消亡过程中存在着焦虑与迷茫。广场舞的兴起，有利于消除村民疑虑，促进村民自我精神世界的充实，避免村民市民化过程中的消极与堕落。

在现实生活中，火炬村广场舞者通过组建属于自己的舞蹈团队，加强他们对于市民生活的认同，同时提升本村村民的团结程度，不断满足自身日渐匮乏的精神生活。火炬村广场舞团队的建立，强化了火炬村村民之间的横向联系，正如梁漱溟所言，“这个组织乃是以伦理情谊为本原，以人生向上为目的”①。风雨不改的“舞者”们，在其他人看来似乎是一群不合群的“异类”。她们执着，因为广场舞是她们通往市民化道路的精神寄托。她们渴望用舞蹈来诠释生活的变迁，渴望用舞蹈来诉说岁月的情怀；她们坚守，因为广场舞已经成为生活中不可缺少的元素。作为一名即将开始城市社区生活的火炬村村民，广场舞是实现农民向市民身份转变的精神纽带。通过广场舞运动，村民们在每天的简单重复中找寻到生活的节奏，以致不会在空虚的生活中迷失自我。

在这个急剧变迁的时代，究竟是火炬村选择了广场舞，还是广场舞选择了火炬村？这似乎是一个永远都无法回答的问题。只有火炬村村民自身才能体会到广场舞对于他们而言有着怎样的地位与作用，只有在村民身上

---

① 梁漱溟：《乡村建设理论》，上海人民出版社 2011 年版，第 161 页。

才能看到广场舞所留下的深深烙印。火炬村，注定了在城市化过程中走向终结。而村民的广场舞情结却与火炬村的历史变迁有着重要的联系。火炬村村民正是通过广场舞来找寻真正的“出路”。昔日的火炬村只是浏阳河畔一个普通的自然村，现在的火炬村在政府的征地拆迁中早已变得“面目全非”，而火炬村广场舞也应运而生。作为一种退出机制，村民选择了广场舞；作为一种健身运动，村民们选择了广场舞；作为一种精神寄托，村民们选择了广场舞。时至今日，这群广场舞者是等待拆迁路上的“同路人”，更是拥有共同历史过往的村庄“终结者”。在火炬村剩下的村民看来，广场舞是她们聚集相守的精神家园，是村民与村民之间保持联系的纽带，是熟人圈子的“防护网”。

（二）争议与规范：火炬村广场舞的“命运”

火炬村广场舞未来将何去何从？这是笔者在对火炬村广场舞以及村民舞者的调研中产生的疑问。然而，随着调研的深入，笔者发现火炬村广场舞正在争议中走向转型与发展。

从队伍分布来看，火炬村广场舞队伍已经覆盖浏阳河风光带附近，并向周边小区辐射，截至 2014 年 1 月，火炬村广场舞已经开始向芙蓉苑、上克辛顿两个小区转移，其中芙蓉苑小区的广场舞规模开始突破 50 人，领舞者也开始由 1 人增加至 2 人。从性别来看，火炬村广场舞已经突破了女性专利的限制，随着浏阳河大桥西侧拉丁舞团队的兴起，男性的参与已经成为必然的趋势。从地域来看，火炬村广场舞已经突破村级范围，开始向街道和市区迈进。据笔者初步统计，像火炬村广场舞的规模已经几乎覆盖了芙蓉区各街道社区，其中比较大型的有远大路口旁大润发超市广场、东屯渡街道芙蓉公寓小区等。从目前所了解的情况来看，火炬村广场舞正朝着大众化的趋势发展，广场舞也日益成为火炬村村民在市民化转变的替代品。

广场舞现象，已经成为我国迈向消费与娱乐时代的缩影，广场舞的普遍化与大众化，吸引了更多群体的加入。广场舞也从以往的健身向休闲娱乐功能的转化。不过，当前火炬村的广场舞正处在转型与发展的关键时期，在持续争议中亟待规范与治理。

首先是广场舞的场地争议。随着长沙市芙蓉区向外围的不断扩建以及城市社区人口的聚集，公共空间的重叠带来了不同人群的争夺冲突。在这个过程中，摊贩的流动聚集、普通市民的休闲娱乐、村民舞者的团体占道在一个有限的公共空间内交叉重叠，并因此引发激烈的冲突与对抗。在这三者的角力中，普通市民极易以受害者的身份抢占道德的制高点。而火炬村广场舞者由于自身场地的占用以及对公共空间的破坏，往往处于大众舆论“围剿”的旋涡之中，因而极易受到来自社会各方的抨击与批判。因此在场地的选择上，火炬村广场舞团队需要谨慎对待，尽量避免在市民聚集、人口流动大的地方跳舞。与此同时，火炬村广场舞团队需要固定跳舞场地，避免长期流动作战，强化既定事实，努力寻求普通市民的谅解与认同。

其次是广场舞的行为争议。作为市民娱乐休闲的公共空间，广场舞团队架设高分贝的音响，一定程度上造成了对其他市民的干扰与排斥。因此火炬村村民舞者要进一步规范自身行为，减少对外界的干扰，在与其他市民的冲突与争议中，火炬村舞者要学会进一步主动融入，提升自身的文明素养。

最后是广场舞的功能争议。火炬村广场舞团队起初作为健身运动而发起成立的，但随着舞蹈形式多元化，广场舞的功能定位再次面临争议。一方面，新式舞种（拉丁舞、恰恰等）的兴起导致娱乐化倾向突出，这也加剧了公众对火炬村广场舞扰民的担忧。另外，舞蹈队伍的日益壮大，加剧了公共空间的紧张，形成对公众视觉和听觉上的压迫感，因而备受争议。

因此，火炬村舞者在未来的转型与发展过程中，要进一步明确自身的功能定位，是健身还是娱乐，还是二者兼具？是打造精英舞者团队，还是坚持大众化倾向？这是火炬村广场舞团队在未来的转型与发展中需要明确和解决的方向性问题。随着火炬村队伍的壮大以及自身硬件设备的改善，火炬村广场舞的辐射范围开始由公共领域向私人领域渗透。火炬村广场舞突破了原有公共领域的界线，开始向私人领域侵入和扩散，由广场空地开始向各周边小区延伸。执法的“真空”加上公共空间的“狭窄”，加剧了公众对于广场舞的反感和抵制。

总之，火炬村广场舞在发展过程中将面临诸多争议，如何对其规范使之适应转型期的社会生活已经成为亟待解决的重大课题。在笔者看来，从“自律”与“他律”的双重视角出发，加强广场舞团队的制度化约束、健全广场舞组织结构、提高广场舞者的人文素养、培育和谐包容、自律守法的公民精神是破除当前广场舞难题的根本途径。

五　结论

随着市民公共文化的兴起，市民精神文化需求的进一步提升，广场舞已经成为村民舞者市民化转向的重要纽带。在市民化融入的过程中，村民舞者需要同时承受来自村民与市民阶层的双重压力，一方面，村民情结的断裂造成自我归属的短暂迷失；另一方面，村民与市民的冲突造成无形的自我隔离。火炬村广场舞舞者必然在城市拆迁与扩建中纳入市民的范畴。在此过程中，广场舞无疑将成为村民舞者城市社区融入和自我身份的转变的重要途径之一。在村民文化关系网络中，广场舞恰恰是村民力量整合、感情维系的重要一环，在通往市民化道路的过程中，火炬村舞者通过广场舞维持着旧时代的关系网络，并为融入新时代创造条件。

对于火炬村广场舞团队而言，广场舞既是一个大熔炉，也是一个大社会。在这里，既有随处流动、飘摇不定的农民工群体，也有等待拆迁的本地村民，还有居住本地的普通市民，她们有着不同的话语和境遇，因为广场舞而融为一个整体。因此，广场舞既是自我充实的文化活动，也是市民身份的象征，更是自我社区融入的重要纽带，作为“新市民”的一部分，火炬村村民舞者即将迈向一个全新的市民社会。在可见的将来，作为一种有机的连接方式，广场舞无疑将伴随着火炬村广场舞者从“村民”身份的逐渐消亡到“市民”身份的最终确立的整个过程。

第七章　广场舞与小城镇中间阶层民众的生存意趣考察：以湖南省洞口县梦之恋舞蹈队为个案

杨卓为

改革开放以来，中国社会原先固化了三十年的“两个阶级，一个阶层”①的社会阶级阶层状况发生了巨大改变，类似于西方现代化社会结构中的“白领”职业群体在社会发展的进程中逐渐展示出其强大的推动力量。随着社会经济的发展，人们在物质生活越来越充实的生活中开始逐渐追求精神层面的需要。在这样的时代背景下，广场舞作为一种文化艺术形式，不仅可以为民众带来健身娱乐的功效，提升审美情趣，还可以让人们通过广场舞结识更多的朋友，进而从跳舞的团队中找到情感的归属与社交的需要，基于此，广场舞也逐渐成为一项非常受民众喜爱的文化活动和艺术形式。广场舞的推广和传播，使得小城镇的中间阶层的休闲生活有了更加丰富的要素，社会生活有了更为热闹的节奏，民众的公共生活领域也因此有了更为丰富的活动形式。本文将通过对小城镇的中间阶层与广场舞的结合进行个案分析与研究，通过接近于她们的生存状态的“柴、米、油、盐、酱、醋、茶”的划分方式，探寻小城镇中间阶层在当前社会下的生活状态、精神面貌与生存意趣。

一　柴：点燃生活热情的广场舞——广场舞的特征以及功能分析

本文研究的对象湖南省洞口县石江镇梦之恋舞蹈队，是中部省的一个

---

① 陆学艺主编：《当代中国社会阶层报告》，社会科学文献出版社2002年版，第4页。

小城镇的舞蹈队，其所在的社会环境以及社会阶层结构与《当代中国社会阶层研究报告》中的县级市——汉川市相似。[①] 从舞蹈队成员的构成以及其成员的家庭状况分析，舞蹈队这一群体所处的社会阶层为社会中中层，主要为专业技术人员阶层、办事人员阶层、个体工商户阶层以及产业工人阶层。这个群体不仅仅通过广场舞休闲健身，而且还通过自筹经费参加高级形式的表演、比赛，这足以说明她们至少解决了生存温饱问题而达到一种相对殷实的生活状态。

从广场舞的特征与功能来看，本文认为其具有以下特点：

形式的集体性。广场舞不是一个人两个人单独在家或舞蹈训练室跳的舞蹈，它是一种群众参与度很广、且艺术性不是很强的文体活动形式。它要求舞蹈的场地要有一定的范围，从而保证形式上的热闹与宏大；另外由于其相对简单易学的特点，使得其准入门槛相对较低，容易形成集体活动；这些特征表明了广场舞的开放度，人们在从众心理的驱使下会更加容易加入舞蹈的队伍中。同时，这一集体性的活动，在个人层面上满足了人们的社交需求。在社会层面，通过舞蹈带来的交流沟通打破了现代社会人际关系的僵化与冷漠，有利于社会关系的和谐与发展。因此，广场舞无疑具备了明确的社交功能和社会关系调节功能。

内容的多样性。广场舞不是只具有单一的舞蹈或音乐内容，它可以是各种形式的音乐与舞蹈的结合。它的节奏、动作等都具有丰富的形式，而活动内容的丰富性则可以满足不同人的兴趣爱好，可以消解人们的审美时效问题。这也是广场舞受众广泛的主要原因。同时，这一特征体现了广场舞的包容度，所谓海纳百川，这样不仅仅接纳了个体，也团结了整体，人们可以在不同的内容中找到自己的喜好。这正是中间阶层追求的自由与创新，在多元的价值中追求属于自己的真理，也是社会文化前进发展的动力。

效用的实在性。广场舞具备非常现实的健身功能与娱乐功能。健身与

---

① 报告中的结果是根据在汉川市的调查而确立的政治地位、经济状况、文化技术、行业职位、劳动就业这五项标准和另外十项指标及其加权系数而进行的。然后再通过一系列的统计运算得出汉川市社会各阶层的社会地位的相关数据。数据显示，社会阶层中的专业人士阶层更多的集中在社会中上层（宽裕层）；个体业者、商服人员以及工人阶层更多的是分布在社会中中层（小康层），而农民阶层更多的是在社会中下层（温饱层）。在汉川市，这几个阶层构成了社会中间阶层的绝对主体。而像管理人员阶层以及私营业主阶层则是社会上层（富裕层）的中坚力量。陆学艺主编：《当代中国社会阶层报告》，社会科学文献出版社 2002 年版，第 347—349 页。

娱乐可以说是广场舞最基本的功能，无论从常识或经验来看，其效果都是实实在在、显而易见的。身心愉悦是每个人都向往的一种生活状态，社会的中间阶层拥有在工作与茶余饭后的时间与心思来使其身心得到更加健康的锻炼，在这样的生活框架下，广场舞显然是一种不错的选择。

二 米:享受品质生活的舞蹈者——舞蹈者生活环境与背景分析

洞口县是湖南省西南地区的一个小县，石江镇则是洞口县的一个发展相对较好的镇。这里曾经有许多小型国有企业，但是后来基本都倒闭了。社会主义市场经济的建立让社会有了更多的私营企业主和个体工商户，曾经一时辉煌的乡镇工厂被形式各异的私有经济的旺铺所取代。本文所研究的舞蹈队成员全部是女性，绝大部分是镇上的人，还有几个是离镇不远的一家煤矿企业的工人或家属。他们大多有着稳定的家庭结构，在经济收入上是相对稳定的。舞蹈队成员家庭中夫妇基本都有着相对稳定的职业或收入，在镇上一般是中等水平。成员有企业一般管理者、银行工作者、教师、药店店主等，无论是在单位工作还是做生意，一般都是朝九晚五的工作模式，也有工作后退休的家庭，总之，生活有忙有闲，不必锦绣非凡，倒也安心自在。他们对下接触着普通的农民百姓，对上与镇里的管理者以及富裕阶层有着一定的交集。这样的家庭不会为生计发愁，不会为单一的生活模式所捆绑，他们会间或地关注并享受闲暇时舒适而欢快的生活方式。不紧不慢的生活节奏以及小康水平的生活状态让他们的生存有更多选择上的自由。

同时，从性格或心理的角度来说，这些舞蹈者都有着相对外向开朗的性格，否则很难想象在公共场合说话都脸红的人是乐于在公共场合进行舞蹈表现的。而且她们或多或少是自信乐观的，或者说她们有能力应对或消解外界对其自身的看法和评价。从这一点，我们可以看出这一群体对自我的认可以及阳光向上的精神面貌。另外，这一群体不再仅仅局限于类似打牌、散步等休闲娱乐活动，她们对于生活有了进一步的美的追求，生活情调成了阶层关注的生活的一部分。她们对于广场舞的认同不仅仅在于对舞蹈的喜爱或是健康的关注，更是一种对于品质生活的追求与享受。

三　油：滋润交际生活的新形式——熟人社会与半熟人社会网络的交织

广场舞不是一个人对着镜子跳得不亦乐乎，也不是三两好友一起进行舞蹈交流，而是强调大众的参与性。正因为广场舞，人们从室内走向了户外，由先前经常与三五个亲朋好友在一起休闲娱乐转化为在户外广阔的场地与熟知或者不熟知的人在一起听着共同的音乐，迈着相同的步调，从所谓不熟或者半熟的人际关系到熟悉的人际关系的转变。广场舞在某种层面上为社会熟人网络的发展提供了空间的可能，构筑了将法理社会与礼俗社会有机结合的一个平台。而后，我们将会看到这样双重性质的平台对整个舞蹈团队的作用与影响。

在笔者考察的个案中，舞团的建立是一个由半熟人网络到熟人网络的构建，再由熟人网络到半熟人网络的拓展，最后新的熟人网络得以构成的过程：

舞团的领队A女士，先前并不是镇上广场舞的发起者，其本人是一位音乐老师，对舞蹈有着强烈的热爱。在得知镇上有人在跳广场舞时，便加入其中。在这群体当中，这位女士并不与之前的人熟识，虽然同在镇街上，但是之前并没有什么交集。这位女士的舞蹈素养与能力很快使其融入这个群体中，并成为教学新舞的老师。长期下来，这位女士构建了这样一个熟人网络。然后，在这个网络中与其中舞蹈能力较强和舞蹈兴趣更浓厚的成员自发组织成一个参与比赛的队伍。再通过这个队伍中间的成员的熟人网络，将志同道合的人吸附进这个团队当中，这样就是一个以熟人网络为基础构建的半熟人际网络。这样一个网络随着交往的加深，就形成了新的熟人网络。

这就是广场舞带给人们的人际关系的一个变化。这个变化反映出人们生活内容和形式的丰富性。过去人们人际关系网络的构建更多的是建立在血缘或者工作学习关系基础之上，而基于共同的兴趣爱好而形成的关系群，使得社会人际关系的形成方式更为丰富。这在某种程度上得益于社会的发展和科学技术的进步，人们的思想变得更为开放多元，通信业与交通业的发展使得舞团内部的交流更为方便、快捷，这是时间、空间距离被替代或压缩的结果。在大城市或相对发达区域，类似舞团这样的兴趣团体必然是更丰富多元的。

四　盐：拒绝平淡步调的小团体——平凡而又不甘平凡的舞者

广场舞作为新兴的群众性文体活动，它最普遍的功能是健身与休闲娱乐。从这个角度来讲，广场舞更多的是服务于群众个体，参与者可能拥有相同的目的，但未必拥有共同的目标。换言之，人们是为了健身或娱乐或交际等来选择在一起跳广场舞，而不是通过一起跳广场舞来进行团体目标的实现。前者是以个人目的为导向，而后者则是以集体目标为导向。两者价值选择的不同，必然会形成其他方面的差异。随着广场舞现象的不断发展壮大，社会各界的关注也日渐加强。广场舞推广价值的扩大逐渐影响着社会各界的行为与态度，这其中包括社会企业、政府部门、媒体等，当然也包括广场舞的参与者。广场舞已经不单单是人们运动休闲的一部分，更是逐渐从生活走向舞台，以表演或竞赛等更高的姿态进入社会的公共生活层面，由于广场舞的比赛、表演活动不断增多，也带给了越来越多平民百姓展现自我，登上绚丽舞台的机会。

本文所调查研究的对象洞口石江梦之恋舞蹈队就是在这样的社会环境下产生的一个团体。一群对舞蹈充满热爱的中年妇女，尽管曾经在不同的广场舞圈子活动，但基于共同的对舞蹈舞台的梦想而聚集在一起，形成了一个具有一定组织性、目标性的共同体。在后文中，我们将会看到，这一群体的主要目标就是为实现自己的舞蹈梦、舞台梦，进行自我的表达与展现。广场舞者的情感取向赋予了其对于舞蹈的热爱与生活梦想的追求。这是形成团队的重要核心。

在访谈舞团成员的过程中，不止一位舞团成员主动强调过对舞蹈的这份情感，她们在谈论到这里时总有一种踏实的自豪感。她们中有曾经的文艺青年，有校园舞蹈队的骨干，有歌舞厅的闪亮之星……不过在结婚之后都有了忙碌的生活，年轻时的激情和梦想都渐渐成为不可复制的回忆。然而，广场舞又重新唤起了她们心中的那份对舞蹈的热爱之情，在这样强烈的情感召唤之下，她们形成了属于自己的、并非矫揉造作的团队目标。

舞团的成员平日不一定会在同一个场地跳舞，她们会选择于自己最为方便的场地进行舞蹈活动，舞蹈可以说是她们生活中的一部分，即使不是为参加比赛而训练时，舞团的人也是严格要求自己，无论从舞蹈动作还是舞蹈时间，她们都会比没有加入舞团的人员做得好，坚持得好。除非不可抗力的影响，她们都会以一种近乎职业的态度来对待每日的舞蹈活动。其中，舞团的领队 A 女士可以说对舞蹈达到了近乎痴迷的态度。她在年轻时就是舞厅的常客，并且经常成为场中的焦点，婚后这样的场所就没有去了，她就选择在家里跳。广场舞开始兴起时，她便将时间与热情洒在了这样的生活情境当中。同时，她还把自己大学刚毕业的女儿也拉入了自己的舞团队伍之中，这样的母女齐上阵的场面，并不常见。另一位 M 女士，由于自身在单位上班，有时下班后就是跳舞的时间了，自己往往晚饭都没吃，在操场上一跳就是两三个小时，平日不上班的话更不用说了，如果她在打牌，听到舞蹈广播一起，就会马上放下手中的牌，去操场跳舞。而且，M 女士很乐意与他人分享舞蹈的乐趣，甚至有时自己会将舞蹈刻盘送给朋友。

在一个名不见经传的小镇上，人们往往只是默默地度过一生。这里没有大红大紫的潮流人物，没有大起大落的传奇故事，上天赋予了这座小镇平凡，更将平凡赋予了存在于草木间的人们，正因如此，这样一种持久而热烈的情感使得她们这群舞蹈者变得与众不同。因为热爱，她们愿意花更多的时间、精力甚至是财力倾注在舞蹈之上；因为热爱，她们才有上台表演的机会和勇气。这样一种热爱，也是对生活的热爱，是对生命的一种积极态度。按照马斯洛的需求理论层次界定，人的需求像阶梯一样是不断上升的，中间阶层在满足了生理和安全的需要之后，必然会追求更高层次的需求，而广场舞则能够满足人们的社会需求、尊重需求甚至是自我实现的需求。如果有机会，她们当然愿意举起双手，托起心中的梦。这样的梦不是简单的梦，作为转型时期社会的中间阶层，这样的梦是这个阶层的一种人生的自我实现。

在这样一个普通空间里平凡生活着的人们，或许在人生路上的某个阶段，也曾经有过美好而又远大的憧憬，有过青春华丽的悸动，但现实终将其吞噬于平凡之中，有些即使没有消磨殆尽，也已被深深地封印，等待遗憾将之收走。然而，这群社会中中层的舞蹈者们却是如此地勇敢而坚韧，她们是平凡的众生，却不甘平凡地生活，她们始终怀揣着展现人生美好的梦想，在小小的内心里面包含有大大的世界。舞团领队 A 女士说自己最大的愿望就是带领团队走向中国梦想秀或春晚这样的大舞台。这样的梦想与年龄无关，与身份地位无关，她们都在为人生美丽的绽放而努力。

五　酱：演绎幸福梦想的大世界——一步一步，绽放不一样的精彩

梦之恋舞蹈队成立不过是两三年的事，但队伍的发展和经历却是快速而丰富的。队伍由最初的 12 人几经扩增和筛选已经变成现如今的 24 人；由参加县里面的比赛和文艺调演到参加全省级别的比赛甚至上北京参加全国文艺汇演，这一路的成长和发展使得舞蹈队成员收获了很多人生的喜悦。

（一）团队篇

舞蹈队最初是由住在镇上的热爱广场舞的中年妇女组成，她们的组队是靠一位热爱舞蹈且在当地舞蹈水平很不错的 A 女士一手带起来的。A 女士是一位教师，她在石江镇学校舞蹈比赛这一块是很有名的，曾经多次带领学生取得过舞蹈比赛的优异成绩，而且其本身的舞蹈天赋和修为让她在镇上广场舞圈子得到很大的认可。不过 A 女士关于组建舞团的想法来自一次偶然的机会。在得知县城某房地产开发公司举办歌舞大赛，A 女士便在广场舞的圈子中寻找了其他 11 位志同道合的女士，组建了一支队伍，取名：梦之恋。

这次比赛的时间是 2011 年元月，地点是在县城的雪峰广场，比赛经费全部是由队员自己承担的。不为别的，只因自己的喜好。舞团的第一次上场亮相就是这样开始的。根据成员的讲述，她们当时内心非常激动和欢喜，整个团队的表演都非常具有亲和力。因为每个人都面带微笑，这种笑不是在演戏的那种，很多队员是没有舞台经验的，这种笑更多的是带有紧张与激动，真诚而又质朴的笑。因为她们心中有着快乐，有着对舞蹈的热爱，因此，她们的动作也是那么自信而美丽。初次登场就取得第三名的好成绩，这不能不说是对舞蹈队的一个巨大肯定。而且，在比赛中有队员的同事、朋友组成了啦啦队为梦之恋队加油，场面很热闹，由此可以看出广场舞本身的魅力及其所表现出来的感染力。

初次的成功不仅给了舞蹈队成员很多的欢乐，更给了这个小团体强大的自信心。就这样，队伍在当地的圈内逐渐有了名声，队伍逐步发展起来。2011 年 8 月，队伍还参加了县里的乡镇文艺调演，这次演出是镇文

化站与舞蹈队联系的，活动经费是由镇政府提供的，这次活动舞蹈队也取得了一等奖的好成绩。在这次比赛中，队伍已经发展到了19人的规模。

这之后就是一个重大的跨越式发展，2012年4月，舞蹈队成员在电视上看到湖南移动电视举办的广场舞比赛，就询问队内成员的参加意向。结果大家都赞同，于是开始了这次比赛的筹备，队伍参加这样的比赛需要更多的成员，不然在队形和舞蹈动作的编排上会有很多问题，于是，队员就各自利用自己的交际网络寻找愿意加入舞蹈队的同伴。最后定下来的团队规模是24人。参加湖南移动电视台播出的“舞味俱全”广场舞大赛是梦之恋舞蹈队第一次走出洞口县参加大型的比赛。这对于在小镇上组建的一个团体来说是一次新鲜而又陌生的经历。

这次比赛分为初赛、半决赛和决赛三个阶段。初赛阶段是在衡阳参加的，因为邵阳地区不是赛区，所以整个团队每人自筹了600多元去参加比赛，队伍在衡阳还留宿了一晚。整个比赛过程可以说是顺畅流利的，尽管大部分成员上场比赛经验有不足，但是她们还是有足够的自信，因为她们平时训练非常用心刻苦，而且她们也会观察其他参赛队伍。舞蹈队最年轻的队员、A女士的女儿就说，她根本就不紧张，因为她觉得她们这个队伍会跳得最好。果然，舞蹈队直接进入半决赛，半决赛阶段的成绩是初赛成绩与网上得票成绩的总和，因此，在网上投票阶段，舞蹈队基本就没停歇过，队员们发动亲朋好友，亲朋好友再发动亲朋好友，这样一圈一圈人际网络，为舞蹈队提供了强大的支持。A女士在投票结束的前一晚是一宿没睡，为投票的成绩付出、守候。功夫不负有心人，舞蹈队又以赛区第一名的成绩直接晋级总决赛。在总决赛之前，所有舞蹈的编排，包括音乐都是舞团自己通过网上学习、摸索、改变而来。参加长沙总决赛的舞蹈是某位成员的学音乐专业的女儿亲自为其编排的。因此，整个舞团的水平有了大幅度的促进。总决赛总共43支参赛队伍，10支直接晋级总决赛的队伍是排在后10位上场的，在比赛当天有个队伍来了整整好几辆大巴的人，整个比赛现场可谓人数众多。梦之恋舞蹈队知道这比赛是各个赛区的高水平队伍的较量，比赛的形式和内容都比前面的要宏大。一方面队员们给自己加油打气，觉得大家水平差不多，场上发挥更重要，从而保持好的心态，另一方面，在上场之前进行认真的操练，为上场做好充分的准备。

总决赛第七名。这是梦之恋舞蹈队参加此次舞蹈大赛的最终成绩。对于这个成绩，队员们还是有些失落，但这是整个邵阳市的舞蹈队在这届比赛中取得的最好成绩，另外参加总决赛的也有一支洞口的舞蹈队（L舞蹈队）。这支舞蹈队是县城的一支舞蹈队，参加过很多大型的比赛，且成绩都不错。而且L舞蹈队成员的家庭背景、社会地位都要高于梦之恋队，相比起来，这个队成员的社会地位在当地至少属于社会中上层，部分甚至可以说是上层。但在此次比赛中，L舞蹈队的成绩不如梦之恋队，这对于梦之恋队的成员来说无疑是一个巨大的肯定，舞团对自己的实力有了进一步的肯定。让人感动的是，队伍在长沙的比赛也有很多亲友在现场支持，有的是在长沙工作学习的亲友，有的则是从家里放下手中的事情陪同过来的。比赛结果一出，队员们都在第一时间与家人好友分享欢乐和喜悦。

从长沙比赛回来后，舞蹈队有了很大的变化，当然，最主要的是对自身的认可与肯定。队员们彼此多了一群好姐妹，相互之间在平时会有更亲切的交流、聚会。回到镇上，平日的舞蹈圈子的人对她们有了羡慕和认可，就像有的队员说的，这是人生难以忘怀的经历，是人生中难有的辉煌与快乐，世界这么大，舞蹈队的精彩还在继续。

10月长沙的比赛结束，舞蹈队受到由文化部艺术服务中心等单位主办的“盛世欢歌”第二届中国中老年文艺汇演的邀请，去北京表演。表演的时间是11月底和12月初，队员们听说能去北京，而且是在人民大会堂表演，都非常乐意，但是经费和时间是比较扰人的障碍，尽管队员们不是不能承担这笔费用，但是这一系列的比赛累积起来已经花掉了队员们一定的精力和财力。最终，舞蹈队通过各种方法和渠道克服了困难，终于一起去了北京，参加了汇演，并获得了银奖。在北京的汇演也有很多的收获，队员借着在北京参加汇演的机会也将其当作一次旅行，接触更大的舞台，认识更多的事物，见识了外面精彩的世界。北京的表演场地是室内的，而且舞台效果很好，队员们对此感觉很好，此外，还遇到了先前在长沙比赛的其他湖南队伍，曾经是比赛的对手，在这里成为了可以寒暄的老乡、朋友。

从名不见经传的小镇一路走向省会城市、再到首都，这是这一群舞蹈热爱者努力实现自己舞台梦想的辉煌历程。舞团的天空在一步步扩大，在一步步向外界展现着自己，同时在走向外部世界的同时，不断提升着自身，丰富着自身。这对于舞团的成员与其家庭，亦是如此。

（二）个人篇

舞团的领队A女士是梦之恋舞蹈队的元老，从舞团的建立走到现在，一直是伴随着舞团的成长。这一路上，A 女士自身与其家庭也因为广场舞而有着不一样的经历。

在组建梦之恋舞蹈队之前，A 女士每天只要下午去跳跳舞，然后一段时间通过网络学习新舞教教大家即可。在组建队伍参加比赛后，工作外的时间就给了舞团，家里的生意就由其丈夫担当更多。其丈夫一直以妻子的舞蹈能力为荣，也非常支持妻子参加舞蹈比赛，但是他认为他的妻子不太善于处理社会交际方面的事情，所以舞团的很多事情需要 A 女士处理的时候，丈夫总是友好耐心地为其分担，出谋划策。在参加“舞味俱全”的比赛之前，是 A 女士一个人参加舞蹈队，在去衡阳比赛时，A 女士让自己的女儿也加入了梦之恋的队伍之中，母女齐上阵了，这一家与广场舞的联系就更紧密了。在长沙比赛时，更是一家三口同去赛场，母女二人在台上比赛，父亲在台下鼓掌呐喊。这是整个团队中唯一的全家一起参与到广场舞的活动中来的家庭，这样的家庭是如此的简单与幸福。平日里，也许各自有事要忙，难得一起出门，因为广场舞一家人特地放下手中的生意、工作一起欢聚在热闹的世界中。

Y 女士与丈夫二人共同经营着一家药店，平日每天跳舞的场地就是她家药店前面的空地上，所以 Y 女士每天跳舞都很方便。丈夫每天都等她跳完舞之后再关店面然后一起回家，Y 女士通过这一路的训练比赛，对广场舞的认识也发生了很大的变化，对自身的要求也更高了，对于专业素养也有了一定的追求。而且，长期跳舞以来，Y 女士的身体身材都保持得很好，有顾客到她店里买减肥药时，她首先建议顾客靠运动减肥，除非迫不得已再用药。当时说要去长沙比赛时，Y 女士的丈夫是反对的：“还要出 1000 多块钱，又耽误时间，不去，不去。”Y 女士知道家里店面要看，而且还有个两三岁的小孩要看管，但她也确实是热爱舞蹈，人生也难得有这样的机会去外面比赛。最后，丈夫对 Y 女士的坚持妥协了。而且在这以后，丈夫的态度也转变了很多。在北京的表演赛，更是陪同妻子一同前往。夫妻二人也说是借此机会去旅游，不然平时要做生意、忙家务，根本没时间没机会。这也算是对日常生活模式的一种突破吧。

与 Y 女士的丈夫不同的是，T 女士的丈夫则是毫无保留、贯穿始终地支持。因为夫妻二人都是退休工人，平日有的是时间，加上 T 女士与丈夫都喜欢锻炼。平日里，T 女士跳广场舞，丈夫就在操场周围散步。等到 T 女士参加比赛，丈夫更是每场陪同前往，对于夫妻二人来说，既是参加比赛也是幸福的旅游。T 女士笑着说："平常花钱还怪小气的呢，这个广场舞的比赛他倒是很支持。"这是这位成员对自己丈夫的调侃。还说要是舞团要男同胞的话，他也愿意当一分子。夫妻间的恩爱根本不用秀，每次的陪伴就让足够人赞美不已。

M 女士是一位企业工人，女儿和丈夫平日住在邵阳，与女士工作的地方较远。女士平时上班都不回邵阳的家，待在上班的地方，只有休假、下岗的时候就回邵阳与女儿、丈夫团聚。参加梦之恋舞蹈队之后，回去的次数就更少了。因为要比赛，所以训练占用了大量的时间。甚至她很多时候不得不与同事进行换班来调整时间，以协调两者之间的矛盾，这样平日家里的事务就由其丈夫来照料。不仅如此，其丈夫还经常带着女儿到洞口石江这边来与妻子相聚，并观看舞蹈队的训练，为舞蹈队加油、出谋划策。就这样，家庭的交流也因为广场舞而发生了变化，情感也更加深刻。在舞蹈队去北京参加汇演之前，M 女士的丈夫感觉身体不适，就去医院做检查，医生说很有可能是喉癌。丈夫怕家人担心，只和 M 女士说了此事，夫妻二人也没有对外界提及此事，这样，M 女士一方面担心丈夫的身体，另一方面还得考虑团队比赛。夫妻二人决定跟着队伍一起去北京，这样丈夫好再次做检查，如果不是癌症，那就放心了，如果是癌症，就当做夫妻间的最后一次旅行。夫妻俩从认识到结婚，双方一直忙于工作，难得去旅游。去北京，丈夫特地向公司请了 7 天假，幸运的是，检查之后并不是先前的诊断所认为的癌症。

其实每个舞蹈队的成员及其家庭都有与舞蹈队的故事。这些故事都体现了舞团的成长与每个成员的行动密不可分，同样每个舞蹈队员的行为都会受其家庭因素的影响。在笔者的考察中，舞团的成员多数因为广场舞更爱自己的团队，也更爱自己的家庭，团队是如此的努力与强大，一群普普通通的小城镇的女性，为了自己热爱的舞蹈，不惜付出巨大的艰辛与汗水，在一个个不断扩大的舞台上绽放着自身的魅力与精彩。而在这精彩的背后，有着同样为广场舞付出的成员们的家庭，这些家庭伴随和见证了舞蹈队的成长与辉煌。这些家庭也随着舞蹈队的成长而不断地让自身变得更加温馨和谐，每个成员对家庭都更加有感激之心和珍惜之情。因为，这让她们感受到了家庭的爱与包容、理解、支持。同样，也正是因为广场舞让我们见证了大世界承载着个人与家庭共同的梦想以及大世界中一个个小家庭的幸福美好。

六　醋:伴随风雨艰辛的坎坷路——舞团与现实的博弈

我们在看到梦之恋舞蹈队风光与荣耀的同时，不能忽视这样一个小城镇的舞蹈队为实现梦想而遭遇到的背后的困难和艰辛，以及为之付出的汗水。醋是酸的，而舞团同样有困难酸楚的经历，而舞团经历的这些风雨酸楚有些是来自团队自身的，有些是外部世界引起的。一支队伍，两重世界，活动中的舞蹈队这样一个阶层在团队与外部社会这两个不同的世界里，其体味的酸有着不同的含义。

（一）社会中的舞团

作为一个非正式组织，舞蹈队的组织成分以及存在环境都决定了其所具备的局限性。舞蹈队在当地是中阶层，成员经济收入、受教育程度等都不是很高，而且在这样一个不发达的小镇上以非营利性为目的的自发组织是少有的。组织没有参照的对象，也没有受过专业的组织管理培训或指导。因此，队伍的发展与管理并非易事，舞团作为社会中的一个单元，必然会面临不同的问题与困难。

随着队伍参加活动的层次越来越高，对队员的舞蹈素质要求越来越高。因此，队伍的准入机制也会相应提升，这就会在队员去留的选择上出现问题。有人很想留下，奈何舞蹈功底不行，在训练中经常拖后腿，延迟舞蹈排练进度。但在这样的制度性不强的组织里，人情伦理在事务上有着很大的影响力，组织者既要考虑团队的舞蹈水平，又要顾及队员们的思想情绪和心理感受。因此队伍对于这样的情况有着很难的选择。这个过程中也就因此造成了队内的一些矛盾和争论：组织者作为整个舞蹈队的核心，把握着组织整体的动向。但是，面对这样的情况，组织者很难决定，因此有队员提出匿名投票的方法淘汰部分成员。但组织者最终以“姐妹们一个都不能少”回绝了队员的建议。这是一次情感、道德同理性与目标的针锋相对，也反映出组织内部价值观念的差异性，虽然团队人员一直没有减少，但是这样的事情对团队和队员的影响却持续存在。

比如说，有位成员对舞蹈的接受能力很强，但是性格比较直率，所以容易闹一些情绪。舞团参加比赛需要经费，因此团队就打算寻求赞助。但这位成员认为拉赞助像讨钱一样，所以不支持。提倡拉赞助的成员辛辛苦苦为团队跑上跑下，却被泼了冷水，所以在回答的语言和语气上有些过激，这样两人就起了矛盾，她就决定退出，最后，在另一方道歉以及其他队员的劝说下终于归队。而在去北京参加汇演之前，梦之恋舞蹈队还是想拉赞助，刚好队伍与前面讲到的县城的那支舞蹈队有联系，她们希望可以通过这支舞蹈队有些成员的关系拉些赞助，以做演出经费。人家听说可以去人民大会堂表演，也就赶来几个人与梦之恋队伍合练，准备到时一同前往。但是在编舞时，先前的队列都已被重新编排，有些成员就找不到自己的位置了。这位成员就说："把自己的人减掉，要县城的人加入好了。"众人说她这话说得不对，因此就发脾气了。后来县城来的那几个还是退出了，她们说："如果我们的加入不能为整个团队加分，反而减分的话，那就没有必要参加了。"

类似这样的插曲在整个团队不算少见。这些事件也反映出某种程度上组织的自我认同感与群己界限的划分。尽管群体有了一定的组织成员身份的认同，但是在为共同的目标而努力时，面对外界的环境，舞蹈队显示出内在的软弱性与妥协性。

梦之恋舞蹈队在长沙参加全省的比赛，获得邵阳地区唯一一个前八强的名额，但这并没有给其带来类似乡土明星团队的关注与影响。她们毕竟只是一个小的民间组织团体，再加上是在名不见经传的小镇上，更难得到政府和大企业的赞助，其经费是没有持续稳定的外部支持来保障的。后来在去北京参加汇演之前，有位成员的丈夫鼓励梦之恋舞蹈队通过制造舆论来扩大影响，从而赢得社会各界的关注，为筹集经费解决后顾之忧。他曾经建议舞团派两个成员与他一同前往市电视台制造舆论。但是团队里面有人并不赞同，反问道："你以为电视台是你家开的啊？"这样的举措在团队里认为是很难有用的，她们的意识与社会经验告诉她们这些外界的联系方式离她们还很遥远。她们宁愿选择放弃或者让自己多承担些，也不愿尝试在熟悉而又陌生的社会中去寻找她们渴求而又不敢触碰的东西。这也许是这个阶层对于社会的一种认知与感受，她们的安全感更多来自手头上的踏实之物与熟人宗亲社会中的庇护，所谓的公开的制度，法律或者规则并不适用于普通的民众。

作为这样一个民间组织，不像正式的组织那样具有严格的制度性、组织性和纪律性。虽然她们是一个利益共同体，有着共同的利益和目标，但队伍秩序的维持以及团结更多的是依靠成员各自的意识、情感，以及社会的道德观念。队伍在训练过程中经常会碰到有人迟到的问题，会拖延整个团队训练的进度，尤其当作为团队的重要组织人员因为打牌而训练迟到，这让团队其他成员感到不满。因此，有队员提出罚钱或为团队买水果的惩罚办法，这一措施在最初实施阶段有一定效果，但是后来逐渐失去了其约束力。管理机制的不完善反映出队伍的局限性，队伍的成员绝大部分受教育程度有限，而且有的从来没有进入过正式单位或组织，观念、意识的差异使得这种惩罚性力量很难起到整体规范的效果。

制度性组织性无法加强，但是依靠权威进行管理也行不通。舞蹈队的发起者仅仅在舞蹈方面是整个团队的权威，但在综合管理等方面却相对欠缺，就连发起者的丈夫也说自己的妻子在生活事务方面远不及其舞蹈水平。换言之，其可以称得上是专业型权威，而不是领导型权威。加上队内成员的社会地位相近或相同，很难有个人拥有绝对的能力让成员信服，来担当好对组织的管理职责。组织的管理不完善还会导致其他问题的出现，队员的态度情感的需求变化照顾不到位容易降低队员对组织的认同感、归属感，从而使组织的集体凝聚度降低。队里有位成员，家在邵阳市城区，她本人在石江的煤矿企业上班。因为训练和比赛，她牺牲了回邵阳与家人在一起的时间。在长沙参加比赛的时候，她因之前受伤而打了封闭针坚持上台。丈夫希望舞团的领队能够先和组委会说明一下这个情况，以免万一出现状况，各方面都有个好的预案。但是领队没有去和组委会说，这使得成员和家属很伤心。后面，家属和工作人员讲了情况，工作人员听说之后都流泪，并说可以随时调整比赛次序，这位成员当时也哭了，但是领队没有注意到。这位家属说："万一队员在比赛时摔倒了怎么办？观众和评委怎么理解？成员的伤怎么办？自己出了医药费也就算了，但是不能被人误解，没有受到理解和适当的关心很让人伤感。"这些事情使得队员内心有了很强的失落感，这样无形中将队员从组织中剥离出去。

队员之间关系的不稳定会导致队内财务管理的意见分歧，因为队伍内部会有非正式群体的小群体之分，群体之间与内部就有着低度信任与高度信任的差别。[①] 团队是逐步扩大发展起来的，成员也就因此有了先后之分。队员之间认识的时间越长，彼此之间更容易建立起高度的信任关系，反之，则信任度越低。舞蹈队曾经的财务是由一个人负责的，钱和账都由一人管理，但队伍扩大后，有人提出查看账目，这让管财务的人认为这是

---

① 薛亚利：《村庄里的闲话——意义、功能和全力》，上海世纪出版集团2009年版，第102页。

他人对自己的不信任。这同样反映了组织的不够成熟，制度不明确，依赖熟人情感来进行组织管理必然会导致的问题。后来，队伍的钱和账由两人分管，管理看似是正常了，可队员之间的芥蒂却因此而生成。

另外，由于队伍的文化水平、普通话水平以及与外界交往的机会欠缺，导致队伍在与外界沟通和接触方面出现一定的障碍。有的队员认识到，队里没有能真正进行话语表达和交际的人才，使得团队容易陷入沟通不畅的窘境，当团队需要表达集体意见与外部对话时，没有能很好担当此任务的人选，这些都是在实际中面临的困扰。由此带来的矛盾、困难，又使多少成员因此而失望，甚至伤心沮丧呢？因此，队伍要想发展得更好，其作为一个整体还有很多的工作需要努力，这样才会在与外部世界的交流中获得更有利的因素。现实就是这样，舞团一方面与自身在争斗，另一方面与外部世界进行着博弈。

（二）舞团外的社会

舞蹈队是一个活动的阶层，它将其置身于一个比自身大得多而且复杂得多的社会之中，外部环境对舞团的作用让处于社会中中层的舞蹈队体味到了不一样的失落与无奈，这种失落或无奈或是埋怨，不是对某一个成员而言，而是对整体的舞团而言。

舞蹈活动的场地条件是困扰舞队的基本问题。广场舞的特性决定了其对舞蹈场地的要求至少是开阔空旷的场地，但是，舞团所在的石江镇没有一个露天的公共娱乐休闲场地，梦之恋舞蹈队只能克服困难寻找一切可以训练的场地。舞蹈成员有的是教师，所以舞蹈队有在老师所在学校的空教室里训练过，但是在养猪场附近，臭味特别重，而且附近蚊虫特别多，很多成员都受不了；另外也在某单位的电影院舞台训练过，以便照顾需要上班的成员的时间，但是电影院里面的舞台已经弃用很久了，整个电影院都是闷燥，灰尘厚叠；当然还有有街边店铺的前坪……总之可以利用的场地资源基本都尝试过，克服过；最后在梦之恋舞蹈队获得参加湖南移动电视台举办的“舞味俱全”广场舞大赛决赛的资格后，镇政府同意将镇政府前坪的篮球场作为训练舞蹈的场地。这是梦之恋队最好的训练场地了。但实际政府为其提供场地并不是很情愿的，因为音响会影响到政府办公，但是镇政府刚好可以用梦之恋舞蹈队的事迹来发表宣传稿件，所以也就接受了舞蹈队的行为。每次问到队员这场地的事，坚韧的队员们也露出了无奈的感叹。

其实训练场地的事情不是梦之恋队与政府方面的第一次接触。在参加

“舞味俱全”广场舞大赛之前，她们曾经被镇政府邀请代表石江镇参加县首届乡镇文艺汇演，经费是镇政府报销的，但因预算有限，队员的饮食等方面没有得到应有的照顾，致使队员曾与镇政府的工作人员发生了矛盾。某位成员在其网络空间发表了如下日志：

> 8月8日晚上7点30分，洞口体育馆举行了首届洞口县乡镇文艺调演活动，石江镇梦之恋广场舞队代表石江镇参赛，参赛舞蹈节目《映山红》获得一等奖，将在十月一日代表洞口县赴邵阳市参赛。
>
> 看起来是一个喜讯，但却没有让我们大家有太多的喜悦和激动，原因一：这次的参赛节目质量太差了，我们没有对手，真是胜之不武。原因二：期间有太多的矛盾和不愉快。
>
> 最主要的矛盾是我们广场舞队与石江文化站之间的矛盾。文化站认为这次活动所花费用已经大大超出预算，预算是3000元，但是后来花费了5000多元，所以我们吃饭都是在小吃店吃的。而我们的队员们认为文化站的人太小气，竟然让大家在小吃店吃饭，真是太看不起人了，下次比赛坚决不去了。
>
> 回想起上次我们大家参加的洞口县首届绿景杯大赛，虽然只得了个三等奖，但是大家开心很多，因为那都是大家自己出的钱，所以就没有上面所说的什么矛盾。
>
> 这次训练当中队员与队员之间，在做衣服上也闹过些小小的不愉快，值得高兴的是：大家齐心协力，扫除了种种障碍，化解了种种矛盾，终于有了一个完美的结局。
>
> 勇往直前，碰到困难绝不退缩。当我在心里流泪的时候我也要告诉自己这么做。
>
> 感谢所有的队员们，你们的大度与宽容，勤奋与刻苦才能使我们这个团队一路走下去。
>
> 看到别人的优点才能使自己得到真正的快乐，心里有佛看什么都是佛。以此共勉！①

① 网络资料来源：http：//user. qzone. qq. com/462397875？ADUIN = 867364194&ADSESSION = 1412818297&ADTAG = CLIENT. QQ. 5359_ FriendInfo_ PersonalInfo. 0&ADPUBNO = 26396&ptlang = 2052。资料提取时间：2013年3月20日。

可以看出，舞蹈队与政府之间的关系基调就不是愉快的。在这以后的活动中，舞蹈队和政府之间几乎没有联系，包括去长沙参加比赛等，都是自己掏经费，解决各种问题。开始舞蹈队也自认为没什么，因为这一群姐妹为的是自己的舞蹈和梦想，只要开心充实就好。但在长沙获得全省八强的成绩之后，有位舞蹈成员的哥哥在政府财政部门上班，他主动提出要为梦之恋舞蹈队向政府申请经费，这时舞蹈队才意识到比赛的活动经费是可以由政府赞助的。对于这个群体来说，能够有外界在经费上的支持会减轻团队很大程度上的参赛压力。多次参加大型活动，这样的开销对于小城镇上的下中层来说不可不谓是笔不小的数目，于是，舞蹈队开始向政府寻求资金上的支持。舞队领队写了这样一份报告：

关于洞口石江梦之恋舞蹈队申请财政扶持资金的报告

尊敬的石江镇镇政府领导：

在党和政府的英明领导下，人们的生活好了，日子富了，这时候，好心情、好精神就显得尤为重要。近几年，逐渐兴起的广场舞热受到了越来越多人们的欢迎。洞口石江梦之恋舞蹈队在这样的大环境中应运而生。一群爱好广场舞、追求健康和快乐的姐妹们每到夜幕降临的时候就会聚集到一个空地上起舞，最初的舞步是稚嫩的、笨拙的，但是大家会感到充实和快乐。

2011 年，洞口县举行首届“绿景杯”舞蹈大赛，比赛不分年龄不分舞种，每个舞蹈业余爱好者都可以参加，听到这个消息，姐妹们很兴奋，一个个跃跃欲试。于是至此，我们这个散乱的广场舞队有了一个响亮的名字：石江梦之恋舞蹈队。意即：犹恋芳华故，舞出心中梦。12 个姐妹自费办服装，比赛的一切费用都是自己出的，第一次比赛总共花了四千余元，比赛结果令大家非常兴奋，我们的舞蹈《康定溜溜情》获得了三等奖，一等奖二等奖获得者都是专业的独舞和双人舞，所以可以说我们是团体赛中的第一名了。

2011 年下半年，洞口县举行洞口县首届乡镇文艺调演晚会，我们代表石江镇人民政府参赛，我们 19 个姐妹演绎的舞蹈节目《映山红》一举夺魁，为石江人民争了光。

2012 年四月份，我们得知湖南移动电视台正在举办湖南省第二届全民广场舞大赛，于是 24 个姐妹自掏腰包，团结一致，齐心协力，刻苦训练，从海选走到半决赛再进入总决赛，挺进8强，一路走来，有过挫折，有过眼泪，但更多的是快乐，是那份浓浓的姐妹情，为了这份浓浓的情谊，姐妹们没有放弃，没有因为巨额的资金而退缩，一直走到最后，走到了冠军之夜总决赛的舞台上，我们没有丢石江人民的脸，没有丢洞口人民的脸。作为一支毫无背景毫无关系的从偏远小镇来的队伍，能够取得这样好的成绩，我们感到无比的骄傲和自豪，我们完全是凭着自己的刻苦和实力挺进全省8强的。为了这次比赛，我们一共排练了四个节目，置办了四套演出服装和演出道具，服装费用总共花了三万元，去衡阳长沙比赛的车费和住宿费一共用去三万八千元，摊在每个姐妹的身上是每人三千元左右。

因为我们出色的表演，湖南娱乐频道邀请我们参加2013年百姓春晚节目的录制，在这个关头，姐妹们又兴奋又发愁，兴奋的是作为草根一族，我们也能进百姓春晚了，这是一份无上的荣耀，发愁的是，去长沙录制节目又将花上一笔不少的开支，我们当中大多数都是没有经济来源的家庭主妇，就是有工作的，每月也才二千来元的工资，二千来元要养家养老养小，每月下来，所剩无几了，而刚刚经历的比赛已经让姐妹们大出血了一次，姐妹们都是因为已经开始了，就没有理由去放弃，所以才咬紧牙关为了这个团队省吃俭用把这个三千来元凑齐了。而现在，再要姐妹们出钱的话将会是困难重重，在这个紧要关头，我们想到了英明的党和政府，近几年，党和政府的惠民政策不少，得到了广大人民的赞扬，我就亲耳听到一个80岁的农村老太说：党的政策好呀，想不到我80岁了还能领养老金，我想一直活到120岁。所以我们想党和政府也一定会对我们伸出援助之手，对我们提供赞助使我们石江的业余文化生活更丰富，我想通过政府的支助与扶持，我们石江的文化生活会更上一层楼，会让更多的人加入到追求健康和快乐的队伍之中！

申请人：洞口石江梦之恋舞蹈队全体队员

2012年11月10号[①]

---

① 网络资料来源：http：//user. qzone. qq. com/462397875/blog/1352531359。资料提取时间：2013年3月20日。

然而，政府基本都是口惠而实不至。至少政府部门是不会出资的，最后舞队拿到手的资金只是政府通过与地方私营企业沟通而获得社会富有人士的一些无偿赞助。相比于在县城的L舞蹈队，这种待遇就是天壤之别。L舞蹈队成员及其家庭成员基本在县城工作，基本都是社会的管理阶层。因此她们有着更为强大的社会资本，比较容易就获得政府给予的经济和社会资源。在长沙的比赛中，梦之恋舞蹈队是以纯民间的自发性的舞蹈团形式报名参加的，洞口县和邵阳市没有政府人员作所谓的领队带领或陪同参赛，也没有媒体跟踪报道。舞团也不是没有争取过，有队员的家人打电话到邵阳新闻频道，希望通过电视台的宣传报道使得梦之恋舞蹈队得到关注，获得支持和鼓励。然而，得到的更多的是敷衍。相比之下，其他有些地方的参赛队伍则是有政府或媒体的热烈关注，就连L舞蹈队也有县政府有关部门的人员带队。梦之恋队员自我嘲讽说："我们队就像一个无娘仔，没有人管，没有人关心。"在去北京参加汇演之前，舞蹈队也有找相关的部门，希望能以政府的名义带队去参加，但是当时政府忙于筹备党的十八大工作，对于这个团体既没有物质上的帮助，也没有人文上的关怀。这样的阶层在社会中活动游走，尽管空间是相对开放、自由、阳光的，但有些路是走不通的，有时会碰壁的，甚至有时会被外部社会所欺骗！

这就是阶层和现实的博弈，现实的世界是精彩的，也是无奈的。广场舞构建起舞蹈队这个团体，也架起了这个团体通往外部世界的桥梁。同时，广场舞让阶层成员感受到了阶层内部和阶层外部双重世界所带来的精彩纷呈与失落痛楚。这必然是令人记忆深刻的经历。

七　茶：品味风华岁月的生活情——一曲广场舞，舞出百味人生

广场舞有很多人在跳，也有很多类似洞口石江梦之恋舞蹈队这样的队伍参加了舞蹈的表演或竞赛，梦之恋舞蹈队是平凡普通的，但却也是唯一的。她们有着自己的生存意趣和生活追求，也许只有参与了这个舞蹈队或者熟知这个舞蹈队的人才会有这样的感受。

广场舞将社会中的个体凝聚成一个充满活力的团队，她们之间开始彼此不算熟悉，但是通过广场舞，她们不仅熟识了彼此，也熟识了团队，更熟识了团队以外的世界。这无论对于舞蹈队的个人或整体都是一种成长。

通过广场舞，她们更加清晰地认识了自己，她们知道自己的能力，也知道自己的不足，在更加热爱舞蹈和自己的同时，也懂得更加尊重舞蹈和他人。因为她们看到比赛中有与病魔作斗争而坚持舞蹈的癌症舞者，也有谦虚的冠军获得者，她们在懂得质疑与批判的同时也学会了学习与宽容。一位舞蹈队成员在自己的日志中写道：

> 历时四个月之久的湖南省全民广场舞比赛终于结束。石江梦之恋舞蹈队以富有创意的舞蹈编排和优美的舞姿打动评委，成功挺进全省八强，在争夺冠军的巅峰之夜中，评委老师说：你们把舞蹈演绎得太完美了，我真的很佩服你们。整个舞蹈如行云流水，出神入化，就像一幅美丽的画卷令人赏心悦目，你们的舞蹈完全可以上央视了，典型的央视风格。但是有一个缺点，你们的舞不是广场舞，而是舞蹈。就因为这个缺点，使我们无缘冠亚季军的奖牌。当时心里非常纠结，并且以不去上台领奖进行抗议。但是后来一想，毕竟有很多的强队连全省八强都没有进入，比如洪江春天芙蓉广场舞队和怀化溆浦飞扬健身队，比起他们我们算是很幸运的了。冠军是陈敏舞会所，我一路看着他们从海选走到半决赛再走到总决赛，说实话，我对他们的舞蹈一直不感冒，每次比赛，他们的舞蹈的人员最多，有几十个，啦啦队就更多了，有不下200余人，他们靠啦啦队掀动全场气氛，让评委老师不得不让他们一路过关。总决赛时，我看到陈敏拿着一个扩音喇叭，维持舞蹈队员和拉拉队员的秩序，他对待队员非常亲切热情，那么多人都秩序井然，这点我非常佩服他。还有主持人问他对获奖有没有信心时，他的回答也令我对他刮目相看，他说：比赛的名次是不重要的，今天我们能站在这里，我们就已经成功了。这样的话我对我的学生说过，也对我的队员们说过，但是我当晚的那个不去上台领奖的表现让我对自己失望，我没有做到表里如一，我那时不够淡定，也说明我的修养还得加强。
>
> 陈敏，为了群众事业付出了很多，获得冠军当之无愧。我向你学习！①

---

①　网络资料来源：http：//user. qzone. qq. com/462397875？ADUIN = 867364194&ADSESSION = 1412818297&ADTAG = CLIENT. QQ. 5359_ FriendInfo_ PersonalInfo. 0&ADPUBNO = 26396&ptlang = 2052。资料提取时间：2013年3月20日。

在北京，陈敏舞会所也参加了汇演。两支队伍的再次碰面不再是紧张的竞争氛围，而是亲切的老乡寒暄。从小圈子到大环境，舞蹈队拥有了更为开阔的视野，懂得用更为客观专业的视角来看待比赛。因为她们知道能上最后舞台的都是付出了巨大艰辛的队伍，在实力超群的对手前，敢于亮剑就是一种胜利。从小镇到县城、省会，再到京城，这一路走来收获了各种酸甜苦辣，具体怎样，也许如鱼饮水，冷暖自知。有队员告诉我，能够拥有一群好姐妹是最开心的事。也有的队员说，金钱、名誉不是最重要的，开心过，展现了自我就已经足够。

她们很少主动提到政府这一块，尽管她们与政府有着一定程度的联系，但是，当她们向政府诉求她们的利益时，没有得到应有的关注与对待。这个社会层次的她们就像游走在政治边缘的人，看似和政治、政府没有多大的关系，可是政府的行为却对她们有着一定程度的影响。她们想靠近政府而不得，想远离政府而不能，因此社会的规则机制，世态炎凉，人情冷暖，对于有这些经历的人来说感受是相当深刻的。

尽管如此，她们的梦想没有停止。舞蹈队的组织者说，她最大的梦想是带领队伍走向央视或者是中国梦想秀的舞台。笔者从来没有怀疑过她们实现梦想的可能性，因为我可以感受到她们由内心散发的强大的能量。回首这一路，她们尽管有很多地方是磕磕碰碰，但最终还是走过来了，她们能坚持过来首先是对舞蹈的热爱，其次有一点也是她们共同的秉性，那就是坚韧。当她们确定目标之后，她们会咬紧牙关，全力以赴，其他困难和痛苦都可以为此而隐忍、跨越。这样一种执着的情感和坚强的态度，使她们的生活意味和情趣就像一杯融合了人生百味的茶，看似平淡无奇，然而品味之后却感觉浓烈而醇厚，回味无尽。

八　结语:犹恋芳华故,舞出心中梦

本文以洞口县石江镇梦之恋舞蹈队为对象作为个案研究，以“柴米油盐酱醋茶”为主线轴，对中间阶层与广场舞以及两者之间的联系作了相关的分析和描述，考察了这一阶层社会民众的生存意趣。

通过梦之恋舞蹈队，我们看到在偌大的社会中，有这样一群小镇上的广场舞爱好者，她们凭借自身的努力和才能，通过广场舞这个形式很好地展现了她们的生活状态和精神面貌。她们不算有钱，也不是很有闲；但是因为广场舞，她们愿意花钱失闲来点燃心中的梦想，追寻精神的愉悦，在平凡的人生中实现自我。这个阶层不仅没有牺牲生活，反而增进了生活的价值，广场舞这种大众文化因之而得以发展和升华。其实不仅如此，现如今在广大的农村地区，都有广场舞的普遍存在。在梦之恋参加的“舞味俱全”比赛中，笔者了解到有一个所谓的“癌症团体”，这个团队的成员都与癌症有着痛苦的牵绊。但她们依然在舞台上绽放，我想这就是我们应该倡导的正能量，这就是对生活，对生命的热爱！

对于这样庞大的舞蹈群体，有人说是身体与精神的解放，我更愿意用个性的解放来形容和理解这样一场波澜壮阔的民众活动。广场的政治化功能在日益消去，其更多功能赋予了生活文化意义以及社会空间的成长。熊培云在《自由在高处》中谈到，人的幸福感无外乎两个：一是个体独立，二是与人同乐。[①] 我们在广场上看到的是鲜活的个体在与他人共同演绎生活的美好。从这样的层面上理解，的确是广场舞赋予了社会美好的生活与文化。

广场舞让我们通过这群中间阶层的舞蹈者的角度认识了世界，也让世界认识了广场舞和广场舞者。她们品尝了社会的酸甜苦辣，热爱着自己的家庭、朋友、事业、生活。或许她们不是最强者，但她们拥有强大的内心；她们不是最美丽的，但她们拥有美丽自信的笑容；她们不是最非凡的，但她们是真实朴素的。她们确实是平凡的，一样有优点和不足，但她们有梦想，勇于为自己代言！正如舞蹈队取名梦之恋的寓意：“犹恋芳华故，舞出心中梦”。

① 熊培云：《自由在高处》，新星出版社 2011 年版，第 27 页。

第八章　官方话语与民间话语关于广场舞的博弈：基于人民网与天涯社区的话语分析

刘　金

一　问题的提出

“哪里有广场，哪里就有广场舞。”这本是一句对于中国广场舞现状的调侃，但是它也确实说明了广场舞在中国流行的情况。不知从什么时候开始，在城市的大型广场或者乡村的小块空地上出现了这样一群人，她们随着欢快有节奏的音乐摆动着身体，日复一日，不曾间断。从《爱情买卖》到《套马杆》，从《最炫民族风》到《荷塘月色》，从《伤不起》到《小苹果》……似乎每一代的“网络神曲”都伴随着广场舞的发展。网络对于广场舞的发展与传播，起到了无可替代的推波助澜的作用：人们通过在网络上下载广场舞的教学视频学习与传播广场舞，各大门户类网站对于广场舞的报道也是数不胜数，人们也在社交网络里谈论着广场舞。①

① 截至 2014 年 8 月 31 日 20:00，在优酷网视频搜索引擎中按关键字“广场舞”搜索，得到相关结果 116049 个；在百度视频搜索引擎中按关键字“广场舞”搜索，得到相关结果 14829422 个；人民网主站搜索引擎搜索关键字“广场舞”，搜索范围为“全文”得到结果 11298 条，按搜索范围为“标题”得到结果 3376 条；在搜狐网新闻搜索引擎中，按搜索范围为“新闻全文”，搜索排序为“时间”，按关键字“广场舞”搜索，得到相应结果 264673 条；在新浪网新闻搜索引擎中，按搜索范围为“新闻全文”，搜索排序为“相关度”，按关键字“广场舞”搜索，得到相应结果 52059 条；在凤凰网搜索引擎中，按关键字“广场舞”搜索，得到“站内”相应结果 25405 条；在新浪微博搜索引擎中按关键字“广场舞”搜索，得到相关结果 25409371 个（这仅是 8 月 30 日 9:01 至 8 月 31 日 20:00 的结果，新浪微博搜索引擎中的显示数目有限，没有显示更长时间的更多内容）。笔者还发现了几个以广场舞教学视频为主要内容的网站，分别是：广场舞网：http://www.gc5.cc/；学广场舞网：http://www.xgcw.com/；学跳广场舞网：http://gcwsp.com/，广场舞啦网 http://www.gcw.la/等。

然而在2013年下半年,广场舞却因为一系列的扰民事件被推向了网络舆论的风口浪尖。“水弹”“猎枪”“藏獒”“泼粪”“高音炮”……在这一系列非理性的暴力反击“广场舞”扰民的事件之后,广场舞与广场舞者突然间以一种广为人知的负面形象出现在人们的视线中。原来对于广场舞大肆推崇与宣扬的话语不再出现在官方媒体的报道里,取而代之的是关于广场舞扰民现象的报道与反思,而社交网络里针对广场舞扰民的骂詈语也迅速增多。在这期间,官方话语与民间话语对于广场舞的认知态度也发生了极大的变迁。一向强势的官方话语逐步作出妥协,而一向弱势的民间话语逐步取得主导地位。那么,现实中的民间话语与官方话语,又是如何沟通与互动的?

二　研究素材的选取

为了研究官方话语与民间话语的互动过程,在经过对素材的权威性、代表性、可获得性以及进行分析的可行性等方面的充分考虑之后,笔者决定将人民网和天涯社区分别作为官方话语和民间话语的代表,以人民网中关于广场舞的新闻报道和天涯社区中有关广场舞的帖子作为切入点进行分析。

随着网络的普及与发展,网络信息具备了易获得性、共享性与互动性等优势,吸引着越来越多的人加入其中。① 事实是,网络已经成为不管是官方还是民间的重要话语阵地,无论哪一方,都在积极抢占属于自己的话语势力范围。

人民网作为《人民日报》建设的以新闻为主的大型网上信息交互平台,始终秉承着《人民日报》作为中国共产党“党的喉舌”的传统,引领着中国新

① 根据中国互联网络信息中心(CNNIC)2014年7月21日在京发布第34次《中国互联网络发展状况统计报告》显示,截至2014年6月,我国网民规模达6.32亿,较2013年年底增加1442万人。互联网普及率为46.9%,较2013年年底提升了1.1个百分点。截至2014年6月,中国网络视频用户规模达4.39亿,较去年年底增加1057万人,用户增长率为2.5%。网络视频用户使用率为69.4%。截至2014年6月,我国搜索引擎用户规模达5.07亿,使用率为80.3%,用户规模较2013年12月增长1783万人,增长率为3.6%;截至2014年6月,我国网络新闻用户规模达5.03亿,使用率为79.6%,较2013年12月增加1783万人,用户增长率为3.6%;我国论坛/BBS用户规模为1.24亿,使用率为19.6%。

闻传播界的风向标[①]，其网站新闻内容可以看做纸质版《人民日报》的拓展与延伸，实质并未改变，因此可以看做官方话语的一种表达。

在2009年凤凰网评出的中文论坛百强中，天涯社区跃居榜首。截至2013年8月，天涯社区注册用户数为8500万。作为华语圈中首屈一指的网络事件与网络名人聚焦平台，天涯社区是最具影响力的全球华人网上家园。更为重要的是，这里发言讨论与争辩，没有明显受到国家话语言说方式的影响，因此可以看做民间话语的一种集中表达。

本文研究素材的收集主要是依靠人民网以及天涯社区内嵌的搜索引擎，按关键字搜索，记录下相应的搜索结果，并对其中的部分重复或与本次研究无关的结果进行筛选排除。截至2014年6月30日，笔者通过人民网主站搜索引擎搜索关键字"广场舞"，搜索范围为"新闻标题"，共得到结果2375条，笔者删除了其中重复的新闻报道，得到有效新闻共1026篇，第一篇新闻报道是在2004年9月15日，最后一篇新闻报道是在2014年6月30日。截至2014年7月1日[②]，笔者通过天涯社区搜索引擎搜索关键字"广场舞"，搜索范围为"标题"，按"回复数"排序，共得到结果1914条，但是由于天涯社区网页的显示设置问题，只显示了其中的75页共750条，笔者删除了其中重复且与本次研究无关的帖子，共得到有效的帖子518条，第一个帖子出现在2008年12月18日，最后一个帖子出现在2014年6月15日。

三　人民网和天涯社区关于广场舞的话语现状分析

新闻话语乃是对于社会事实的一种再建构，而网络议论中的话语往往也有着自身的事实基础，当笔者收集、整理了人民网和天涯社区中的相关素材之后，对于广场舞的发展过程与现状有了一个粗线条的认知。接下来，我将首先从地域分布和时间维度两个层面上，对广场舞的发展现状做一个大致的分析。

---

① 黄勇军：《1979—1998年中国共产党提升政治合法性的路径选择》，《当代世界与社会主义》2012年第4期。

② 因为某些特殊原因截止时间为2014年6月30日的天涯社区中的研究素材丢失，故而以截止时间为6月15日的素材为研究对象，特此说明。

(一)广场舞发展的地域分布

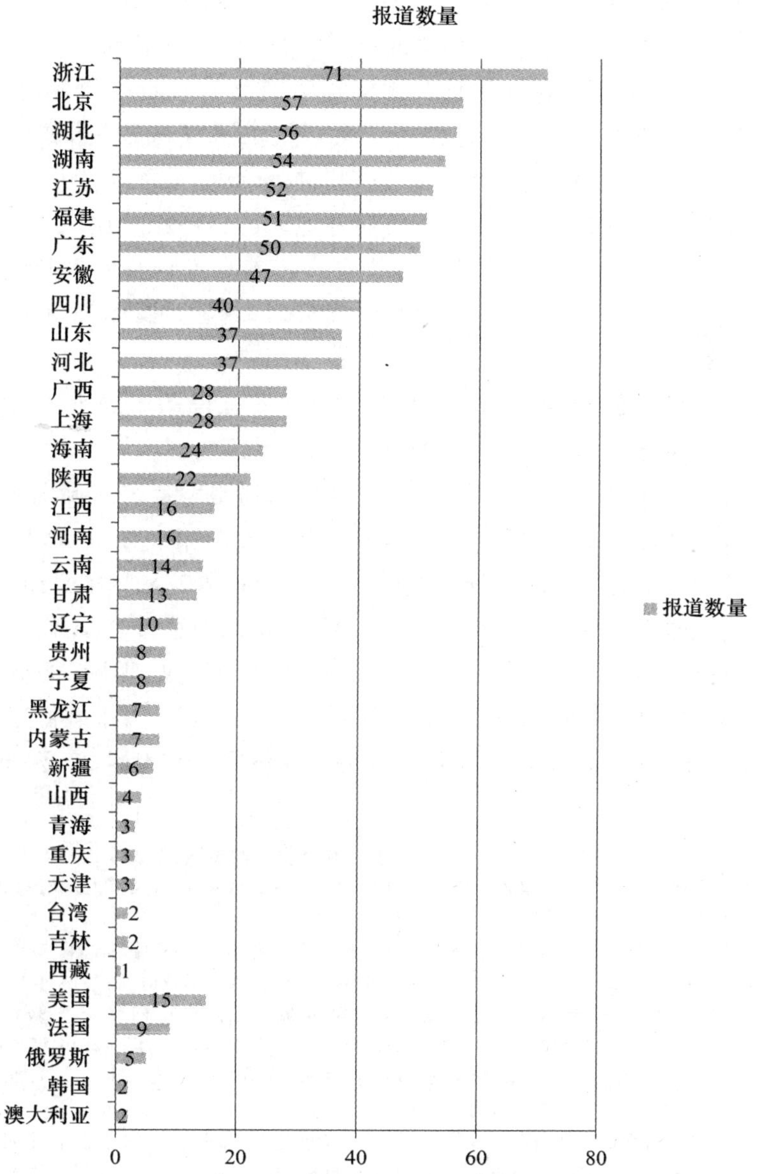

图1　基于人民网搜索引擎的新闻结果(按地点和报道总数量排序)

就地域分布而言，在我国的34个省市中，除了香港、澳门以外，其余的32个省市中都出现了关于广场舞的报道，这说明广场舞在我国的绝大部分省份都有出现，并且得到一定的发展。[①] 就港澳台地区而言，在人民网中并未出现香港、澳门地区相关的广场舞报道，而关于台湾地区的广场舞仅有两篇，一篇是国台办主任张志军走访新北市观看韵律操时介绍大陆广场舞的报道[②]，而另一篇则是关于大陆的广场舞大妈"入侵"台湾因为扰民被制止的报道[③]。从中可以看到，港澳台地区的居民并不像大陆居民那样热衷广场舞，这或许是因为这些地区的经济相对比较发达，相配套的公共服务、体育设施比较完善，基本能够满足人们日常锻炼的需求，当然，也有可能是因为笔者资料收集的局限性，或者是媒体报道本身并没有覆盖到该地区。

从人民网的报道中可以看到，广场舞似乎是大陆的大妈所独有的一种行为方式，广场舞现象似乎也是大陆的大妈一手造成的。然而，大陆的大妈们并不将跳广场舞的行为局限在大陆，而是走到哪里就跳到哪里。如图1中中国台湾、韩国[④]、俄罗斯[⑤]、法国[⑥]、美国[⑦]等地的相关报道，都是关于广场舞大妈们在世界各地跳广场舞的行为。可以说，就广场舞本身而言，大妈们跟她们在国内跳广场舞的行为并没有区别，从某种意义上，她们只是习惯性地将自己在国内跳广场舞的行为"搬到"了其他国家，无疑，这是他们最为习惯的锻炼身体、消遣娱乐和社会交往的方式。但是，对于她们这样一种行为，不同国家的国民自然有不同的反应。在俄罗斯和美国，广场舞行为因

---

① 国内有学者通过在超星移动图书馆报纸类和百度新闻搜索，发现我国除港澳台以外的30余个省市均有关于广场舞的报道。周丽云：《福州市城区广场舞现状及其发展对策研究》，福州师范大学硕士研究生毕业学位论文，2012年。

② 《张志军新北观看韵律操，介绍大陆广场舞》，网络资料来源：http://msn.people.com.cn/n/2014/0627/c242548-25206844.html。资料提取时间：2014年6月30日。

③ 《广场舞"入侵"台湾——大妈饭店跳〈民族风〉被制止》，网络资料来源：http://travel.people.com.cn/n/2014/0630/c41570-25217119.html。资料提取时间：2014年6月30日。

④ 《合肥广场舞大妈曾组团"跳"到韩国》，参见 http://ah.people.com.cn/n/2014/0619/c358267-21458834.html。资料提取时间：2014年6月30日。

⑤ 《大妈莫斯科跳广场舞——网友吐槽：大妈也国际范儿了》，网络资料来源：http://sn.people.com.cn/n/2014/0616/c340887-21433486.html。资料提取时间：2014年6月30日。

⑥ 《中国大妈法国跳广场舞——网友赞：征服世界》，网络资料来源：http://ah.people.com.cn/n/2014/0425/c350648-21080672.html。资料提取时间：2014年6月30日。

⑦ 《"广场舞"美国遇阻拦——领队因噪声扰民被警方铐走》，网络资料来源：http://sports.people.com.cn/n/2013/0809/c22176-22505295.html。资料提取时间：2014年6月30日。

为扰民引来了警察，不过，悉尼市长克劳馥·摩尔则认为，广州的“广场舞”是城市空间和社区的活跃因子，而公共空间和公共广场是构建城市文化非常重要的部分，尤其要为它注入动力和活力，只有这样才能让社区更和谐，人们生活更为多姿多彩。① 所以她在访问广州时就表示想将“广场舞”带回悉尼。

就广场舞在各个地区的发展状况而言，我们也可以看到，报道数在40篇以上的省市有四川、安徽、广东、福建、江苏、湖南、湖北、北京、浙江9个省市，这从一个侧面反映出这些省市的广场舞活动的流行情况。其原因无疑与这些省市的经济发展状况有关。上述的各省市的经济发展水平相对较高，这一方面使得城市的基础设施建设得到改善，各种类型的广场数量增多，为广场舞的发展提供了场所；另一方面是经济发展提高了人们的生活水平，使得人们有更多的闲暇时间，能够参与到广场舞之中；再一个就是经济的发展也使得人们越来越重视个体的精神文化生活与身体健康状况，在体育锻炼设施相对缺乏的情况下，广场舞这种成本低且方便易得的锻炼方式就成为人们的重要选择之一。

（二）广场舞发展的历时性分析

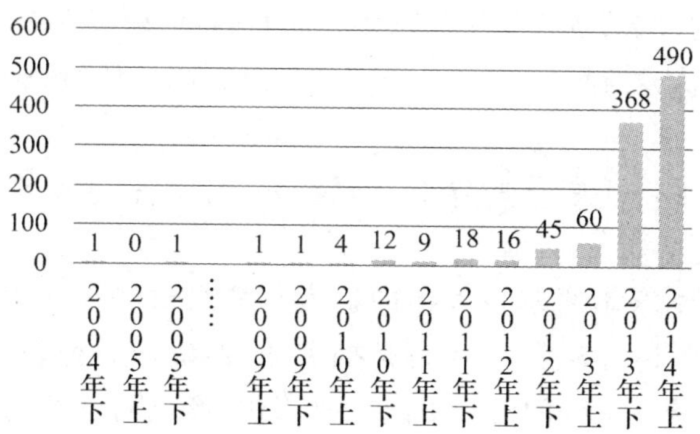

图2 人民网搜索引擎中不同年份的广场舞报道数

① 《悉尼市长欲移植广场舞 中国别样文化或走向世界》，网络资料来源：http://art.people.com.cn/n/2014/0528/c206244-25073725.html。资料提取时间：2014年6月30日。

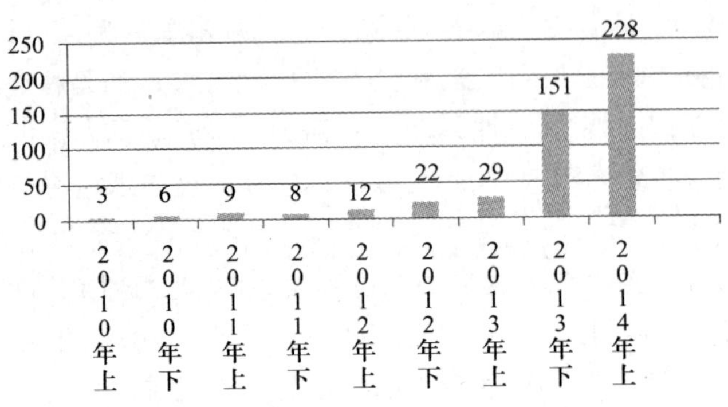

图3　天涯社区中回复数大于2的历年帖子数①

对比图2和图3,我们发现无论是人民网中关于广场舞的新闻报道还是天涯社区中关于广场舞的帖子,都呈现历年递增的趋势。人民网中关于广场舞的报道始于2004年,题为《七艺节"群星"绽放——广场舞精彩纷呈》②。然而其实从2004年到2009年这6年的时间里,人民网关于"广场舞"的报道可以说是寥寥无几,这其中的原因笔者不得而知。③ 在2010年到2013年上半年,无论是官方话语和民间话语对于广场舞都没有显示出足够多的重视,就跟司空见惯一样。不过,到了2013年下半年,官方话语和民间话语里关于广场舞的内容突然增多,成为热点话题。那么,到底是什么原因使得媒体和大众都同时对"广场舞"产生了如此强烈的关注与兴趣呢?

四　关于网络广场舞现状的话语分析

瑞士语言学家索绪尔把人类的语言现象划分为两个维面:语言(language)和话语(discourse)。"语言是抽象的、系统的一种表达规则,一旦运用某种语言系统在具体的语境中说话或写作,形成的口语或文本,即是'话

① 因为天涯社区的显示设置问题,所有的1914条帖子里只显示了其中的750条,为了统计结果的全面性,所有选择统计其中回复数大于2的帖子,而将其中回复数为1或者0的帖子全部忽略不计,共统计相关帖子478条(这其中删除了无关与重复的帖子)。

② 《七艺节"群星"绽放 广场舞精彩纷呈》,网络资料来源:http://www.people.com.cn/GB/paper40/12950/1163887.html。资料提取时间:2014年6月30日。

③ 所以在后面的话语分析中,笔者将会以2010年到2014年这4年多的时间段中的报道为主要分析对象。

语'。"话语即是说话主体运用语言规则用以表达个人情感的产物。[①] 而新闻话语则是指运用一定的语言系统、重构新近发生的新闻事实所产生的口语或文本。福勒认为,新闻是一种再现的话语。[②] 它是以物质的报纸或电子传媒为载体的一种文本,在观念上则是一定语境的体现。[③]新闻话语中的事实,甚至对世界的叙述皆是由特定的理念、立场所塑造的。新闻报道中的所谓真实事件是一个经过"选择"和"塑造"的结果,是根据不同背景的意识形态所构建出来的。[④]

而法国社会学家福柯则从另一角度定义"话语":话语即权力。他认为,人和世界是一种话语关系,"话语意味着一个社会团体依据某些成规将其意义传播于社会之中,以此确立其社会地位,并为其他团体所认知的过程"。[⑤] 在斯尔瓦克的著名论文《弱势者有话语权吗?》一文中她进一步提出了体现权力的话语形式。她指出,在任何社会,话语权的表达方式只有一种即主流的表达方式,社会强势群体充分享有话语权,而弱势群体则很少或者没有话语权。[⑥]

当前网络中关于广场舞的话语表达,无疑体现出新闻话语与权力话语两个方面的内容。

(一)人民网新闻报道中的官方话语

如前所述,人民网作为《人民日报》建设的以新闻为主的大型网上信息交互平台,成为一个官方话语表达的重要载体。因而,人民网不仅承载着一般的新闻报道的功能,更加重要的是,它还承载着宣传党和政府的政策主张,团结各族人民群众,加强公民思想道德建设的重任,是中国共产党网上宣传和对外宣传的重要阵地与渠道。

为了方便统计,笔者将人民网的搜索结果进行了分类,广场舞比赛的相关新闻报道归入"比赛"一类,展示演出、调演、表演等的相关新闻报道归入"展演"一类,群众日常组织广场舞锻炼活动相关的新闻报道归入"群众报

---

① 曾庆香:《新闻叙事学》,中国广播电视出版社 2005 年版,第 2 页。

② Roger Flower, ed., A *Dictionary of Modern Terms*, London and New York: Routledge & Kegan Paul, 1987, p. 10. 转引自严怡宁《想象的共同体身份——金砖国家主流媒体涉华话语分析》,《外交评论》2012 年第 3 期。

③ 曾庆香:《新闻叙事学》,中国广播电视出版社 2005 年版,序言。

④ 同上书,第 109 页。

⑤ 王治河:《福柯》,湖南教育出版社 1999 年版,第 159 页。

⑥ 陈开举:《话语权的文化学研究》,中山大学出版社 2012 年版,第 179 页。

道”一类,广场舞“扰民”的相关报道归入“扰民”一类,剩余其他未能归入上述四类的报道列入“其他报道”一类。然后,再按照报道数量对搜索结果进行排序,结果如图 4 所示:

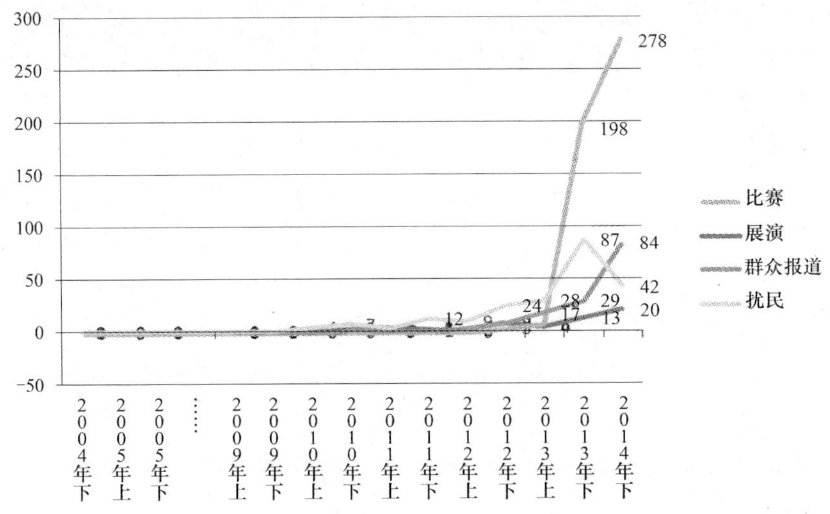

图 4　根据人民网搜索结果分类整理的历年数据

在图 4 中我们看到,2009 年以后,“比赛”“展演”“群众报道”“扰民”四个分类的广场舞报道都开始增多。不过,各种报道在 2010 年到 2012 年,保持着基本一致且较低的增长速度。但是到了 2013 年,特别是 2013 年的下半年,人民网中关于“扰民”的报道开始迅猛增多,2013 年上半年仅有的 6 条报道,到了 2013 年下半年则增加到 198 条,到 2014 年上半年则更是增加到 278 条之多。而相比之下,其他三类的报道增长速度不仅无法企及,甚至其中关于“比赛”的报道反倒不增反减了。

具体而言,人民网在关于“广场舞”的报道中,“比赛”“展演”“群众报道”这三类体现出官方话语里对于“广场舞”的正面的认知态度。在这三类报道中,充满着大量积极正面的词汇,其话语体系与言说方式,与以《人民日报》为首的“人民日报系”一脉相承。这三类报道,旨在以“广场舞”作为一个切入点,重点是说明广大人民群众个体生活的幸福美满、国家体育文化事业的蓬勃发展、当代中国与中华民族的繁荣富强。

在一篇典型的关于“广场舞比赛”的报道中,一般首先介绍广场舞比赛情况，其次对于广场舞者优美舞姿的热情讴歌，再次对于广场舞比赛激烈程度的积极渲染，最后一般在结尾处会说明本次比赛的主办单位，基本上都是文明办、体育局或者主管文卫事业相关的政府部门。以《首届江阴市全民广场舞大赛开赛31个队伍参加》[①]为例：

> **江阴网讯**　灿烂自信的笑容、鲜艳靓丽的服装、柔美飒爽的舞姿……9月18日，“龟龄集”杯江阴市首届全民广场舞大赛在新桥镇绿园社区广场拉开帷幕。本次大赛共有31支队伍参赛，从9月18—27日，参赛队伍将在新桥镇、万达广场、青阳镇进行预赛，最终将有12支队伍进入10月11日在市体育中心举行的总决赛。
>
> 当晚7时许，伴随着欢快的音乐，首先登场的长泾镇社区队的队员们时而甩腿跺脚，时而摆手转身，舞步整齐，动作流畅，极富节奏感，获得了观众阵阵掌声。随后上场的11支参赛队也是紧跟潮流，有的队伍将时下流行的《最炫民族风》编进舞蹈中、有的队伍将欢快动感的健美操搬上舞台……观众看得饶有兴致。“这样的比赛丰富了我们乡镇老百姓的夜晚文化，希望以后这样的活动多多走进我们身边。”市民王静说。
>
> 从《江阴日报》上听说有广场舞比赛，祝塘市民徐桂英特意带着一帮姐妹参赛：“很高兴参加这次比赛，平时我们都是在小广场上跳跳，今天能在这样的大舞台上表演，也是给我们一个展示自我的平台。”
>
> 据了解，本届赛事由市文明办、市体育局、江阴日报社联合主办，由江阴报业澄闻传媒发展有限公司承办。

此外，广场舞“展演”类的报道很大一部分是与一些节日诸如春节、建党节、国庆节，或者是与亚运会、青奥会等一些赛事有关。在一篇典型的关于“广场舞”展演的报道中，通常都会有关于“广场舞展演”精彩表演的生动描绘，表达对节日或者赛事的美好祝愿，最后也通常会展演相关主办单位。以《临洮大型广场舞献礼党的90华诞》为例：[②]

---

① 网络资料来源：http://leaders.people.com.cn/n/2013/0922/c356819-22992865.html。资料提取时间：2014年6月30日。

② 网络资料来源：http://gs.people.com.cn/GB/183365/183926/193341/193342/14621457.html。资料提取时间：2014年6月30日。

临洮讯（通讯员　王亚海）　　盛世舞升平，广场奏笙歌。近日，临洮县在椒山广场举行广场舞集中表演。来自洮阳镇社区8个文艺队的演职人员和城区7所小学、幼儿园的小朋友，用良好的精神风貌和精湛的演艺水平，为广大群众献上了一道丰盛的精神文化大餐，为党的90华诞献上了一份厚礼。

近年来，临洮县大力实施“文化兴县”战略，深入挖掘地方历史文化资源，努力加强文艺人才培养，大力开展群众文化活动，每年都要组织举办老子文化节暨洮阳之春文化旅游节、“千台大戏送农村”、“送书画进校园”等活动，切实丰富了广大干部群众的精神文化生活，全县文化氛围日益浓厚。

据了解，举办这次广场舞集中表演，既是对党的90华诞献礼，也旨在倡导、引领文明健康的生活方式和社会风尚，激发广大干部群众的健身热情，引导广大城乡居民积极参与到广场舞和体操等健康、有益的文体活动中来。

关于广场舞的“群众报道”，大多体现的是人民群众的美好幸福生活。在一篇典型的关于“广场舞展演”的报道中，一般都会描写广场舞丰富了广场舞者的精神文化生活，以及对于身体的好处，还有更重要的就是国家机关单位对于广场舞健身事业的重视与扶持。以《义马市广场舞风靡全市——引领全民健身新时尚》为例：①

夜幕降临，华灯初上，义马市体育公园、银杏公园、老干部活动中心甚至空闲地上便逐渐热闹起来。男女老少，多则数百人，少则几十人，他们伴着优美的音乐，大家展臂、扭腰、转身，优美的舞姿，引来群众驻足观看。如今动感十足，活力四射的广场舞，已成为义马市一道亮丽的风景线。

每天晚上七点左右，劳作一天的人们纷纷来到公园和空地上，相约跳舞。整个体育公园东侧成了一个露天的大舞池。两支近400人的中老年广场舞健身队伍，动作整齐，姿势优美，吸引了越来越多的群众参

① 网络资料来源：http://henan.people.com.cn/n/2014/0519/c351638-21237425.html。资料提取时间：2014年6月30日。

与。谈及她们为何对广场舞如此感兴趣，她们总乐呵呵地说："广场舞好啊，不仅能改掉往日许多不良的生活习惯，而且为我们老百姓增添了一种健康向上的健身方式，我们很支持。"一首曲子停了，大家虽然汗流满面，但脸上洋溢着的是喜悦和笑容。

广场舞风靡义马市，得益于义马市经济社会快速发展的同时，大力推进文化体育事业，倡导"每天锻炼一小时、幸福生活一辈子"的健身理念。愿广场舞在引领周村全民健身新时尚的同时，能够给群众带来更多的健康幸福和欢乐。

不同的是，在关于"广场舞扰民"的新闻报道里，无处不体现着官方话语对于广场舞的一种负面认知。人民网中第一篇关于广场舞"扰民"报道出现在2011年8月3日，扰民事件发生的地点是在江西鹰潭。① 不过，"广场舞扰民"事件的发生并没有在一开始就让官方话语对于广场舞的态度发生根本改变，而是经过了长达两年与民间话语的博弈之后才逐步转变的。而且，官方话语的态度变迁是伴随着新闻侧重点的转变而转变的。

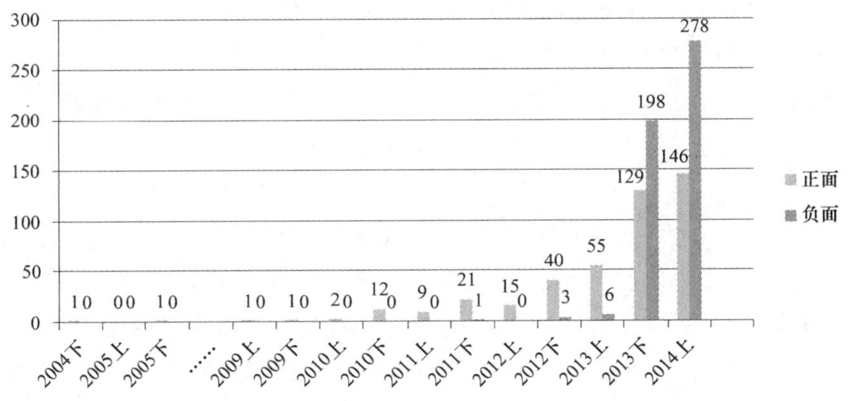

图5　人民网报道关于"广场舞"的正面认知与负面认知历年变化情况

在图5中我们看到，人民网中的正面认知报道的增长速率相对平稳，而负面认知报道的迅猛增多却是集中出现在2013年下半年。而从数量上而

① 《"广场舞"跳成"扰民舞"——鹰潭公园噪声太大遭市民投诉》，网络资料来源：http://jx.people.com.cn/GB/190280/190338/15316187.html。资料提取时间：2014年6月30日。

言,负面认知的报道超过正面认知也是在2013年下半年出现的大逆袭,而且在同一时段内的新闻报道中所占的比例也相继上升,从2012年下半年的仅占7.0%上升到2013年下半年的60.6%。

在最开始的扰民报道中,新闻报道的侧重点在于扰民事件本身,并且还会坚持之前的健康话语与科学话语。以《"广场舞"跳成"扰民舞"——鹰潭公园噪声太大遭市民投诉》为例:[①]

> 梁静茹的一首《宁夏》唱出了夏夜的静谧和美好。可入夏以来,家住鹰潭市林荫东路的不少住户却难以享受这种"待遇"。因为,一路之隔的鹰潭公园内,每晚都有一群妇女开着高分贝的音响跳"广场舞",严重影响了他们的日常生活。
>
> 7月31日晚8时许,记者在林荫东路边上的鹰潭公园内看到,数百名妇女正在跳"广场舞",一台便携式音响连续播放着流行音乐,震耳欲聋的乐声几乎让行人听不到过往汽车的喇叭声。在公园内纳凉的邹大爷告诉记者,广场健身舞的时间基本集中在晚上7时至9时。因为声音太大,附近居民不堪其扰。
>
> 对此,家住林荫东路的赵女士也深有感触。她告诉记者,每天晚上都能听到鹰潭公园内传来响亮的音乐声,关上窗户都没用。"跳舞健身是好事,但希望大家都自觉些,在健身娱乐的同时,更多地顾及周围居民的感受,结束的时间尽可能早一点。"

事实上,在之后的很长时间里,官方话语都是以这样一种口吻出现。直到广场舞遭遇了"水弹""猎枪""藏獒""泼粪"等一系列非理性的暴力反击广场舞扰民事件之后,官方话语才开始真正思考广场舞扰民的治理对策,从早先简单粗暴地罚款禁跳[①]发展为戴耳机[②]、设时限禁开音响[③]、改造广

① 《广州拟立法开罚公园噪声——广场舞大妈或将终结》,网络资料来源:http://leaders.people.com.cn/n/2013/1115/c178291-23549464.html。资料提取时间:2014年6月30日。

② 《一场公益引发的思考:无声广场舞走红网络》,网络资料来源:http://nx.people.com.cn/GB/n/2013/1211/c357828-20126329.html。资料提取时间:2014年6月30日。

③ 《海口公园设时限禁开音响——大妈广场舞或受管理》,网络资料来源:http://society.people.com.cn/n/2014/0101/c136657-23996510.html。资料提取时间:2014年6月30日。

场[①]、颁布广场公约[②]等文明治理对策。

（二）天涯社区里的民间话语

如前所述，天涯社区作为最具影响力的全球华人网上家园，作为一种典型的民间话语，这里的言论表达着最真实的人们对于广场舞的态度。然而，值得注意的是，在网络空间里，作为主角的广场舞者却处于一种近乎失语的状态之中[③]，这样的状况有非常现实的原因，对于大多数跳广场舞的人而言，网络可以说是陌生而遥远的，即使是简单的下载广场舞视频也大多需要熟识的年轻人帮助。因此，网络空间中的话语或许并不能够有效表达广场舞者的意志，但是，网络空间里的话语同样不能因其代表性不够全面就弃之不理，实际上，广场舞者的行为就已经表明了他们的立场与态度。

从图 6 中我们可以看到，在天涯社区中关于“广场舞”的正面认知与负面认知历年变化情况与人民网中报道的历年变化情况有着惊人的相似，正面认知的增长速率依旧缓慢，而负面认知同样是在 2013 年下半年呈“井喷”态势。

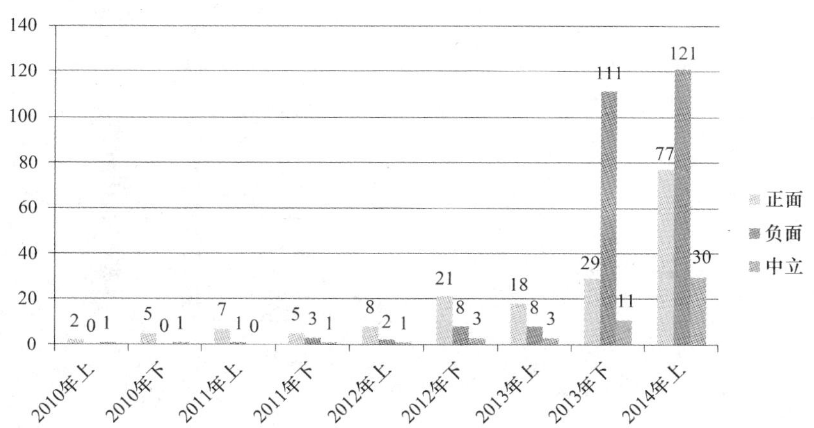

图 6　天涯社区中关于“广场舞”的帖子正面认知与负面认知历年变化情况

① 《闵行改造百个市民广场“广场舞”不再是“扰民舞”》，网络资料来源：http://sh.people.com.cn/GB/n/2014/0112/c346709-20364239.html。资料提取时间：2014 年 6 月 30 日。

② 《温州鹿城破解广场舞扰民难题》，网络资料来源：http://zj.people.com.cn/GB/n/2014/0318/c186806-20797268.html。资料提取时间：2014 年 6 月 30 日。

③ 在天涯社区收集到的所有资料中，广场舞者的发言帖仅有 19 个，而且讨论也不够激烈，最多的回复数仅有 74 个。

需要注意的是，天涯社区与人民网最大不同在于，一个是网络论坛，另一个是新闻网站。新闻网站的新闻数量足以表达该网站的话语立场，而网络论坛中发帖人与回帖人的互动才是体现网络论坛成员话语立场的标准。① 因而当我们设置一个回复数的门槛之后，天涯社区中的数据就发生变化了。

如图 7 所示，在回复数大于等于 30 的帖子中，自负面认知的帖子出现以来，占每一时间段内帖子总数的比例都要高于正面认知的帖子。基于此，笔者认为，在天涯社区里的民间话语中，大多数人对于广场舞都是持一种负面认知态度。而很巧的是，有人就曾经于 2014 年 4 月 17 日在天涯社区发起过一个关于是否支持跳广场舞的投票，选项一是“支持跳，有利于身体健康”，选项二是“不支持，吵得烦的很”。到投票结束为止共有 697 人参与投票，有 143 人表示“支持”，约占 20.5%，还有 554 人表示“不支持”，约占 79.5%。② 这一投票也证实了笔者的假设。

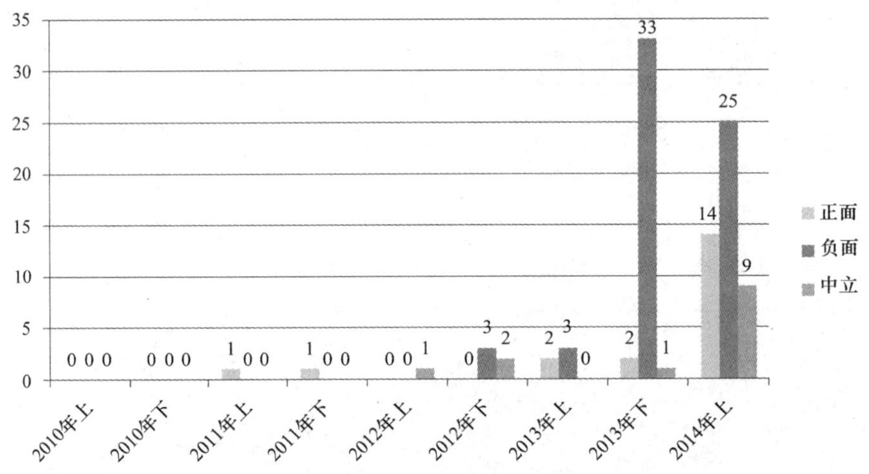

图 7　天涯社区中关于“广场舞”的帖子（回复数≥30）正面认知与负面认知历年变化情况

① 在统计整理天涯社区中的帖子时笔者就发现，有一些帖子是广场舞爱好者们为了在网络中宣传广场舞而经常在天涯社区中发一些视频分享帖，帖子的内容大都是在网络上找到的广场舞教学视频链接，除此之外更无其他，而回复数也很少甚至没有，据笔者统计有 95 条类似的帖子。如《〈嫣红广场舞——印度新娘〉（转载）》，网络资料来源：http://bbs.tianya.cn/post-665-341805-1.shtml。资料提取时间：2014 年 6 月 15 日。

② 《我要搞个投票，看下到底广场舞是支持的人多，还是反对的人多》，网络资料来源：http://bbs.tianya.cn/post-284-460757-1.shtml。资料提取时间：2014 年 6 月 15 日。

当笔者仔细分析这些存在于天涯社区中的负面话语时，发现大多是以网络詈骂语的形式出现，这种可视而不可听的话语，是人们宣泄负面情绪的重要工具，也反映着现代社会的文化风貌和整个社会的心理状况。[①] 以回复数最多的帖子《跳广场舞的大妈多凶残，全世界都是她们的……怎么不去占领钓鱼岛……》[②]为例，现摘录部分帖子内容：

跳广场舞的大妈多凶残，全世界都是她们的……怎么不去占领钓鱼岛……

楼主：

单位门口有一片空地，晚上一群大妈会在那跳广场舞……

今天楼主晚点回家，车子放在自己单位门口……

那群大妈的音响就在楼主车屁股后面，

楼主说：麻烦移下好吗？

结果被围攻了

3 个大妈先冲上来说：你这车以后停好一点，别挡在这，怎么怎么怎么怎么怎么怎么 XXXXOOOOOO

我无语，我说了句不成熟的话，我停自己单位门口

然后一群大妈冲上来，你这么说，告诉你领导，就是市政府我们要跳也得给我跳，这里是公园，公共的地方，怎么怎么怎么……

……

我说公共地方我怎么就不能停车了???

有个还手指指到我面前

……

有个穿白裙子的说：哼，告诉你领导要你好看，巴拉巴拉巴拉拉

我彻底怒了，你打电话告诉我们领导去啊……我停自己单位门口还要给人说了是不是……

她们说是市政府支持的怎么怎么怎么

我们开会叫她们不要跳，她们就在那骂开什么会怎么怎么怎么怎

---

① 李青杨：《网络骂詈语的考察与评析——以“天涯论坛”为例》，华中师范大学硕士研究生毕业学位论文，2014 年。

② 网络资料来源：http://bbs. tianya. cn/post - funinfo - 4203625 - 1. shtml。资料提取时间：2014 年 6 月 15 日。

么……

我无语了……

彪悍死了,

她们怎么不去占领钓鱼岛

作者:中溢咖啡店 时间:2013 - 05 - 27 22:11:33

大妈什么的最恶心了,VV 简直要受不了噜

作者:开天辟地盘古大仙 时间:2013 - 05 - 27 22:48:41

你傻啊 跟大妈争论这个??? 很多人老了就连脸都不要的。找事了你

作者:浪浪小姐姐 y 时间:2013 - 05 - 27 22:52:16

不知道怎么有些女人老了 就觉得可以这么不要脸了 上次我爸也是 看见那伙大妈在广场唱歌跳舞的 一个小孩子很小 在他们跳舞的地盘突然拉屎了 小孩子妈妈还是很有素质的 立刻去旁边一个茶楼 借了清洁用品 在那儿打扫! 一群大妈在那儿围攻骂小孩妈妈! 我爸在茶楼里边和朋友喝茶 看见都气惨了 说要不是有事儿 非得出去帮那小孩妈把他们打了

作者:蓝天 999999 时间:2013 - 05 - 28 15:24:43

我们小区广场上也是早上一拨,晚上一拨跳舞的,吵死了! 经过投诉,早上那拨好像停了! 现在还得听晚上那拨吵!!!

作者:飞舞的辫子 时间:2013 - 05 - 28 15:45:38

最讨厌倚老卖老的老婆子老头子。你还不能惹她们。出来了什么事都是你的错。谁让人家年纪大呢

当然,在天涯社区的民间话语里,也存在少数对于广场舞保持正面认知的话语,在所有收集到的天涯社区的资料中,对广场舞呈现正面认知态度的话语大致可以分为四类:亲身参与、正面宣传、比赛报道、正面支持。

“亲身参与”的正面话语是为数不多的广场舞者本人在天涯社区中表达,

这些话语多是表达在广场舞锻炼之后对广场舞的喜爱之情，又或者是在网络中召集与寻找广场舞者，以下面两个帖子为例，现将部分帖子内容摘录如下：

1. 跳广场舞回来（赞美一下）

楼主：这事儿不是我的错 时间：2014－03－26 22:22:03 点击：254 回复：36

今年一直没去年有精力和体力，中医给诊了一个悬脉。我也不懂具体是什么，只是按医吃龙眼肉、枸杞、大枣、黑豆、红豆之类的。虽有好转，但时不时地还是眩晕。

晚上晕晕地遛狗，看小区广场一群中老人跳舞，简单易学，跟着比划了半小时，竟然大汗淋漓。很久没出过这么多汗了，感觉轻松了很多，头也不晕了，和以前一样了。难道是身体毒素排出去了？心情好，在小区商业街点了几串豆皮和一烤茄子，拿回家，怕上火，开了一罐青啤！此时感觉很正常，心脏也不闷了，眼也不花了，头也不迷糊了

^_^广播舞还挺奏效！明天坚持去跳广场舞。不花钱还能健身强体！①

2. 跳广场舞的请加进来

楼主：银灯鸳帏 时间：2013－11－06 07:55:14 点击：637 回复：74

我和祥子、夜泊夫人、郭义忠等加入老人舞俱乐部，想要减肥的加进来。②

“正面宣传”的帖子前面提到，基本是一些视频分享帖，很少有发帖者的话语在其中，但是数量却又是正面话语的帖子中最多的，如帖子《〈秀巧组合：打靶归来广场舞〉＋（转载）》③：

《秀巧组合：打靶归来广场舞》＋（转载）

---

① 网络资料来源：http://bbs. tianya. cn/post－329－513369－1. shtml。资料提取时间：2014年6月15日。

② 网络资料来源：http://bbs. tianya. cn/post－202－555617－1. shtml。资料提取时间：2014年6月15日。

③ 网络资料来源：http://bbs. tianya. cn/post－665－455672－1. shtml。资料提取时间：2014年6月15日。

楼主:天之骄子66 时间:2012-01-31 09:14:50 点击:312 回复:2

秀巧组合打靶归来

“比赛报道”的帖子则多是一些广场舞比赛的围观者将他们拍摄广场舞大赛的照片分享到网上的帖子,如《第一届广场舞赛花絮,让你一次看个够!》[①]这个帖子:

第一届广场舞赛花絮,让你一次看个够!

楼主:啊振带你去遛狗 时间:2011-10-25 01:51:57 点击:569 回复:31

天涯前阵子抽风了 上传的相片有的看的见 有的看不见 我只好拖到现在才交作业了 呵呵 废话少说 上菜来了!

准备好了吗?开始喽!

而“正面支持”的话语则是广场舞者和反广场舞者之外的第三种话语的表达,他们对于广场舞行为采取一种同情和理解的态度,但是他们这一立场的前提基本都是广场舞不能扰民,如《不跳广场舞,大妈们还能干啥?》[②]这个帖子里所表达的:

不跳广场舞,大妈们还能干啥?

作者:放风筝的唐僧

之前零零碎碎看到一些关于中国大妈跳广场舞的新闻时,我也总是一脸的不屑,觉得大妈们品位低下,行为庸俗。直到前两天和朋友认真地讨论起此事,我才意识到,在不扰民的情况下,中国大妈们跳广场舞其实是一件很值得鼓励的事情。因为我们想到一个问题:如果不跳广场舞,大妈们还能干啥?

……

① 网络资料来源:http://bbs.tianya.cn/post-365-11338-1.shtml。资料提取时间:2014年6月15日。

② 网络资料来源:http://bbs.tianya.cn/post-5070-6767-1.shtml。资料提取时间:2014年6月15日。

（三）官方话语与民间话语的博弈

在人民网的官方话语里，曾一度将“广场舞”作为一面光辉鲜艳的旗帜高举在手。在全国各地的广场舞比赛里有它的身影，在各种欢乐喜庆的广场舞展演里有它的身影，在人们多姿多彩的广场舞锻炼里也有它的身影。这一切的背后，都有一只国家层面的行政推手，推动着广场舞的发展。从2005年开始的“创建文明城市”活动，到历经2008年北京奥运会的全民健身活动，再到《全国文明城市数据指标细则》中，对群众体育的发展有明确要求：“业余群众文体活动团队数量每街道不少于15支；区级大型广场文化活动次数每年不少于8次”，在这样的官方话语的宣传与鼓动之下，广场舞开始在全国范围内蔓延开来。此时，民间话语的主导权也完全掌握在官方话语手里，人们纷纷在官方话语的宣传与叫好声中狂舞。

然而，2013年下半年以来，这些话语忽然开始减少了。网络上的民间话语开始冲击官方话语的固有阵地。最终，官方话语节节败退，不得不放弃原有的阵地而改旗易帜。原有的那套关于广场舞的“旗帜”与“口号”不再，取而代之的是对广场舞本身的反思与规范。

无疑，这是一场弱势的民间话语对于强势的官方话语的胜利，这场胜利来之不易。不过，需要注意到的是，民间话语内部的长期内耗，以及官方话语的强势主导，都让民间话语的表达困难重重。民间话语由于其单个主体的分散性而处于长期的内耗之中，其内部也因为对于广场舞的认知态度的截然不同而分裂成支持广场舞者与反对广场舞者两个阵营。然而，广场舞者作为社会中官方话语的追随者与宣扬者，在反广场舞者眼中，支持广场舞的人因其与官方话语保持了长期的一致性，而被视为官方话语的一部分。因此，反广场舞者的产生过程就是对官方话语的质疑与再认识过程，而那些追随官方话语的广场舞者，在遭遇反广场舞者的非理性暴力反击之后，也开始反思官方话语的权威性与正确性。

就是在这样一种民间话语对官方话语的不断质疑反思再认识和官方话语的持续主导的过程中，官方霸权话语的种种藩篱才最终被冲破。不过，国家话语在面对着种种质疑，并未轻易妥协，依然以其强势的霸权话语坚持了两年之久。

在现代社会治理中，我们需要逐渐构建一种共识性的话语策略，一种有利于现代政治文明进程的“公共话语”，这一话语范式的核心要义在于反对霸权操控下的独白，也反对无责任的漫谈。[①] 在公共空间的讨论里，只有逐渐去除霸权独白和无责漫谈，畅通国家与社会的沟通渠道，才会少一些类似广场舞讨论中官方话语与民间话语所进行的无谓的零和博弈，达成一种共识的话语，推动现代政治文明的进程。

① 张凤阳等:《政治哲学关键词》,江苏人民出版社 2006 年版,第 347 页。

第九章 城市中心的广场舞:基于长沙市贺龙体育场东广场的问卷调查

贾晓强

一 前言及研究方法

近年来，随着我国经济的快速发展，人民生活水平不断提高，人们开始寻求精神生活的富足。舞蹈艺术从专业的艺术领域走出来，渗透到普通民众中，使得人们在进行体育锻炼的同时，享受到精神世界的愉悦。同时，随着我国城市化进程的加速发展，大量农村人口拥入城市，他们不仅分享城市的养老、医疗、保险、文娱等资源，同时也带来了民间舞蹈艺术，丰富了城市文化。广场舞作为一种新兴的娱乐形式，成本低，对地域和活动空间的要求小，对舞蹈的专业性要求低，并且具有健身、娱乐、社交等功能，得到了广大民众的欢迎。特别是 2008 年北京奥运会的胜利召开，政府兴建大量体育文化基础设施，组织各式各样体育舞蹈比赛，使得人们参与体育健身活动的意识大大加强，掀起了全民健身运动的新高潮。除此之外，广场舞作为一种低碳的健身方式，不仅在我国大中小城市的蓬勃发展，而且在农村也以不同的形式存在，这为我国的全民健身运动注入了一股新鲜的活力。它对人们树立健康、文明的生活方式，形成崇尚健身、参与健身的浓郁氛围具有重要意义。

广场舞作为一种新兴的群众性体育文化活动，对人们的生活产生着巨大影响，而城市中心地带作为人们生产、生活的“集散地”，城市广场作为城市开阔的公共空间，为人们提供了一个开放的休闲娱乐场所。因此，研究城市中心广场舞发展的现状对促进城市文明发展和构建社会主义和谐社会有重要意义。笔者研究的目的在于从个体到团体，从内部发展到外部支持，从管理机制到功能分析，对城市中心广场舞的发展现状进行一个系统而全面的展示。

1. 研究对象

长沙，湖南省省会，中国中部第二大城市，享有“娱乐之都”的美称，体育基础设施健全，文化氛围浓厚，无论是从地理位置，还是在人口数量和经济社会综合发展等方面，在我国城市中具有代表性。而长沙市贺龙体育场东广场（又称“长沙市新世纪体育文化中心广场”）位于长沙市天心区，周边经济发达，人口密集，从地理位置上，属于典型的城市中心地带。该广场不仅是多次大型广场舞比赛的所在场地，而且还是人们日常开展广场舞活动的集合地。因此，以贺龙体育场东广场的广场舞为研究对象具有代表性。

2. 研究方法

（1）文献资料法

通过查阅中国知网、万方数据等资料库中的文献、政府的相关政策与文件，以及关于群众文化、群体自治、组织管理、体育文化运动的理论书籍和新闻报道，从而从不同层次了解和分析广场舞兴起和发展的现状。

（2）问卷调查法

为了更客观地分析广场舞的发展现状，笔者根据长沙市贺龙体育场东广场的实际情况，借鉴以往学者关于广场舞定量研究的经验，[①] 设计出《长沙市“广场舞”发展现状调查问卷》，对该广场参加广场舞的民众进行问卷调查，共发放195份问卷，回收76份，回收率为38.97%，其中有效问卷73份，有效回收率为37.44%。有效回收率较低的原因：首先是由于所调查的群体多为中老年人，年龄偏大，文化程度参差不齐，并且部分人存在视力障碍，无法保证问卷调查的顺利完成。其次是由于跳广场舞的时间主要集中在晚上进行，缺乏填写问卷的适当场所，因此，由被调查者将问卷带回家进行填写，这种类似于“邮寄问卷”的形式，对被调查者缺乏有效的监督，无法保证问卷的回收率和完成率。

（3）个案访谈法

针对广场舞负责人和领队进行访谈以了解该广场舞团体整体的发展情况，针对参加广场舞的普通民众以了解他们对广场舞的真实想法与感受。

① 该问卷和量表是由考察队员陈海东所设计的。

同时对政府文化体育部门的负责人进行采访，以便了解政府等公共部门对广场体育文化活动的看法。在对不同群体进行深入访谈的基础之上，更深层次地分析社会各方面对广场舞的态度，及其对广场舞发展的影响。

二　广场舞参与者分析

不同学者对广场舞有不同的定义，至今仍缺乏一个被众人认可的权威概念。在对众多学者研究分析的基础上，笔者认为广场舞是一种集体舞蹈形式，是广场舞蹈的简称，它是指在空旷的场地上，人们伴随着音乐进行跳舞的活动。根据舞蹈的种类，狭义上的广场舞仅仅指广场舞一个舞种，广义上的广场舞除了广场舞之外，还包括民族舞、交谊舞等；按照目的不同可分为健身型、娱乐型和社交型广场舞；按照地域划分为城市广场舞和农村广场舞。本文所研究的是广义上的城市广场舞。

1. 性别

从性别上看（见表1），跳广场舞的人绝大部分（约93%）是女性，而男性仅占7%。调查中发现，由于女性占绝对优势，跳广场舞常被人们称为“大妈式活动”，在一些广场舞团体中，对男性存在一定的排斥，甚至在跳交谊舞的团体中，男性人数也很少。

表1　**性别比例**　单位：次，%

性别	频率	有效百分比	累积百分比
男	5	7	7
女	66	93	100
合计	71	100	

2. 年龄

在参加跳广场舞的人群中，年龄最小的是35岁，最大的是67岁，集中在50岁左右。其中63.9%为退休人员，他们的家庭负担较小，空闲时间充裕，更加重视体育健身运动，因此，有时间、有精力、有意识参加广场舞活动。

3. 受教育程度

在参与跳广场舞的人群中（见表 2），初中及以下的人群占 15.5%，高中与中专学历占 49.3%，大学及以上的学历占 35.2%。广场舞作为一种简单易学的体育运动，受教育程度对跳广场舞的影响较小，一般而言，受教育程度高的人群比受教育程度低的人群更积极参加广场舞活动。

表 2 **受教育程度比例** 单位：次，%

学历	频率	有效百分比	累积百分比
未读书	1	1.4	
初中	10	14.1	1.4
高中	25	35.2	15.5
中专	10	14.1	50.7
大学及以上	25	35.2	64.8
合计	71	100.0	100.0

4. 收入

在参加跳广场舞的人群中，最低月收入为 400 元，最高达 7000 元，主要集中在 1500—3000 元，属于中低阶层人员。参加广场舞更倾向于普通市民的活动，这些人没有能力进入歌舞厅、健身房、会所等高消费娱乐场所，然而在经过一天的奔波忙碌之后，存在运动休闲放松的需求。广场舞不仅提供了自由宽松的环境，还能满足人们的不同需求，具有很强的包容性。不同的广场舞舞种对成员的专业性要求不同，广场舞团体也可以根据舞蹈的难易程度和人们的消费能力对成员进行收费，此外，民众也可以免费参加政府支持的公益广场舞团队，来满足其在锻炼身体、休闲娱乐方面的需求。

5. 职业

参加广场舞与职业类型有较大的相关性。参加广场舞的成员大部分集中在政府或事业单位人员、企业管理人员、商业服务人员、产业工人。其中在未退休人群中（见表 3），38.5% 是政府或事业单位人员，他们有相对固定的工作时间和充足的休闲时间，可以按时参加广场舞活动，其次是商业服务人员，约 23.1%，这也与其工作时间有关，晚上消费人群相对较少，属于他们的休息时间。在访谈中发现，由于对广场舞活动的热爱，部分商业人员甚至会选择在晚上停业来参加广场舞，增强体质，休闲身心。

表 3　　职业类型与退休状态交叉情况　　单位:%

		您目前是否已经退休		合计
		是	否	
您的职业类型是（包括退休前职业）	政府或事业单位人员	8.7	38.5	19.4
	全职主妇	4.3	0	2.8
	教师	4.3	3.8	4.2
	私营个体户	2.2	11.5	5.6
	企业管理人员	26.1	11.5	20.8
	专业技术人员	6.5	7.7	6.9
	商业服务人员	15.2	23.1	18.1
	产业工人	32.6	3.8	22.2
合计		99.9	99.9	100.0

6. 参与原因分析

在调查中发现，人们更多地喜欢健身型舞蹈（约 93.1%），没有人喜欢交友型舞蹈，人们在参加广场舞的过程中经常会与人沟通交流，自然会结识一些朋友，但参加广场舞的主要原因是锻炼身体（98.6%）（见表 4）。自我锻炼、自我休闲，这是人们参加广场舞活动的初衷。而且，虽然只有 9.6% 的人们认为跳舞是出于社交的目的，但 71.4% 的人在跳舞结束之后，还会与一起跳舞的人联系，这反映出人们跳广场舞过程中的交流是一种无意识的社交行为，它可以帮助人们在陌生的城市中扩大交际圈，进而形成一定的熟人社会。

除此之外，跳广场舞作为一种集体性的体育活动，人们往往被舒畅的乐律，欢乐的气氛所感染，甚至一些人不仅热爱舞蹈，而且把跳广场舞作为一种生活习惯，约 90.6% 的人认为“跳广场舞已经成为我生活中不可缺少的一部分”。值得注意的是，在访谈中一位跳舞大妈介绍，这种集体性的活动与他们这代人年轻时参加的许多活动有很大的相似之处，这让她们有一种恢复青春、重归集体、充满活力的感触。

表 4　　跳广场舞原因分析　　单位:%

排序	选择跳广场舞的原因	是	否
1	您选择跳广场舞的原因是锻炼身体	98.6	1.4
2	您选择跳广场舞的原因是热爱舞蹈	34.2	65.8
3	您选择跳广场舞的原因是被其氛围感染	16.4	83.6
4	您选择跳广场舞的原因是生活习惯	11.0	89.0
5	您选择跳广场舞的原因是社交目的	9.6	90.4
6	您选择跳广场舞的原因是朋友邀请	8.2	91.8
7	您选择跳广场舞的原因是娱乐太少	6.8	93.2

在整个跳广场舞的过程中，48.6%的人认为完全满足了最初加入时的需要，47.2%满足了最初加入时的部分需要，只有4.2%的人认为没有满足最初的需要。从心理学角度分析，人们的预期需要得到满足也是人们参与广场舞活动和广场舞持续发展的重要原因。

从总体上看，在对广场上跳舞行为的评价中，94.5%的人认为“益大于弊”，而只有2.7%人认为“弊大于益”。可见绝大多数人认识到了广场舞的价值，并对广场舞活动具有极大的认同。

7. 其他参与情况

从参与时间上看，参加跳舞的人员中，最少参加半年，最多参加十年之久，64.7%的人参加2—5年。城市的发展为广场舞提供了物质基础，其发展与我国的城市化发展水平紧密相关，如果从时间推算，这与2008年北京奥运会的胜利举办，国家兴建体育文化基础设施建设以及所提倡的“全民健身运动”密切相关。

从参与跳广场舞的团体数量上看，“在此之前，您参加过几个跳舞圈子?”调查中，有12.3%的人没有参加过，27.4%的人参加过一个圈子，20.5%的人参加过两个圈子，只有2.7%的人参加过三个圈子。一方面，这与领舞者的水平密切相关，当人们感觉领舞者的水平不能满足自己的要求时，他们会选择参加另一个团体。另一方面，这与广场舞团体的自我管理水平有关，创造一个欢快愉悦的广场舞氛围也是至关重要的。

从每周参与广场舞的频率分析，每周参加次数最少的是 1 次，最多的是 12 次，主要集中在 5—7 次（占 87.5%）。此外，参与人员退休与否和每周参加广场舞的次数有密切关系，退休人员参与广场舞的次数明显高于正在工作的人员。跳广场舞作为一种休闲娱乐活动，与人们所从事的工作、工作时间的长短、家庭负担等有直接关联。

三 广场舞团体的发展状况

长沙市的广场舞兴起于 20 世纪 90 年代，随着国家“申奥”的开展，国家不断加大对体育文化基础设施的建设，全面健身运动蓬勃发展，在此背景下，工程投资总额达 12 亿元的新世纪体育文化中心建成，并逐步向市民全部开放，为广大市民参与体育文化活动提供了物质保障，为跳广场舞的发展提供了活动场所。如今，在长沙市贺龙体育场东广场上共有 11 支大小不同、类型各异的舞蹈团队，我们根据研究的需要选取其中的 7 支团队进行分析（见表 5）。总体而言，长沙广场舞的发展离不开政府的支持，更离不开民众的自发组织，而处于城市中心地带的广场舞，其发展也存在场地不足、资源紧缺等困难。具体而言，特点如下。

表 5 **广场舞团体个案概况**

群体代号	人数	产生方式	领队人数	会员费	主要舞蹈类型	音响设备
A	20	自发形成	2	60 元/年	广场舞、民族舞	CD 播放器（电源自备）
B（有队服）	80	自发形成	3	120 元/年	广场舞、民族舞	中型音响（电源来自广场，需付费）
C	500	政府支持	2	无	广场舞	大型音响（电源来自广场，无须付费，有麦克风）
D	70	自发形成	2	780 元/年	交谊舞	中型音响（电源自备，有盏灯、麦克风、有小蜜蜂）
E	40	自发形成	1	500 元/年	民族舞	中型音响（电源自备，有小蜜蜂）
F	20	自发形成	1	自愿	交谊舞	中型音响（电源自备）
G	70	自发形成	1	自愿	交谊舞	中型音响（电源自备，有舞蹈灯光）

首先，政府的扶持。随着广场舞的蓬勃发展，各类广场舞的团体不断涌现，2003 年时任天心区文体局邢局长对天心区所有广场舞进行调研，指出跳广场舞的团体存在资源不足、训练不充分等问题。于是召集天心区所有的跳广场舞的团队负责人或领队进行开会，商讨整合资源、推动广场舞发展的方案，在长沙市贺龙体育场东广场成立天心区公益广场舞团体——“天心晨晖”（即 C 群体），并进行盛大表演活动。随后由区政府出资在广场上搭建了一个专门指导广场舞的平台，来教人们跳广场舞、民族舞、交谊舞等各类舞蹈，每天晚上千人一起在广场上跳舞的场景成为长沙市一道亮丽的风景。但由于影响广场整体美观、妨碍周围店铺的正常营业等原因指导广场舞的平台被拆除，在广场上跳舞的人们无法看到领舞老师的舞步与姿势，因此不再教授人们较为复杂的民族舞和交谊舞，而改为简单的广场舞，然而这些并没有阻挡人们参加广场舞的热情。

其次，群众的自发组织。韦伯在《社会和经济组织的理论》一书中将权力分为传统权力、超凡权力和法定权力；美国管理学家怀特和李皮特所提出的三种领导方式理论：权威、民主式及放任式。近代的情境领导理论在管理方格图的基础上，根据员工的成熟度不同，将领导方式分为四种：命令式、说服式、参与式和授权式。在对以往组织管理理论的分析之后，根据广场舞群体的内部管理形式，结合会费水平、规章制度、领导权威、领队人员的职责等四个维度（见表 6），将群众自发组织的跳舞团队的类型分为三类。第一类是自主群体，成员主要是由于兴趣爱好或熟人群体而组成跳广场舞团队，不收取会员费或只收取音响设备的购买和使用费用，不对成员进行培训，成员之间自主交流。领队老师仅仅是服务人员，在该群体中没有权威，没有准入机制，成员可自由进退该群体，而且群体规模不确定，例如：F、G。第二类是次权威群体，成员需要经过领队老师的同意才能进入该群体，但准入门槛较低，一般以缴纳会员费为准。领队老师不仅仅是服务人员，还对成员进行相关的培训，在群体中拥有一定的权威，该群体规模较小，没有严格的成员管理制度，主要依靠成员的自我约束和领队老师的指导来协调活动，成员之间逐步形成了一个类似熟人社会的自治团体，例如：A、B、E。第三类是权威群体，成员需要经过领队老师的同意才能进入该群体，该群体的准入门槛较高，仍以缴纳会员费为准，但会员费较高，成员之间根据其跳舞的水平有较为清晰的区分，领队老师有专业的跳舞技能，在群体中享有绝对的权威，有较为严格的规章制度，可对不积极参加跳舞或不遵守规章制度的成员进行批评，例如：D。

表 6　　自发形成的广场舞群体的特征

		会费水平	规章制度	领导权威	领队人员的职责
自主群体	F	低	无	无	仅负责音响设备
	G	低	无	无	
次权威群体	A	较低	模糊	有限	负责音响设备；教授舞蹈；通知部分比赛、表演信息
	B	较低	模糊	有限	
	E	较高	模糊	有限	
权威群体	D	很高	明确	绝对	负责音响设备；教授舞蹈；对成员跳舞情况进行严格的要求

此外，由于城市中心广场的资源有限，而消费人群却有增无减，因此在开展广场舞的实际活动中存在诸多困难。调查发现，42%的跳舞人员表示在组织跳舞的过程中遇到过困难，其中首先是场地不足（约72%），其次是设备不全（12%），在访谈中还发现，当广场上举办一些大型的活动时他们也会被迫停止跳舞。城市中心人口稠密，但空旷的广场却十分有限，人们没有充足的空间跳广场舞。20.6%的人认为自己所在群体的人数规模较大。建议在充分利用中心广场的同时，可以发挥社区的资源，将密集的人群分散开来，以便人们充分享受广场舞的快乐。

四　广场舞发展的外部支持因素

近几年来，广场舞得到迅猛发展，这离不开经济的发展和人民生活水平的提升，离不开民众对这种新型体育休闲运动的喜爱，也离不开在社会发展和民众需求增加的条件下，广场舞的不断改进和创新，如及时更换新的流行舞曲、开拓网络交流平台等。然而，这种因素也需要在特定的外部环境中才能得到充分发挥，外部支持因素对广场舞的发展起到重要作用。通过资料分析和深度访谈，笔者将广场舞发展的外部支持因素分为三个方面：一是家庭支持；二是政府支持；三是社会支持。

1. 家庭支持

虽然参加广场舞属于个人行为，但参加广场舞主要是中年女性或者退休人员，他们的主要家庭责任在于操持家务、照看孩子或者养老，一周5—7次地参加广场舞必定会占用很多个人时间，影响家庭任务的完成，因此获得家庭的支持是个体持久参加广场舞的重要条件。在调查中发现，88.5%的家庭对其跳舞持支持的态度，认为跳广场舞对个人的身心发展有重要积极作用。当然并不是所有的家庭都支持其参加广场舞的，也有一些家庭因为跳广场舞而产生矛盾，影响着人们参加跳广场舞的积极性。

访谈背景：在跳交谊舞的广场台阶上与一中年男子交谈，五十岁左右，来自安徽安庆，焊工，属外来务工人员，每月收入3500元，公司包吃包住，长期与家庭分离，经常随着工程任务的完成，在不同城市之间奔波。

问：大叔好！跳舞（交谊舞）有很多好处，您怎么不去跳呢？

答：跳舞有什么好呢？（带有反感的语气），我之前会跳舞的，现在不跳了。

问：为什么呢？很多人都在跳，而且人们都跳得很开心呀！

答：是很开心，但男女之间接触的时间久了，而且身体是紧挨着的，是很容易产生感情的，感情这东西好也不好！有了之后不是说忘就能忘的。之前，一女的与一男的在这里一起跳舞，手拉着手，身体又挨得那么近，时间久了产生了“关系”（属婚外恋），后来事情被女子丈夫发现，就产生了矛盾，这事情一闹起来，怎么得了呢？男的被迫给了那女的丈夫一万多块钱，才把事情摆平了。你说好不好？

问：出现这样的事，确实挺不好的，那对其他跳舞的人有什么影响吗？

答：当然有啦！这种事情很快就传开，那谁还敢跳交谊舞呢？都改跳广场舞去了，来跳舞的人都不愿跟男的讲话，不过后来就好了，所以我就不跳舞。

参加广场舞毕竟是一种休闲娱乐的活动，当跳广场舞与其他事情存在冲突时，虽然有79.1%的人会选择尽量参加跳舞，但仍有55.8%的人会选择果断放弃跳舞。其中有22.2%的人会因为家务繁忙而间断跳舞，再次证明，获得家庭的支持是跳广场舞的重要条件。

在跳舞者与其配偶的娱乐方式的对比后发现（见表7），在打牌、打麻将、下棋、看电视方面，其配偶的参与率高于跳舞者本人；在参加体育锻炼和唱歌方面，跳舞者参与率高于其配偶。由于参加跳广场舞的绝大多数是女性，而其配偶（主要指男性）参与广场舞的比率仅为15.7%，这反映出男性传统思想意识中的误区，认为跳舞是女性的事，男性可以通过其他途径锻炼身体，而往往缺乏积极性。如果夫妻一起来跳广场舞不仅可以随时相互纠正错误，提高跳舞的水平，而且对于增加夫妻感情、促进家庭和睦有重要作用。

表7 **跳广场舞者与其配偶的娱乐方式比较分析表** 单位%

题号	娱乐方式	舞者	配偶
1	在平日的娱乐活动中，除了跳舞，您是否打牌？	13.9	17.1
2	在平日的娱乐活动中，除了跳舞，您是否打麻将？	29.2	30.0
3	在平日的娱乐活动中，除了跳舞，您是否下棋？	2.8	10.0
4	在平日的娱乐活动中，除了跳舞，您是否看电视？	68.1	71.4
5	在平日的娱乐活动中，除了跳舞，您是否参加体育锻炼？	41.7	31.4
6	在平日的娱乐活动中，除了跳舞，您是否唱歌？	12.5	7.1

2. 政府支持

2011年《长沙市天心区2011年国民经济和社会发展统计公报》指出：深入贯彻实施《全民健身条例》，全年全区举行综合性运动会2场、单项体育竞赛活动4次，坚持3—12月在新世界体育文化中心东广场举行“欢乐星城”夜练活动，为市民提供健身舞蹈免费教学，11月举行首届“幸福长沙”广场舞大赛；全年在新世纪体育文化中心举行体育赛事10场，营造了良好的健身氛围。全年为2个街道、40个社区配送群文活动器材，桂花坪街道文化站列入长沙市第三批示范性街道文化站；全年开展社区、文艺团队业务指导200余次。“好戏天天演·欢乐满星城”湖湘戏剧公益展演持续展开，全年奉上演出250余场，服务群众8万人。开展共享工程知识培训2场，举行了为期1个月的元旦春节系列文化活动，天心文化产业园成功获评“国家级文化产业试验园区”，初步建设了一栋文化创业创意大厦，全年引进优质文化企业20余家，完成文化产业总产值102.8亿余元，同比增长25%。

2012年《长沙市2012年国民经济和社会发展统计公报》显示：长沙市开展全民健身项目480项次，全市全民健身运动参加人数达430万人。社会体育指导员年发展数为400人，年末拥有各级社会体育指导员1.01万多人，健身辅导站750个，公共体育场地564个。此外，为了进一步规范体育事业的发展，长沙市天心区设立了长沙市天心区文化体育新闻出版局，并制订了《设立营业性文艺表演团体审批制度》，规范广场舞的团体行为。

《长沙市天心区文化体育事业“十二五”发展规划》（以下简称《规划》）的总体目标：到2015年，围绕天心区城市发展总体目标，建立起比较完备的公共文化服务体系、体育发展体系、文化产业体系、现代文化市场体系和文化创新体系。在财政上大力保障体育文化事业的发展：从2011年起，区财政每年从文体广播事业费中列支400万元以上用于文物保护、基层文体设施建设、文化名区创建、文体活动和文化建设奖励等工作。

在《规划》中提出文化体育事业建设的主要任务：“开展各类健身活动，提升辖区群众健身参与意识。多渠道开展宣传工作，积极倡导科学健身，深入引导群众自觉参与健身活动，掀起全民健身新高潮；以满足各类人群的健身需求为出发点，坚持小型多样、因地制宜、深入基层、贴近百姓的原则，深入推广各类群体健身活动，加大各年龄层次的体育竞赛，实行普及与提高相结合，全民健身氛围明显浓厚，各类体育协调发展，公民体质得到增强；突出抓好群众体育活动品牌的打造，进一步发挥新世纪文化体育全民健身广场作用，着重抓好公益晨练、夜炼和每月健身大赛，力争活动享誉全国。”“提供公共体育服务，统筹全民健身设施建设管理。进一步以社会需求为导向，引导更多体育基金和体彩公益金的投入，加快城乡社区、村和新建住宅区公共体育设施建设；重点加大中小型、适用性强的健身设施建设，力争建成10个集各年龄层次和群体竞技项目于一体的社区健身园；充分发挥辖区单位和中小学校健身场所的作用，使现有场馆资源得以较大利用；发挥体育人才资源的作用，加快‘中国体操城’建设和宣传，加强体育后备人才基地管理，竞技体育工作得到崭新发展。”

从广场舞团体的形成上看，虽然只有15.3%的团体是在政府支持下形成的，但它们能够整合更多的社会资源，发挥积极的领导作用，具有服务性、公益性、大众性。在长沙市贺龙体育场东广场上跳舞的队伍中，最大的“天心晨晖”广场舞团体便是在天心区政府号召下，将几个自发的广场舞小团体联合起来形成的大团体，并为市民提供免费的健身舞蹈教学，提供各种服务。由于参与人数多达2000人，工作量大，协调困难，因此政府对负责组织者和领舞的工作人员进行工资补助，为他们在生活上提供一些保障，以激励他们更好地带领人们有序参与广场舞活动。

3. 社会支持

从个体企业的角度分析，“咖啡之翼”位于长沙市贺龙体育场东广场的中心，是一家“舒适优雅的环境、人性化的服务”的西式餐厅，然而在晚上营业时却被在广场上跳舞的团体所“包围”，因此，其对广场舞的态度具有典型性。在2013年4月6日，我们第一次调查时，发现该店门口贴有一张告示，大致内容是愿意为跳广场舞的阿姨们提供免费的休息场所，免费为她们提供饮用水，由于广场附近的公共厕所距跳舞地点较远，因此该店同意跳广场舞的阿姨们在其店内上厕所。但是两天后告示便没有了，通过对店员的访谈得知，由于气温回暖，广场上跳舞的团队不断增加，他们竞相提高音响的声音，以更好地享受舞蹈，在广场上的声音一般达80分贝，这严重影响到“咖啡之翼”的正常营业，同时认为，由于广场上的台阶仍可休息，因此不愿为广场上跳舞的阿姨们承担额外的服务。除了这一拥有固定场所的企业之外，在广场上有两个轮滑商店，“活力轮滑”和“米高轮滑专卖店”，不仅销售轮滑用具，而且对儿童进行轮滑培训，主要占用了广场上较为边缘的固定场地，偶尔也有淘气的孩子会在广场的人群中轮滑，一般不会影响广场舞活动。在广场上还有十余个卖儿童玩具的摊点，如风筝、雕画、捕鱼。约有五十辆左右的儿童自驾玩具车，主要在跳广场舞范围之外活动。只要广场舞活动不会影响到他们正常的经营，这些非固定的摊点对跳广场舞活动持欢迎态度，因为跳广场舞的主要是一些大妈，她们是主要的消费人群。

从广场舞比赛的支持上分析，以湖南省全民广场舞大赛为例。由湖南省精神文明指导委员会、省老干局、省体育局、湖南广播电视台四家单位主办，湖南移动电视和芒果Radio新闻广播联盟承办的湖南省第三届全民广场舞大赛在2013年4月24日在新世纪体育文化中心广场正式启幕。湖南省委宣传部将此活动列入"欢乐潇湘"系列群众文化活动总体部署，并和全民健身日结合起来。预计有近1000支队伍、5万名队员参赛。今年大赛组委会将组织100台音响、100个自驾车队、100名舞蹈老师下乡，一对一帮助乡村广场舞队，义务指导他们排舞。同时，还将走进社区开展社区海选，让老百姓在家门口就能参加广场舞大赛。[①] 除此之外，还获得社会企业的大量赞助，根据2012年湖南省第三届全民广场舞的赞助显示："山润·山茶油""韶湖慢旅游""世纪人泰"通过这次赞助活动，名利双收，而总冠名商"山润·山茶油"更是通过活动宣传，使其2012年在湖南市场的销售同比2011年增长170%[②]。

从娱乐文化的传播角度分析，2013年中央电视台春节联欢晚会中，蔡明、潘长江等主演的小品《想跳就跳》，表达了社区广大中老年人对广场舞的爱好。还有一些文艺节目邀请基层广场舞团体参加节目，为中老年人展现自我、实现自我价值提供了新的平台。除此之外，一些网络歌曲和流行歌曲被编排成广场舞，得以持久而广泛地传播，如凤凰传奇的《荷塘月色》，韩国鸟叔的《江南 style》。由于大多数广场舞团体是通过网络来学习广场舞，除了优酷、土豆、56网等一般性视频学习网站，还有全民健身广场舞网、广场舞在线、就爱舞蹈网、365广场舞网等诸多专业性广场舞网站，为广场舞爱好者提供视频、资讯等服务。

五　广场舞团体的管理机制

在对总体分析后，我们主要对D团体与G团体两个个案加以对比。首先，从舞蹈类型上，他们主要跳交谊舞；其次，人数规模相当，大约在70人左右，并吸引了大量的围观人员，更为重要的是，D团体属于典型的自发群体，而G团体属于典型的权威群体。因此两者有一定的代表性和可比性，笔者主要从准入机制和内部协调机制两个方面进行对比分析；最后，从整体上简析广场舞群体处理争议问题的看法。

① 湖南省人民政府门户网站。http://www.hunan.gov.cn/zwgk/hnyw/zwdt/201304/t20130425_847620.html。

② 2013"舞味俱全"湖南省第三届全民广场舞大赛冠名企业招商书。http://www.doc88.com/p-383779741611.html。

1. 准入机制

从团体接收成员的角度分析，D团体是从培训班衍生出来，有两名专业的领舞人员对其成员进行严格而系统的培训，并有一套明确的规章制度。在参与时间上，每周一到周六上课，周日休息，小到中雨都要坚持上课；在会员费上，每月每人培训费65元，五个月后，每月每人活动费35元；从教授内容上，每月教授6支不同的舞蹈，需要有舞伴，如果没有舞伴，由助教老师或跳舞熟练的成员陪舞。此外，对成员的文化教育水平有一定要求，也要求队员有乐感。而G团体则是自发形成的团体，仅有一名负责音响设备的工作人员，不负责教授舞蹈，人员可以自由加入该团体，人们更多的是一种休闲的心态，在乐感和舞姿方面没有任何要求，人员也不固定，会员费主要是会员自愿交付，该负责人介绍，一些老会员会主动交会员费，但具体交多少也是自愿为主。

从成员选择团体的角度分析，其主要目的均是锻炼身体、娱乐休闲。D团体的音响质量很高，灯光随舞曲变换，环境非常好。由于在时间和会员费上有较为严格的要求，群体成员的经济水平较高。其年龄主要集中在四十岁左右，其中男性14人，由于对舞蹈的要求较高，音乐的乐律较强，因此需要一定的文化水平，其成员对舞步舞姿的掌握也比较到位。G团体的音响的音质较差，但有舞蹈灯光，环境较为阴暗，其中有30多名男性参加，接近总体参与人数的一半，并且围观的大多数为男性（约20人）。从该团体使用的交通工具为摩托车和访谈中发现，其主要是城市务工人员，而且年龄集中在五十岁左右。场地内许多烟头和槟榔废弃物，从该活动场地的卫生状况分析，该群体成员的素质水平偏低。

2. 内部协调机制

在D团体与G团体对比分析，D团体有明确的规章制度，根据学员的不同水平，分为初级班和中级班（又称“表演班”）。该团体采取循环教学，学员可以随时参加，随时学习。为了帮助不同层次学习，一般性规定：在晚上7：30—8：10为表演班的练习时间，8：10—8：50为初级班学习时间，8：50—9：30为表演班学习的时间。学员尽量不缺课，即使遇到小雨或中雨，也要参加跳舞。当学员在学习时出现懈怠或缺课现象，领队老师会对其进行批评。领队老师有绝对的权威，这不仅仅由于成员对领队老师舞蹈水平的敬佩，更在于领队老师强烈的责任感，在内部协调方面属于权威型领导。与之相对，G团体没有任何规章制度，成员自愿加入其中，不受任何限制，没有领舞人员，没有统一的舞姿，人员仅仅根据音乐的乐律随意跳动，人们并不追求在跳舞过程中的专业程度，因此在内部协调过程中更多的是一种自我的协调。

3. 存在问题

从总体分析上看，在“您所在的舞蹈圈子在管理中是否出现过意见不一或争论情况?”调查中，22.4%的人遇到过，77.6%的人没有遇到过。6.7%的人表示，曾经与群体中的人发生过不愉快。这说明在广场舞活动中必然会存在一些矛盾或问题。

根据调查结果和访谈资料显示（见表8），这些问题主要是在参加表演或比赛活动中发生的。虽然有33.3%的人参加过舞蹈比赛活动，41.8%的人参加过舞蹈表演活动，但有60.9%的人表示“我会积极参加群体组织的演出、比赛活动”，面对这种“僧多粥少”的局面，需要领队人员充分发挥自己的领导才干，协调关系，并妥善处理矛盾。

表8 **参加表演、比赛的分析** 单位:%

题号	问题	是	否
1	您是否参加过本群体组织的舞蹈比赛活动?	33.3	66.7
2	您是否参加过本群体组织的舞蹈表演活动?	41.8	58.2
3	您会积极参加群体组织的演出、比赛活动吗?	60.9	21.9

注：为了对人们参加广场舞表演和比赛的积极性进行对比，此表删去了中立态度或态度不明所占的比例。

六 广场舞的功能分析

当前广场舞不仅继承了民间舞蹈的某些元素，还融入了现代舞蹈的意识、行为和形式，从而更容易被人们所接受，也形成了自己独特的舞蹈风格。随着人们主体意识和参与意识的增强，广场文化活动的广泛开展，广场舞得到社会各界的关注和重视，并逐步成为城市文化生活中不可或缺的部分。广场舞的功能是多方面的，它对人们的社会生活起着不容忽视作用，本文着重分析广场舞的健身功能、娱乐功能和社交功能。

1. 广场舞的健身功能

在对广场舞“益大于弊”的评价中，主要是由于其具有锻炼身体的功能。调查发现人们更喜欢健身型舞蹈（约93.1%），参加广场舞的目的也在于锻炼身体（98.6%），跳广场舞作为一种集体性的体育文化活动，其健身的功能是人们参加广场舞活动的初衷，也是人们坚持长期参加广场舞活动的主要原因。

对于中老年人，人们“随着广场舞音乐的节拍伸展肢体，或抬腿，或扭动手腕，或弯腰，或屈膝，或扩胸，或仰头……动作强度虽然不大，但是一系列的动作下来可以调动整个身体的各个部位，使得肢体得到很好的舒展，提高人体的协调能力，强健身体的各个部位的肌肉群，增强肢体的柔韧度，从而起到活动肢体、增加其灵活性的作用”。[①] 在跳广场舞的过程中，心、脑和呼吸系统都能获得很好的磨炼，由于广场舞的特质，大家在跳舞的同时，呼出了二氧化碳，吸进的是清新的空气，所以有助于改善心肺功能、加速新陈代谢、促进消化等，从而增进健康，延缓衰老，提高人体的免疫力，达到增强体质的效果。除此之外，跳广场舞的过程，需要把人们的注意力集中在听力记忆和舞姿记忆，经过不断地操练学习以及对脑神经的不断刺激，来减缓记忆力减退的现象，缓解精神衰弱。

2. 广场舞的娱乐功能

广场舞具有自娱性和表演性，它以自然舒适的表演形式、热情欢快的表演内容和集体舞的表演方式将舞蹈表演出来。自广场舞产生以来，自娱性是广场舞蹈的主要特征，民众在参与广场舞的过程中并不追求名利，完全是为了自我休闲、自我放松。广场舞是利用舞蹈来抒发情感的民间艺术，一些广场舞大多数是通过自发的网络学习完成的，也有一些是民间舞蹈老师根据自己的生活经验编排出来的，更接近人们的真实生活，也便于舞者内在情感的宣泄，产生振奋精神的愉悦感，同时观赏者也得到精神享受。这也给了舞者一个表现自己才艺的机会，这也是广场舞自产生以来经久不衰的重要原因之一。

从音乐节奏上分析（见表9），由于参加跳广场舞的人员大多数为中老年人，因此63.4%喜欢节奏适中的音乐，这类音乐比较舒缓，与其相

---

① 杨玲：《广场舞对中老年人的健身娱乐作用以及存在的问题》，《大众文艺》2012年第9期。

配的舞蹈幅度较小，更容易被人们接受。仅有 9.9% 的人喜欢快节奏，26.8% 的人喜欢节奏较快的音乐，根据人群数量和年龄的推理，快节奏音乐与城市快节奏的生活方式并没有必然的关系，更多的是由于人们在欢快的乐律中可以达到愉悦身心的目的。

表 9　跳广场舞人员对音乐节奏的接受程度　单位：次，%

音乐节奏	频率	有效百分比	累积百分比
快节奏	7	9.9	9.9
节奏较快	19	26.8	36.6
节奏适中	45	63.4	100.0
合计	71	100.0	

从愉悦身心上分析，在跳广场舞的过程中，人们沉浸于愉快欢乐的氛围中，其注重力主要集中优美的乐曲中，并沿着节奏将情绪抒发在舞姿上，从而转移注意力，可以帮助人们缓解生活压力，能够消除烦恼净化心灵，从而达到最佳的心理状况。在调查中发现，98.5% 的人认为“跳舞会让我感到身心愉快”，95.3% 的人认为“跳舞让我忘掉许多烦恼”。

3. 广场舞的社交功能

从参与跳广场舞的角度分析，50.7% 的人在加入舞蹈圈子之前认识圈子内的人。也有 29.6% 的人选择跳舞的群体是基于熟人的数量，这是在除了聊天、打牌、聚会等传统社交方式外，加强熟人之间的联系、促进交流的一种新型方式。

表 10　家庭住址与跳舞地点的距离　单位：次，%

距离	频率	有效百分比	累积百分比
100—500 米	15	23.1	23.1
500—1000 米	22	33.8	56.9
1000—2000 千米	18	27.7	84.6
2000 千米以上	10	15.4	100.0
合计	65	100.0	

从群体内部交流的角度分析，92.3%的人认为“我在跳舞中能结交很多朋友”，并且71.4%的人在跳舞结束后会与一起跳舞的人联系，84.6%的人的家庭住址与跳舞场地的距离在2000米以内（见表10）。这可以帮助人们在陌生的城市中扩大交际圈，进而形成一种熟人社会。他们主要是通过聊天闲谈、练习舞蹈和集体聚会等方式（见表11），也会在日常生活中进行交流，如买菜、逛街中遇到。

表11　**跳舞之外，广场舞团体之间的联系方式**　单位：次，%

联系方式	频率	有效百分比	累积百分比
聊天闲谈	17	40.5	40.5
练习跳舞	11	26.2	66.7
日常活动（如买菜）	3	7.1	73.8
其他娱乐（如打麻将）	1	2.4	76.2
串门走访	1	2.4	78.6
集体聚会	9	21.4	100.0
合计	42	100.0	

从扩大社交团体的角度分析，由于跳广场舞对愉悦身心、增强体质有较大的作用，75.8%的人会把本群体介绍给其他朋友，将自己认为有益的事情分享给身边的朋友，不仅可以增进友谊，也可以扩大广场舞团体的人数和规模，如B群体。也有24.2%的人不会把本群体介绍给其他朋友，他们认为这是私人的事情，纯属个人爱好，不应该影响他人。

七　小结

改革开放以来，我国的经济社会生活发生了翻天覆地的变化，从20世纪90年代开始，政府兴建了大量的文化广场、体育中心等基础设施，来满足人们在体育、娱乐、休闲等方面的需求。社会的发展也推动着广场舞的变迁，它从乡村走进城市，由传统转向现代，逐步融入人们的生活，成为现代城市文化生活中不可缺少的内容，如今的广场舞活跃在祖国大地的各个角落，甚至遍及世界各地的华人区，以其独特的魅力吸引了不同阶层、不同职业的人群，成为城市生活的靓丽风景线。在以上各节的分析基础之上，通过对长沙市贺龙体育场东广场的广场舞调查研究，我们得出了以下结论。

首先，作为中老年妇女主要参与的健身活动，受教育程度对参与广场舞的影响较小，而收入水平的高低和个人爱好的差异直接影响参与广场舞团体的类型，退休人员参与广场舞的频率远远大于非退休人员。人们主要基于广场舞的健身功能和对舞蹈的爱好参与到广场舞活动中。

其次，根据政府的干预和组建广场舞团体的形式来看，可将广场舞分为有政府扶持和群众自发组织两类。政府扶持的团体为公益广场舞，参与人数多，服务对象更加倾向于老年群体；而群众自发的广场舞团体，所跳的舞蹈更加专业，人们可以根据自身需求参与其中，群体人数较少，多为熟人群体。根据其内部管理形式，我们将群众自发的广场舞团体分为自主群体、次权威群体和权威群体。

再次，虽然参与广场舞活动是个体行为，但离不开家庭的支持，寻求家庭的支持是参与广场舞活动的关键。而政府作为公共服务部门，在加强体育设施建设、规范广场舞团体行为、举办广场舞大赛等方面对广场舞活动加以支持。社会企业主要基于商业利益和自身影响力对广场舞活动加以支持，此外，一些娱乐文化也以广场舞为载体进行广泛传播。

复次，通过自主群体和权威群体的比较发现，在对群众自发组织的广场舞团体的管理中，自发群体的准入门槛较低，领队人员仅负责音响设备，职责极其有限，内部成员主要通过自我谅解、自我协调的方式处理内部关系，而权威群体的准入门槛较高，领队人员不仅负责音响设备，还负责教授会员跳舞，并对会员的跳舞情况进行监督，享有绝对的权威。

最后，广场舞在健身、娱乐、社交方面发挥着重要作用。健身是人们参与广场舞的首要原因，人们在跳广场舞的活动中身体得到了有效的锻炼，伴随着美妙的音乐、欢乐的节奏，也起到了愉悦身心的目的。此外，活动中人们进行了有效的沟通和交流，扩大了交际圈，并逐渐形成了一个熟人群体。

第十章　广场生态:关于舞蹈群落选择的模型建构

徐海东

广场舞为人们提供了一种方便的、低成本和低门槛的体育锻炼方式，但更确切地说，其舞蹈并非单一形式，人们可以有多种多样的选择。我们发现，在同一个广场上，人们会自发地形成多个舞蹈群落，群落与群落之间存在着一定的差异。在本书的第四章中，笔者详细论述了广场舞的社会参与机制，用健康话语机制、排斥机制和再生产机制解释了广场舞的参与者集中在45—65岁女性的社会成因以及他们能够持续参与的外部因素。总体来说，这三种社会参与机制的解释是宏观的。当我们把观察的取景框聚焦在实实在在的广场空间时，就需要一种更加微观的视角来理解人们对舞蹈群落的差异性选择。本研究是探索性的，通过对长沙市贺龙体育馆的广场舞群落进行定量的数据分析，探讨影响舞蹈群落选择的社会因素、心理因素及其社会和心理后果。

一　"广场生态"的理论

西美尔认为，客观的空间是社会生活必不可少的条件，但客观的空间本身不是社会生活的本质，也不生产社会生活。他指出，"并非空间，而是它的各个部分的由心灵方面实现的划分和概括，具有社会的意义"①，"康德曾经把空间界定为'待在一起的可能性'——这也是社会学意义上的空间，相互作用使此前空虚的和无价值的空间变为某种对我们来说是某

---

① ［德］盖奥尔格·西美尔（Georg Simmel）：《社会学——关于社会化形式的研究》，林荣远译，华夏出版社2002年版，第460页。

种实在的东西，由于空间使相互作用成为可能，相互作用填充着空间”[①]。我们可以看到，西美儿所指的是空间是社会互动过程中“心灵的划界”，是一种人与人之间互动而形成的“社会空间”。

受“社会空间”概念的启发，我们可以把“广场”理解为地理意义上的客观空间，把广场上形成的数个广场舞群落视为社会空间，因为这些舞蹈群落是通过社会互动而形成的。这些广场舞群落之间存在着一定的差异，具有特定特征的人群会聚集在同一个群落之中，在音乐特征、舞蹈形式、人口规模和组织形式方面表现出差异。同一广场上，多个舞蹈群落所形成的相对稳定的社会空间，就像一个生态系统[②]，因此我们将这种广场上的舞蹈群落现象称为“广场生态”。

笔者提出的广场舞社会参与机制中的“排斥机制”认为，广场舞是由个体聚集而成的一个又一个的小圈子，以广场舞为健身方式的圈子一旦形成，它就会形成自己的制度，并发挥作用。这种制度通过把一部分人排斥在这个小圈子之外，并把特定年龄、性别等特征的人群聚集在一起，从而形成其特定的跳舞人群。而且，同一广场上的舞蹈群落之间，还存在看不见的栅栏，有着隐形的准入机制。因此，本文想要探讨的是，这些准入机制是什么，人们是如何选择自己的舞蹈群落的。

我们认为，广场舞群落之间存在着边界，具有相同特征的人更倾向于群聚在一起。由于各个舞蹈群落所使用的音乐节奏和舞蹈形式有差异，因此舞蹈难易程度会有所不同，人们的兴趣也会有所差异，从而会导致个体选择不同的舞蹈群落。

根据以上讨论，我们认为，具有相同特征的人更倾向于群聚在一起，影响人们选择广场舞群落的社会和心理因素有：年龄、收入、受教育程度、职业、工作状况（是否退休）、参与广场舞时间的长短、是否有熟人介绍、节奏偏好等；另外，作为体育消费品或文化消费品的广场舞，能够满足大众的健身需求、社交需求和自我满足需求。而具有相同特征的人群聚集在同一个舞蹈群落之中，并消费相同的“产品”，是以该产品能够满

---

① ［德］盖奥尔格·西美尔（Georg Simmel）：《社会学——关于社会化形式的研究》，林荣远译，华夏出版社 2002 年版，第 461 页。

② “生态系统”是指“自然界一定空间的生物与环境之间相互作用、相互制约、不断演变、达到动态平衡、相对稳定的统一整体”。资料来源：董仁威主编：《新世纪青年百科全书》，四川辞书出版社 2007 年版，第 443—444 页。

足人们的特定需求为前提的。因此我们认为，广场上不同的舞蹈群落提供着不同的消费产品，这些产品在人的需求满足上也会存在一定的差异。可以说，广场舞群落的选择会有着差异性的社会和心理后果。

本文提出的“广场生态”的概念，意在概括同一广场上，人们选择不同舞蹈群落的现象。广场上人们对舞蹈群落的选择，遵循着群落“边界”的规律，具有相同特征的人群更容易聚集在一起，这些业已形成的舞蹈群落会获得不同程度的需求满足。我们认为，人们对舞蹈群落的选择并非是随机或随意的，而是受到社会因素和心理因素的影响，这些差异性的选择有着不同的社会和心理后果。

二 数据与变量

2013 年春季，本研究团队对湖南省长沙市体育文化中心广场（俗称“贺龙体育场东广场”）的广场舞人群进行了问卷调查①，共发放问卷共 195 份，回收有效问卷 73 份，有效回收率为 37.44%。为了探索、检验和发展“广场生态”的概念，我们将取景框聚焦在贺龙体育馆东广场。该广场就像一个天然的实验室，在其范围内形成了七个舞蹈群落②，每一个舞蹈群落都有其独有的特征③，这一典型的“生态系统”成为我们研究中独特的观察对象。

其中，A 群落是规模为 20 人左右的广场舞群体；B 群落是规模为 80 人左右的广场舞群体；C 群落是规模为 500 人左右的广场舞群体，并且是在政府的支持下形成的；D 群落是规模为 70 人左右的交谊舞群体；E 群落是规模为 40 人左右的民族舞群体；F 群落是规模为 20 人左右的交谊舞群体；G 群落是规模为 70 人左右的交谊舞群体。但是，由于各种因素的限制，本次调查并没有全部覆盖到该广场上的七个群落。在我们回收到的有效问卷中，A 群落有 9 个有效样本，B 群落有 31 个有效样本，C 群落有 15 个有效样本，D 群落有 9 个有效样本，E 群落有 4 个有效样本，F 群落和 G 群落未回收到有效问卷。

① 该问卷调查的主要执行者为贾晓强，问卷设计者为徐海东。

② 我们根据音响和人群的数量来判断其是否为一个成熟的广场舞群落。

③ 在本书第九章，贾晓强详细地描述了该七个舞蹈群落的不同特征。

由于诸多因素的限制，本次问卷调查在问卷回收的数量上存在着不足，在面对数据之初，笔者也曾有着样本量不足的疑虑，但通过进一步处理和挖掘，我们发现，数据中的一些指标上不但具有群落间的差异性，而且呈现出统计显著性。因此，对数据的处理显得非常重要。F 群落和 G 群落的数据缺失并不影响我们对舞蹈群落选择的研究，E 群落的样本量过小的问题可以通过与其他群落的合并来解决。

根据其舞蹈群落的不同特征，我们将规模为 20 人左右的 A 群落定义为“小型群落”（占全部样本的 13.2%）；将规模为 80 人左右的 B 群落定义为“中型群落”（占全部样本的 45.6%）；将规模为 500 人左右的且是在政府支持下形成的 C 群落定义为“大型群落”（占全部样本的 22.1%）；D 群落和 E 群落的规模分别为 70 人左右和 40 人左右，从规模上也可以归类为“中型群落”，但这两个群落的收费明显高于其他群落，分别为 780 元/年和 500 元/年，因此，我们将收费更加昂贵的 D 群落和 E 群落定义为“高付费型群落”（占全部样本的 19.1%）。“小型群落”“中型群落”和“大型群落”是通过规模标准来进行分类的，而“高付费型群落”是通过收费情况进行分类的。这四种类型的广场舞群体的划分并非依据同样的标准，但我们使用的是多类别逻辑回归模型（Multinomial Logit Regression Model）的分析方法，将这四种类型的广场舞团体视为无序多重分类变量（Unordered Polytomous Variables），因此并不会影响我们的分析结果。

鉴于本文是对“广场生态”概念的初探，是对广场舞舞蹈群落选择的理论性探索和经验性验证，因此，基于该数据，本文将有三项主要任务：（1）在对数据进行描述性分析的基础上，提出影响广场舞群落选择的可能性因素，并提出相应的理论假设和研究假设；（2）基于这些理论假设和研究假设，结合这些数据，建立一个拟合度较好的模型，并对该模型进行解释；（3）比较不同舞蹈群落的社会和心理后果，即对其需求满足程度进行比较。

三　影响因素初探

我们认为，具有相同特征的人更加容易群聚在同一个舞蹈群落，为了探寻可能影响舞蹈群落选择的社会因素和心理因素，我们将通过比较和描述“小型群落”“中型群落”“大型群落”和“高付费型群落”在年龄、收入、受教育程度、职业、工作状况等变量上的差异，从而提出相应的理论假设和研究假设。

我们将呈现出舞蹈群落类型与特定变量之间的交叉表，并提出相应的理论假设，根据我们的“广场生态”概念，以下变量将会影响人们对舞蹈群落的选择：年龄、收入、受教育程度、职业、工作状况（是否退休）、参与广场舞时间的长短、是否有熟人介绍、节奏偏好。

1. 年龄

由于广场舞在音乐节奏和舞蹈难度的差异，不同年龄层次的群体可能会选择更适合自己的广场舞群落；由于同龄朋友和熟人之间的介绍和引荐，他们可能会扎堆聚集在同一个舞蹈群落之中。为了呈现出“小型群落”“中型群落”“大型群落”和“高付费型群落”在年龄变量上的差异，我们以全部样本的年龄的平均值为分割点，将其分成“高”“低”两个等级。

表1 不同群落的年龄分布 单位:%，次

	低	高	频次
小型群落	33.3	66.7	(9)
中型群落	35.5	64.5	(31)
大型群落	46.7	53.3	(15)
高付费型群落	53.8	46.2	(13)
总体	41.2	58.8	(68)

如表1所示，在“高付费型群落”中，年龄低的人更多；而在“小型群落”和“中型群落”中，年龄高的人更多。四种类型的群落在平均年龄上差异很大，“小型群落”的平均年龄为56.4岁，“中型群落”的平均年龄为53.0岁，“大型群落”的平均年龄为52.8岁，而“高付费型群落”的平均年龄为51.4岁。也就是说，“高付费型群落”的人群更加年轻，而“小型群落”或“中型群落”中的人群年龄更大。

2. 收入

由于“高付费型群落”的收费比其他群落要高，其间聚集着更多愿意花钱跳舞的人，这部分人群可能会拥有更高的收入。为了呈现出“小型群落”“中型群落”“大型群落”和“高付费型群落”在收入变量上的差异，我们以全部样本的月收入的平均值为分割点，将其分成“高”“低”两个等级。

表 2　　不同群落的收入分布　　单位:%，次

	低	高	频次
小型群落	55.6	44.4	(9)
中型群落	57.7	42.3	(26)
大型群落	63.6	36.4	(11)
高付费型群落	53.8	46.2	(13)
总体	57.6	42.4	(59)

如表 2 所示，在“高付费型群落”中，收入相对较高的人更多；而在“大型群落”中，收入相对较低的人更多。全部样本的月收入均值为 2516 元，四种类型的群落在平均月收入上有所差异，但普遍较低。“小型群落”的平均月收入为 2433 元，“中型群落”的平均月收入为 2226 元，“大型群落”的平均月收入为 2850 元，而“高付费型群落”的平均月收入为 2869 元。有意思的是，虽然“大型群落”中收入相对较低的人在数量上更多，但其平均月收入并不比“高付费型群落”低多少，这有可能是因为“大型群落”中跳舞者的社会背景构成相对复杂，一部分收入较高的人也在其中跳舞，因此拉高了其平均收入水平。总体来看，“高付费型群落”中收入相对较高者的数量更多，月平均收入也更高。

3. 受教育程度

与收入变量类似，受教育程度也有可能影响人们对“高付费型群落”的选择，受过更高教育的人群更有可能收入更高，也愿意花更多的钱来跳舞。另外，也有可能由于同龄朋友和熟人之间的介绍和引荐，具有相同受教育程度的人可能会扎堆聚集在同一个舞蹈群落之中。为了呈现出“小型群落”“中型群落”“大型群落”和“高付费型群落”在受教育程度变量上的差异，我们将受过大学及以上教育的人群划分为“高”，将受过高中以下教育程度的人群划分为“低”。

表 3 不同群落的受教育程度分布 单位:%，次

	低	高	频次
小型群落	88.9	11.1	(9)
中型群落	65.5	34.5	(29)
大型群落	60.0	40.0	(15)
高付费型群落	53.8	46.2	(13)
总体	65.2	34.8	(66)

如表 3 所示，在“高付费型群落”中，受教育程度相对较高的人更多；而在“小型群落”中，受教育程度相对较低的人更多。全部样本的平均受教育年限为 12.8 年，以受过高中教育的人群为主，占全部样本的 49%。“小型群落”的平均受教育年限为 12.1 年，“中型群落”的平均受教育年限为 12.7 年，“大型群落”的平均受教育年限为 13.2 年，而“高付费型群落”的平均受教育年限为 13.4 年。也就是说，受教育程度越高的人群越容易聚集在“高付费型群落”或“大型群落”，受教育程度越低的人越容易聚集在“小型群落”。

4. 职业

与收入和受教育程度的变量类似，职业类型也有可能影响人们的舞蹈群落偏好；另外，由于朋友和熟人之间的介绍和引荐，具有相同职业属性的人可能会扎堆聚集在同一个舞蹈群落之中。为了呈现出“小型群落”“中型群落”“大型群落”和“高付费型群落”在职业变量上的差异，我们将“政府或事业单位人员”“全职主妇”① 和“教师”这三种职业定义为“单位型职业”，将“私营个体户”和“企业管理人员”定义为“商业型职业”，将“专业技术人员”“商业服务人员”和“产业工人”定义为“技术型或服务型职业”。

“单位型职业”的特点是工作稳定性高，上班时间固定，有更多的闲暇时间；“商业型职业”的特点是经济上和时间上更自主；“技术型或服务型职业”的特点是职业地位更低，以提供技术和服务为生。从事不同职业类型的人群可能会因为其职业属性造成的在闲暇时间、消费旨趣和文

① 考虑到“全职主妇”的闲暇时间较为充足，且日常时间安排较为固定，因此将其策略性地放在“单位型职业”类别之中。

化品位上的差异性，而导致其选择不同的舞蹈群落。

表4　　不同群落的职业类型分布　　单位:%，次

	单位型	商业型	技术型或服务型	频次
小型群落	33.3	22.2	44.4	(9)
中型群落	29.0	35.5	35.5	(31)
大型群落	33.3	6.7	60.0	(15)
高付费型群落	7.7	30.8	61.5	(13)
总体	26.5	26.5	47.1	(68)

如表4所示，在“高付费型群落”中，“单位型”职业的人非常少，而“技术型或服务型”职业的人占更多比例；在“大型群落”中，“商业型”职业的人非常少，而“技术型或服务型”职业的人占更多比例；相比之下，“小型群落”和“中型群落”在职业类型的分布上更加均匀。

5. 工作状况

个人的工作状态决定了它可以支配的闲暇时间，因此其工作状况有可能影响人们对舞蹈群落的选择；另外，由于朋友和熟人之间的介绍和引荐，具有相同工作状况的人可能会扎堆聚集在同一个舞蹈群落之中。为了呈现出“小型群落”“中型群落”“大型群落”和“高付费型群落”在工作状况变量上的差异，我们将工作状况区分为“工作”与“退休”两种状态。

表5　　不同群落的工作状况分布　　单位:%，次

	工作	退休	频次
小型群落	11.1	88.9	(9)
中型群落	22.6	77.4	(31)
大型群落	57.1	42.9	(14)
高付费型群落	53.8	46.2	(13)
总体	34.3	65.7	(67)

如表4所示，在“小型群落”和“中型群落”中，聚集着更多的已经退休的人；而在“大型群落”和“高付费型群落”中，聚集着更多的未退休的人。“高付费型群落”中聚集着更多的未退休的人，这可能是由于更加年轻的、为退休的人群更加愿意花钱跳舞而导致的；而“大型群落”中聚集着更多的未退休的人，这可能是由于其人口基数大，舞者的社会背景构成更加复杂和丰富而造成的。

6. 其他特征

除了上述的年龄、收入、受教育程度、职业和工作状况等客观性的社会因素，我们还将考察节奏偏好、是否有熟人介绍和参与广场舞的时间长短等主观性或偶然性的变量或特征在不同类型群落中的分布状况。

为了呈现出“小型群落”“中型群落”“大型群落”和“高付费型群落”在节奏偏好上的差异，我们将选择“节奏快”和“节奏较快”的定义为“快”，将选择“节奏适中”的定义为“慢”。

表6　　不同舞蹈群落的节奏偏好分布　　单位:%，次

	慢	快	频次
小型群落	77.8	22.2	(9)
中型群落	60.0	40.0	(30)
大型群落	57.1	42.9	(14)
高付费型群落	69.2	30.8	(13)
总体	63.6	36.4	(66)

如表6所示，在“小型群落”中，人们更加偏好节奏相对较慢的音乐；在“高付费型群落”，人们也偏好于节奏相对较慢的音乐；而在“中型群落”和“大型群落”中，偏好于快节奏的人相较于其他群落数量更多。“小型群落”更多人偏好节奏相对较慢的音乐，这又可能是由于其年龄构成偏大有关；而“高付费型群落”更多人偏好节奏相对较慢的音乐，这又可能是由于其交谊舞的舞蹈性质而决定的。

为了呈现出“小型群落”“中型群落”“大型群落”和“高付费型群落”在“是否有熟人介绍”上的差异，我们将“经人介绍”定义为“是”，将“偶然参加，渐渐融入”和“其他”定义为“否”。

表 7.1　不同舞蹈群落的“熟人介绍”分布　单位:%，次

	否	是	频次
小型群落	87.5	12.5	(8)
中型群落	67.7	32.3	(31)
大型群落	78.6	21.4	(14)
高付费型群落	76.8	23.1	(13)
总体	74.2	25.8	(66)

如表 7.1 所示，总体而言，人们更多的是通过自己的偶然加入而逐渐融入舞蹈群落中的。在“小型群落”中，相对更多的人认为自己并非通过“熟人介绍”而来；而在“中型群落”中，相对更多的人认为自己是通过“熟人介绍”而加入目前的舞蹈群落的。

为了验证其自我陈述，我们还间接地考察了舞者是否是由朋友或熟人介绍或引荐而来，即询问了其在加入现在的舞蹈圈子之前，是否认识圈子里的人。但这一方式的考察呈现出了差异性的结果。

表 7.2　不同舞蹈群落的“熟人介绍”（间接）分布　单位:%，次

	否	是	总数
小型群落	66.7	33.3	(9)
中型群落	29.0	71.0	(31)
大型群落	53.3	46.7	(15)
高付费型群落	69.2	30.8	(13)
总体	47.1	52.9	(68)

如表 7.2 所示，总体而言，有超过一半的人在其加入目前的舞蹈群落之前，认识该圈子中的人，也就是说，通过“熟人介绍”的方式而参与到当前舞蹈群落的比例，并非像其自我陈述的那样低。在间接考察中，“中型群落”仍然是更多地通过“熟人介绍”而加入目前舞蹈群落的，但“小型群落”却不再是非“熟人介绍”占比最多的群落了。“高付费型群落”在加入目前舞蹈群落之前，约有 69% 的人并非通过“熟人介绍”而来，相较于其他群落，他们更多的是通过“偶然参与，逐渐融入”目前

的舞蹈群落之中的。同时，这一差异表明，人们倾向于忽视群落熟人的影响，并不将“熟人的存在”认知为“熟人介绍”，尤其是在年龄更大的“小型群落”之中。

为了呈现“小型群落”“中型群落”“大型群落”和“高付费型群落”在参与广场舞的时间长短上的差异，我们以全部样本的平均值为分割点，将其分成“长”“短”两个等级。

表 8 **不同舞蹈群落的“舞龄”分布跳广场舞的时间** 单位:%，年

	短	长	总数
小型群落	62.5	37.5	(8)
中型群落	64.5	35.5	(31)
大型群落	57.1	42.9	(14)
高付费型群落	76.9	23.1	(13)
总体	65.2	34.8	(66)

如表 8 所示，在“大型群落”中，聚集着更多的舞龄较长的人；在“高付费型群落”中，聚集着更多舞龄较短的人。根据其自述的参与广场舞的时间，全部样本的平均舞龄为 4.2 年，“小型群落”的平均舞龄为 5.1 年，“中型群落”的平均舞龄为 4.5 年，“大型群落”的平均舞龄为 4.1 年，而“高付费型群落”的平均舞龄仅为 2.8 年。也就是说，“大型群落”中舞龄较长的人更多，而“小型群落”中的平均舞龄更高；相反，“高付费型群落”聚集着舞龄更短的人。

综上所述，我们对贺龙体育馆东广场的四种类型的群落有了一个总体性的印象。从调查样本上来看，该广场上舞者的平均年龄是 52.9 岁，以中老年群体为主；他们的平均月收入在 2500 元左右，处于城市的中下水平；他们大多接受过高中及以上的教育；他们大多数的人已经退休；他们有超过一半的人是由于“熟人”的影响而加入到现有的舞蹈群落的。总体而言，这一群广场上的舞者大多属于受过一定教育的、有闲暇时间的中老年群体。

另外，在“小型群落”“中型群落”“大型群落”和“高付费型群落”之间，存在着差异性的特征。相对而言，“小型群落”聚集着一群年

龄更大、收入较低、受教育程度更低的已经退休的中老年人，他们更加偏好节奏适中的音乐，平均舞龄最高；“中型群落”聚集着一群年龄较大、收入更低的已经退休的中老年人，但他们更偏好于节奏较快的音乐，舞龄较长，更多的是通过“熟人介绍”而来；在“大型群落”中，其成员的社会背景构成更加复杂和多样，受教育程度较高的人相对更多，收入较低者也相对更多，但收入的平均数较高，他们偏好节奏较快的音乐，更多地是通过“熟人介绍”而来，舞龄较长的人更多；“高付费型群落”聚集着一群年龄更小、收入更高、受教育程度更高的人，其中已经退休的人比例相对更低，他们更加偏好节奏适中的音乐，通过“熟人介绍”而来的比例最低，舞龄短的人更多。

根据以上观察到的现象，我们提出如下十个假设：

假设 1：年龄更小的人更倾向于选择收费更高的舞蹈群落；

假设 2：年龄更大的人更倾向于选择规模更小的舞蹈群落；

假设 3：收入更低的人更倾向于选择收费较低的舞蹈群落；

假设 4：收入更高的人更倾向于选择收费更高的舞蹈群落；

假设 5：受教育程度更低的人更倾向于选择规模更小的舞蹈群落；

假设 6：受教育程度更高的人更倾向于选择规模更大的舞蹈群落；

假设 7：受教育程度更高的人更倾向于选择收费更高的舞蹈群落；

假设 8：职业类型会影响人们对舞蹈群落的选择；

假设 9：已经退休的人更倾向于选择规模更小的舞蹈群落；

假设 10：未退休的人更倾向于选择规模更大的舞蹈群落。

四　多类别逻辑回归模型的建构

以上的描述性统计为我们呈现出了多种可能影响广场舞舞蹈群落选择的社会因素，为了验证这些探索性因素的可信性，我们试图建立一种拟合度较高的多类别逻辑回归模型，以观察其是否具有统计显著性。预测概率的计算方法如下：

多类别逻辑回归模型在通过最大似然法（Maximum Likelihood Method）对资料进行拟合估计后的预测方程为：

$$\ln\left[\frac{P\ (Y=m \mid X)}{P\ (Y=0 \mid X)}\right]=a_m+\sum_{i=1}^{k} b_{im}X_i\ (m=1,\ 2,\ 3)$$

公式中，0 表示被忽略掉的参照类别，$m=1, 2, 3$ 表示与参照类别进行比较的其他因变量。此处我们将要分析的是，自变量是如何影响对选择“小型群落”“中型群落”“大型群落”和“高付费型群落”的选择的，我们将以其中一种群落作为参照类别，从而对其他类别进行比较。

公式中，$i=0, 1, 2, 3 \cdots k$ 表明回归模型中的解释变量数；x_i 为第 k 个解释变量；b_{im} 为关于 X_i 的归回系数估计；a_m 为解释模型的截距；$P(Y=m \mid X)$ 为预测概率。通过简单代数变换，预测概率可表达为：

$$P(Y=m \mid X)=\frac{e^{(a_m+\sum_{j}^{k}=1 b_{jm}X_{ij})}}{1+\sum_{m=1}^{g}e^{(a_m+\sum_{j}^{k}=1 b_{jm}X_{ij})}} \quad (m>0)$$

$$P(Y=o \mid X)=\frac{1}{1+\sum_{m=1}^{g}e^{(a_m+\sum_{j}^{k}=1 b_{jm}X_{ij})}}$$

为了建立一个拟合度较好的模型，我们将相关的变量逐步回归，最终得到了一个以年龄、职业①和工作状况和需求满足为解释变量的多类别逻辑回归模型②。为了更加清晰地呈现“小型群落”“中型群落”“大型群落”和“高付费型群落”这四种选择之间的差异性，我们分别将这四种类别当作参照类别，分成四个模型呈现。

1. 与“中型群落”比较

模型 1（Model 1）以“中型群落”为参照类别，分别观察那些选择“小型群落”“大型群落”和“高付费型群落”的人与那些选择“中型群落”的人之间的差异性。模型 1 的多类别逻辑回归结果见表 9。

表 9　模型 1

变量	(1) 小型群落	(2) 中型群落	(3) 大型群落	(4) 高付费型群落
年龄	0.228**		0.219**	0.187*
	(1.256)		(1.244)	(1.205)

① 我们将职业变量转化为一组二分变量，以“技术型或服务型职业”为忽略类别。

② 由于多类别回归模型的特性，解释变量之间会相互产生影响，如果纳入过多的解释变量，该模型将变得不显著，因此我们仅呈现了上述的几个变量。

续表

变量	(1) 小型群落	(2) 中型群落	(3) 大型群落	(4) 高付费型群落
单位型职业	-1.239		-2.844**	-3.984***
			(0.058)	(0.019)
商业型职业	-0.898		-2.908**	-1.352
			(0.055)	
退休	-1.269		-4.190***	-3.960***
			(0.151)	(0.019)
需求满足	-1.538**		-0.879	-1.637**
	(0.215)			(0.195)
截距项	-8.23		-6.092	-2.854
个案数	66			

LR chi2 (15) =35.91　　Prob > chi2 = 0.0018　　Pseudo R2 = 0.2127

注：括号中的数值为回归系数转化而成的几率比（odds Ratio），***表示 $p<0.01$，**表示 $p<0.05$，*表示 $p<0.1$。

“小型群落”与“中型群落”在“年龄”和“需求满足”上的差异具有统计显著性。即年龄每增加一岁，加入“小型群落”的几率①是加入“中型群落”几率的1.26倍；“需求满足”每增加一个级别，其在“小型群落”的几率会比在“中型群落”的几率低0.21倍。

“大型群落”与“中型群落”在“年龄”“单位型职业”“商业型职业”和“退休”上的差异具有统计显著性。即年龄每增加一岁，加入“大型群落”的几率会是加入“中型群落”几率的1.24倍；如果其是“单位型职业”，则其加入“大型群落”的几率是加入“中型群落”几率的0.06倍；如果其是“商业型职业”，则其加入“大型群落”的几率是加入“中型群落”几率的0.05倍；如果其已经退休，则其加入“大型群落”的几率是加入“中型群落”几率的0.15倍。

① 有学者将odds和odds ratio翻译为“发生比率”和“发生比率比”，为了叙述的方便和流畅，我们使用“几率”和“几率比”，但目前学界仍没有统一的翻译。

“高付费型群落”与“中型群落”在“年龄”“单位型职业”“退休”和“需求满足”上的差异具有统计显著性。即年龄每增加一岁，加入“高付费型群落”的几率会是加入“中型群落”几率的 1.21 倍；如果其是“单位型职业”，则其加入“高付费型群落”几率是加入“中型群落”几率的 0.02 倍；如果其已经退休，则其加入“高付费型群落”的几率是加入“中型群落”几率的 0.02 倍；“需求满足”每增加一个级别，其在“高付费型群落”的几率会比在“中型群落”几率低 0.81 倍。

2. 与“小型群落”比较

模型 2（Model 2）以“小型群落”为参照类别，分别观察那些选择“中型群落”“大型群落”和“高付费型群落”的人与那些选择“小型群落”的人之间的差异性。模型 2 的多类别逻辑回归结果见表 10。

表 10 模型 2

	(1)	(2)	(3)	(4)
变量	小型群落	中型群落	大型群落	高付费型群落
年龄		-0.228** (0.796)	-0.00907	-0.0413
单位型职业		1.239	-1.605	-2.744* (0.064)
商业型职业		0.898	-2.010	-0.454
退休		1.269	-2.921* (0.054)	-2.691
需求满足		1.538** (4.654)	0.659	-0.0990
截距项		8.23	2.138	5.377

个案数 66

LR chi2 (15) = 35.91 Prob > chi2 = 0.0018 Pseudo R2 = 0.2127

注：括号中的数值为回归系数转化而成的几率比（odds Ratio），***表示 $p<0.01$，**表示 $p<0.05$，*表示 $p<0.1$。

如模型2所述，“中型群落”与“小型群落”在“年龄”和“需求满足”上的差异具有统计显著性。即年龄每增加一岁，加入“中型群落”的几率是加入“小型群落”几率的0.8倍；“需求满足”每增加一个级别，其在“中型群落”的几率会比在“小型群落”的几率高3.65倍。

“大型群落”与“小型群落”在“退休”上的差异具有统计显著性。即如果其已经退休，则其加入“大型群落”的几率是加入“小型群落”几率的0.05倍。

“高付费型群落”与“小型群落”在“单位型职业”上的差异性具有统计显著性。即如果其是“单位型职业”，则其加入“高付费型群落”的几率是加入“小型群落”几率的0.06倍。

3. 与“高付费型群落”比较

模型3（Model 3）以“高付费型群落”为参照类别，分别观察那些选择“小型群落”“中型群落”和“大型群落”的人与那些选择“高付费型群落”的人之间的差异性。模型3的多类别逻辑回归结果见表11。

表11 模型3

	(1)	(2)	(3)	(4)
变量	小型群落	中型群落	大型群落	高付费型群落
年龄	0.0413	-0.187*	0.0322	
		(0.83)		
单位型职业	2.744*	3.984***	1.139	
	(15.55)	(53.70)		
商业型职业	0.454	1.352	-1.555	
退休	2.691	3.960***	-0.230	
		(52.468)		

续表

	(1)	(2)	(3)	(4)
变量	小型群落	中型群落	大型群落	高付费型群落
需求满足	0.099	1.637**	0.758	
		(5.139)		
截距项	-5.377	2.854	-3.238	

个案数　66

LR chi2 (15) = 35.91　Prob > chi2 = 0.0018　Pseudo R2 = 0.2127

注：括号中的数值为回归系数转化而成的几率比（odds Ratio），***表示 $p<0.01$，**表示 $p<0.05$，*表示 $p<0.1$。

如模型 3 所述，“小型群落”与“高付费型群落”在“单位型职业”上的差异具有统计显著性。即如果其是“单位型职业”，则其加入“小型群落”的几率是加入“高付费型群落”几率的 15.55 倍。

“中型群落”与“高付费型群落”在“年龄”“单位型职业”“退休”和“需求满足”上的差异具有统计显著性。即年龄每增加一岁，加入“中型群落”的几率会是加入“高付费型群落”几率的 0.83 倍；如果其是“单位型职业”，则其加入“中型群落”的几率是加入“高付费型群落”几率的 53.70 倍；如果其已经退休，则其加入“中型群落”的几率是加入“高付费型群落”几率的 52.47 倍；“需求满足”每增加一个级别，其在“中型群落”几率会比在“高付费型群落”的几率高 4.14 倍。

“大型群落”与“高付费型群落”在所有变量上的差异不具有统计显著性。

4. 与“大型群落”比较

模型 4（Model 4）以“大型群落”为参照类别，分别观察那些选择“小型群落”“中型群落”和“高付费型群落”的人与那些选择“大型群落”的人之间的差异性。模型 4 的多类别逻辑回归结果见表 12。

表 12　　模型 4

变量	(1) 小型群落	(2) 中型群落	(3) 大型群落	(4) 高付费型群落
年龄	0.00907	-0.219 * * (0.803)		-0.0322
单位型职业	1.605	2.844 * * (17.189)		-1.139
商业型职业	2.010	2.908 * * (18.311)		1.555
退休	2.921 * (18.554)	4.190 * * * (66.02)		0.230
需求满足	-0.659	0.879		-0.758
截距项	-2.138	6.092		3.238

个案数　66

LR chi2 (15) = 35.91　　Prob > chi2 = 0.0018　　Pseudo R2 = 0.2127

注：括号中的数值为回归系数转化而成的几率比（odds Ratio），＊＊＊表示 p < 0.01，＊＊表示 p < 0.05，＊表示 p < 0.1。

如模型 4 所述，“小型群落”与“大型群落”在“退休”上的差异具有统计显著性。如果其已经退休，则其加入“小型群落”的几率是加入“大型群落”几率的 18.55 倍。

如模型 4 所述，“中型群落”与“大型群落”在“年龄”“单位型职业”“商业型职业”和“退休”上的差异具有统计显著性。即年龄每增加一岁，加入“中型群落”的几率会是加入“大型群落”的几率的 0.8 倍；如果其是“单位型职业”，则其加入“中型群落”的几率是加入“大型群落”几率的17.19倍；如果其是“商业型职业”，则其加入“中型群落”的几率是加入“大型群落”几率的18.31倍；如果其已经退休，则其加入“中型群落”的几率是加入“大型群落”几率的66.02倍。

如模型4所述，“高付费型群落”与“大型群落”在所有变量上的差异不具有统计显著性。

我们可以看到，“中型群落”与其他群落之间的差异具有统计显著性，尤其是与“大型群落”之间的差异；“高付费型群落”与“中型群落”和“小型群落”之间的差异具有统计显著性。

年龄越大，越倾向于参加“小型群落”；年龄越小，越倾向于参加“中型群落”。本文的第三节指出，“中型群落”的平均年龄为53岁，这是仅次于“小型群落”的平均年龄，这一点似乎与此处的结论不符，需要指出的是，这是由于在模型中控制了其他变量的结果。

“单位型职业”更倾向于参加“中型群落”；“商业型职业”也更加倾向于参加“中型群落”；“技术型或服务型职业”更倾向于参加“高付费型群落”。已经退休的人更倾向于参加“小型群落”和“中型群落”；未退休的人更加倾向于参加“大型群落”和“高付费型群落”。“需求满足”程度越低，在“小型群落”或“高付费型群落”的可能性越高；“需求满足”程度越高，在“中型群落”的可能性越高。

综上所述，我们所建构起来的多类别逻辑回归模型在诸多变量上具有统计显著度，年龄、职业、工作状况和需求满足这四个解释变量能够解释21.3%①的舞蹈群落选择。

五 “产品”的需求满足

上述的多类别逻辑回归模型支持了我们对群体“边界”规律的假设，具有相同特征的人更倾向于聚集在同一个群落之中；从另一方面说，广场舞的不同群落有其各自的特征，在音乐特征、舞蹈形式、教学模式、人口规模、组织形式等方面有一定的差异，这些差异意味着作为文化消费品的广场舞“产品”的差异。本节讨论的是不同舞蹈群落的社会和心理后果，即比较不同群落的舞蹈成员在需求满足上的差异。这些大小不一、收费不

① 整个模型的伪拟合度 Pseudo R^2 = 0.2127。

同的舞蹈群落究竟能在何种程度上满足舞蹈者的社会心理需求呢？

为了探寻广场舞者在舞蹈中的社会心理状态，我们在问卷中特意设计了一张包含 19 个问题的测量量表[①]。在本节中，将使用探索性因子分析法（Exploratory Factor Analysis）来提炼出量表所测量到的主要因子，然后同样用多类别逻辑回归模型来分析各个舞蹈群落的人们在社会心理状态上的差异。

1. 探索性因子分析

本次调查中的心理测量量表涉及 19 个问题，是一个多元的测量；同时，量表中同一个测量项目可能会指向多个测量内容，即多种因子。因此，我们将使用探索性因子分析法，将这 19 个问题所包含的、具有错综复杂关系的变量综合为几个核心因子。表 13.1 所呈现的是正交旋转后的因子分析结果，在表中仅列出了前五个负荷（loading）较高的因子。

表 13.1　**探索性因子分析（1）**

编号	因子 1	因子 2	因子 3	因子 4	因子 5
1	0. 0769	0. 1975	0. 1423	0. 2309	**0. 4465**
2	-0. 0055	-0. 032	0. 1239	0. 0209	**0. 7498**
3	-0. 0377	0. 1136	0. 0638	-0. 041	0. 1002
4	**0. 346**	0. 0166	**0. 3008**	0. 076	-0. 037
5	0. 2215	0. 0448	0. 119	0. 0785	0. 073
6	0. 1227	**0. 3847**	-0. 0213	-0. 0112	0. 0816
7	**0. 9488**	0. 0685	0. 0118	0. 0009	-0. 0084
8	**0. 3468**	0. 1335	0. 2294	-0. 0584	0. 1287
9	0. 0208	0. 0799	**0. 8713**	0. 2241	0. 0845
10	**0. 4461**	0. 156	**0. 4598**	0. 1768	0. 1872
11	0. 0803	**0. 9213**	0. 0927	0. 1004	-0. 0024
12	0. 1337	**0. 31**	0. 0046	0. 1649	0. 0659
13	0. 0682	0. 2576	0. 158	0. 1271	0. 1565

① 量表的具体内容参见附录问卷。

续表

编号	因子 1	因子 2	因子 3	因子 4	因子 5
14	-0.0115	0.0874	0.019	0.0725	0.0102
15	0.2247	0.0438	0.0995	0.1756	0.0675
16	0.015	0.1547	0.1656	**0.3088**	-0.0106
17	0.0132	0.1387	**0.3873**	**0.7712**	0.0405
18	0.1377	0.1912	0.0991	0.149	-0.0783
19	0.0496	0.3077	0.0798	**0.369**	0.2298

根据这五个因子中高负荷的测量项目的具体内容，我们将这五个因子分别界定为“充实感”“非冲突感”“融入感”“自信感”和“规律性”。“充实感”指的是舞者在广场舞中获得的身心上充实的感觉；“非冲突感”指的是舞者将广场舞界定为不与其他事物相冲突的程度；“融入感”指的是舞者在广场舞中获得的投入和满足的感觉；“自信感”是指舞者在广场舞中获得的自信的感觉；“规律性”指的是舞者能有规律地坚持参加广场舞的程度。表 13.2 呈现了这五个因子的具体测量内容、其 alpha 值以及每个项目的负荷值。

表 13.2 **探索性因子分析（2）**

编号	测量的内容	
		负荷值
	充实感（α=0.5901）	
4	跳舞会让我感到身心愉快	**0.346**
7	跳舞让我感到生活更加充实	**0.9488**
8	因故不能跳舞时，我会感到浑身不自在	**0.3468**
10	我在跳舞中能结交很多朋友	**0.4461**
	非冲突感（α=0.6348）	
6	跳舞占据了我过多的时间*	**0.3847**
11	我会在跳舞时间之外，单独练习舞蹈	**0.9213**
12	家人对我跳舞非常反对*	**0.31**

续表

编号	测量的内容	
	融入感（α = 0.7622）	
4	跳舞会让我感到身心愉快	0.3008
9	跳舞已经成为我生活中不可缺少的一部分	0.8713
10	我在跳舞中能结交很多朋友	0.4598
17	我跳舞时非常自信	0.3873
	自信感（α = 0.7082）	
16	我很喜欢同我一起跳舞的人	0.3088
17	我跳舞时非常自信	0.7712
19	跳舞让我身体更加健康	0.369
	规律性（α = 0.5781）	
1	我每天都能坚持早起，准时参加跳舞活动	0.4465
2	当某事与跳舞有冲突时，我会尽量参加跳舞	0.7498

为了将量表的测量内容转化为可供分析的变量，我们将每个样本在“充实感”“非冲突感”“融入感”“自信感”和“规律性”上的得分标准化，使得这些变量的取值在0到1之间。

2. 需求满足的群落差异

在此前的四个模型中，我们已经得出结论，“需求满足”程度越低，在“小型群落”或“高付费型群落”的可能性越高；“需求满足”程度越高，在“中型群落”的可能性越高。但“需求满足”的程度只是人们的自述，在本小节中，我们将用心理量表所测量出来的结果来呈现群落间在需求满足上的差异，即舞蹈群落选择带来的社会心理后果。

我们把“充实感”“非冲突感”“融入感”“自信感”和“规律性”这五个变量作为解释变量放入解释舞蹈群落选择的多类别逻辑回归模型之

中。为了更加清晰的呈现出“小型群落”“中型群落”“大型群落”和“高付费型群落”这四种选择之间的社会心理后果的差异性，我们分别将“高付费型群落”和“中型群落”当做参照类别，分成两个模型呈现。

模型5（Model 5）以“高付费型群落”为参照类别，分别观察那些在“小型群落”“中型群落”和“大型群落”中的人与那些在“高付费型群落”中的人之间的社会心理后果的差异性。模型5的多类别逻辑回归结果见表14。

表14　　模型5

变量	(1) 小型群落	(2) 中型群落	(3) 大型群落	(4) 高付费型群落
充实感	-0.470	-5.139* (0.006)	-8.121** (0)	
非冲突感	1.381	1.486	0.824	
融入感	-11.86	-1.939	-0.230	
自信感	0.633	-5.821* (0.003)	-8.181* (0)	
规律性	5.670	7.664** (2130.84)	7.335** (1532.354)	
截距项	0.202	1.651	2.483*	

个案数　59

LR chi2 (15) =31.32　　Prob > chi2 = 0.0080　　Pseudo R2 = 0.2024

注：括号中的数值为回归系数转化而成的几率比（odds Ratio），***表示 $p<0.01$，**表示 $p<0.05$，*表示 $p<0.1$。

“小型群落”与“高付费型群落”在五个变量上的差异都不具有统计显著性；“中型群落”与“高付费型群落”在“充实感”“自信感”和“规律性”上的差异都具有统计显著性；“大型群落”与“高付费型群落”在“充实感”“自信感”和“规律性”上的差异也都具有统计显著性。

模型 6（Model 6）以“中型群落”为参照类别，分别观察那些在“小型群落”“大型群落”和“高付费型群落”中的人与那些在“中型群落”中的人之间的社会心理后果的差异性。模型 6 的多类别逻辑回归结果见表 15。

表 15　　模型 6

变量	(1) 小型群落	(2) 中型群落	(3) 大型群落	(4) 高付费型群落
充实感	4.668		-2.982	5.139* (170.489)
非冲突感	-0.106		-0.662	-1.486
融入感	-9.923		1.709	1.939
自信感	6.453* (634.871)		-2.360	5.821* (337.25)
规律性	-1.995		-0.330	-7.664** (0)
截距项	-1.449		0.832	-1.651

个案数　59

LR chi2 (15) =31.32　　Prob > chi2 = 0.0080　　Pseudo R2 = 0.2024

注：括号中的数值为回归系数转化而成的几率比（odds Ratio），＊＊＊表示 $p<0.01$，＊＊表示 $p<0.05$，＊表示 $p<0.1$。

"小型群落"与"中型群落"在"自信感"上的差异具有统计显著性；"大型群落"与"中型群落"在五个变量上的差异都不具有统计显著性；"高付费型群落"与"中型群落"在"充实感""自信感"和"规律性"上的差异具有统计显著性。

我们可以将模型5视为收费较低的广场舞群落与收费相对较高的广场舞群落之间的比较。从数据中可以看出，"高付费型群落"在"充实感"和"自信感"上比"中型群落"和"大型群落"更高，且这种差异具有统计显著性；而"高付费型群落"与"小型群落"在此两个变量上的差异并不具有统计显著性；但"中型群落"和"大型群落"在"规律性"上要比"高付费型群落"高，且具有统计显著性。

我们可以将模型6视为对第四部分"需求满足"差异的再次检验。从数据中同样可以看出，"高付费型群落"在"充实感"和"自信感"上比"中型群落"和"大型群落"更高，且这种差异具有统计显著性；"中型群落"在"规律性"上要比"高付费型群落"高，且具有统计显著性；同时，"小型群落"在"自信感"上要比"中型群落"高，且具有显著统计性；另外，"小型群落"在"自信感"上也比"高付费型群落"要高。

综上所述，"高付费型群落"和"小型群落"中的舞者在"充实感"和"自信感"上要比其他群落高，但其"规律性"不如其他群落。有趣的是，在自述中"需求满足"的程度不如其他群落的"小型群落"和"高付费型群落"，居然在社会心理感受上得到的满足感比其他群落高。这有可能是因为"小型群落"在规模上具有优势，人们之间相互认识，也更加团结，在小集体中体验到舞蹈带来的快乐、充实和自信；而"高付费型群落"则可能是因为其收费更高的缘故，使得其在舞蹈形式、舞蹈教学、组织形式上更具优势，从而其舞蹈"产品"的质量比其他群落更高。

六　结语

从总体来看，广场舞是一种方便的、低成本和低门槛的体育锻炼方式和闲暇消费方式。广场舞者以已经退休的中老年群体为主，他们的收入处于城市的中下水平，受过高中及以上的教育，而且他们有着一定的闲暇时间。从广场舞的传播或参与途径来看，超过一半的人是由于受到"熟人"

的影响而加入当前的舞蹈群落的。

从广场舞内部来看，广场上的舞蹈群落之间有着一定的差异，具有相同特征的人更加容易群聚在同一个群落；另外，广场舞者在舞蹈中获得的“自信感”和“充实感”也存在着群落间的差异。贺龙体育馆东广场的调查数据显示，年龄更大、收入更低、受教育程度更低的退休了的中老年人更倾向于聚集在规模更小的群落（20 人左右），他们的舞龄更长，偏好于节奏适中的音乐，并且在舞蹈中获得的“自信感”和“充实感”相对较高；另一群年龄较大、收入更低的退休了的中老年人更倾向于聚集在规模中等的群落（70 人左右），他们的舞龄较长，偏好于节奏相对较快的音乐，更多地通过“熟人”介绍而来；而在规模巨大的舞蹈群落（500 人左右）中，其舞者的来源更加广泛，其社会背景构成更加复杂多样，其收入较低者更多，但受教育程度更高的人也更多；年龄更小、收入更高、受教育程度更高的中老年人更倾向于聚集在收费较高的群落之中，他们已经退休的比例相对更低，更加偏好节奏适中的音乐，通过“熟人介绍”而来的比例最低，舞龄更短，而且在舞蹈中获得的“自信感”和“充实感”相对最高。

广场上形成了一个由多个舞蹈群落组成的相对稳定的社会空间，它就像自然界的生态系统一样，我们称为“广场生态”。一个独立的舞蹈群落具有其隐形的边界，从而影响着人们对舞蹈群落的选择。这些隐形的边界表现为音乐节奏、舞蹈形式、舞蹈难度和群体制度，其背后的社会因素是性别、年龄、阶层变量（收入、受教育程度和职业）、工作状况（是否退休）等，具有相同特征的人更倾向于群聚在一起。实质上，广场上的舞蹈群落是有“边界”的群落。

后　记

如果说此前自己所从事的学术研究，像是一次次关于自我思想的旅行与自我学识的历险，那么，此次关于广场舞的研究，则更像是一场关于自我生存状态的审视与自我情感经历的对话。虽然在研究的过程中，自己依旧徒劳无功地想要尽量保持作为一个研究者所应当持有的理性精神与客观态度，然而事实却是，自己从未在自己的学术研究中，如此这般地对自己所研究的对象带有如此刻骨铭心的情绪与情感！

透过广场舞大妈们，自己真正看到的，不只是一个个简单的被研究对象，而是一个个带上了自己母亲身影的情感相关者。于是，自己关于广场舞的每一点思考，都深深地刻上了自我情感的鲜明印记。每次想到广场舞大妈们的生存状态，都会自然而然地想到自己母亲的生存状态。——她开心吗？她幸福吗？她快乐吗？她失落吗？她还想要做什么？她还有着怎样的梦想？……然后，就会回过头来想，对自己的母亲，我自己做了什么？做得怎样？还能做什么？能够做到怎样？是否真的在关心她？理解她？包容她？……

如此表述，或许能够引起多数读者的共鸣。因为，每一个当代中国的家庭，都会有一个像广场舞大妈一样的大妈；同样，每一个当代中国的家庭，都会有一个像我们一样的儿女。每一个像广场舞大妈一样的大妈的生存境遇，其实都会牵涉一个像我们一样的儿女的生存境遇！换言之，无论当代中国的家庭中，是否有那么一位跳广场舞的大妈，他们其实都面对着拥有广场舞大妈的家庭所共同面对的问题、疑惑与困境，诸如养老、代沟、健身、社交、娱乐、交流、空巢、孤独、空虚、抑郁……

古语有云："国之本在家"，正是这一个个普通的中国家庭、一个个普通的中国家庭中的普通的大妈、一个个普通的中国家庭中的普通的儿女的生存状态，构成了当代中国社会的整体性的生存状态。因此，认识、了解、分析广场舞大妈们的生存状态，其实也是在认识、了解、分析当代中国社会的整体性的生存状态；而理解、包容、消解广场舞大妈们的生存困境，其实也是在理解、包容、消解当代中国社会的整体性的生存困境！

故而，在此次调研的成果即将面世的当下，我们在面对广场舞大妈时，依然还有更多的话要说，还有更多的事要做，还有更多的情感要表达……这本专著的最终出版，并不是我们关于广场舞大妈的调研的结束，而仅仅只是一种开始，从而将更多的话、更多的事、更多的情感，都留给关于广场舞大妈的持续关注与追踪调研。

作为一个开始，本书的作者们，无疑付出了大量的心血与汗水，也获得了这份难得的收获。而其他没有撰写论文的调研者，或是撰写了论文却并未被收入本书的调研者，同样付出了大量的心血与汗水，他们的努力一方面已经融入了本书的研究成果之中，另一方面，已经撰写论文却并未入选的人，或是接下来想要撰写论文的人，都将有望在未来的进一步调研中，凝结成为新的研究成果！

最后，在此次调研的中止之处，我将再次对参与到此次广场舞调研之中的所有人，表达我已经表达过多次的诚挚谢意与深深敬意，正是他们的热情与敬业，使得我的一次偶然的灵感，最终能够获得如斯成果。他们是：黄勇军、米莉、李垚垚、曹露、刘金、徐海东、杨卓为、李超、张会、向杨、余珊珊、贾晓强、顾旭光、李璞、郴蕴卓、徐玲。

本书各章节的作者如下：

黄勇军：导论、第一章、第二章、后记。

米莉：第三章。

徐海东：第四章、第十章。

曹露：第五章。

李超、张会：第六章。

杨卓为：第七章。

刘金：第八章。

贾晓强：第九章。

黄勇军、米莉还负责全书的统稿、修改、校对工作。

2014 年深秋于英国伦敦 Colindale 寓所

2015 年春修改于湖南长沙江边客舍